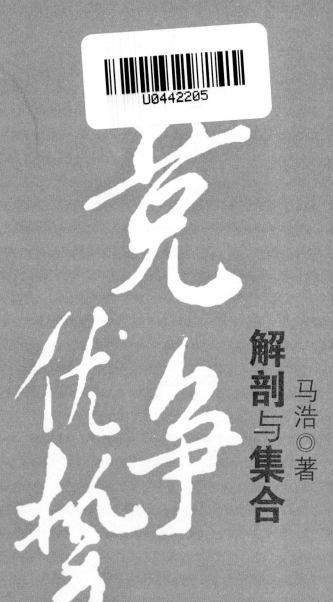

竞争优势

解剖与集合

马浩 ◎ 著

【修订版】

北京大学出版社
PEKING UNIVERSITY PRESS

图书在版编目(CIP)数据

竞争优势:解剖与集合/马浩著. ——修订本. ——北京:北京大学出版社,2010.1

ISBN 978-7-301-16489-1

Ⅰ.竞… Ⅱ.马… Ⅲ.企业-市场竞争-研究 Ⅳ.F270

中国版本图书馆 CIP 数据核字(2009)第 230989 号

| 书　　　　名：竞争优势:解剖与集合(修订版)
| 著作责任者：马　浩　著
| 责 任 编 辑：张　燕　张慧卉
| 标 准 书 号：ISBN 978-7-301-16489-1/F·2401
| 出 版 发 行：北京大学出版社
| 地　　　　址：北京市海淀区成府路 205 号　100871
| 网　　　　址：http://www.pup.cn
| 电　　　　话：邮购部 62752015　发行部 62750672　编辑部 62752926
|　　　　　　　出版部 62754962
| 电 子 邮 箱：em@pup.pku.edu.cn
| 印　刷　者：北京飞达印刷有限责任公司
| 经　销　者：新华书店
|　　　　　　　787 毫米×1092 毫米　16 开本　15.5 印张　246 千字
|　　　　　　　2010 年 1 月第 1 版　2010 年 1 月第 1 次印刷
| 定　　　价：32.00 元

未经许可,不得以任何方式复制或抄袭本书之部分或全部内容。
版权所有,侵权必究
举报电话:010-62752024　电子邮箱:fd@pup.pku.edu.cn

献给我的父母
满怀敬爱与感激

再版序言

本书是笔者研读与教授战略管理学多年来的结晶。初版曾经由中信出版社于2004年11月出版发行。在过去的5年间，此书曾经得到同行、学生、企业管理人员、商务媒体及其他读者的关注、赏识和有益建议。考虑到此书中的某些理论概念和分析框架可能对新近的读者仍然会有所启发，比如作为研究生阅读文献的指导，作为MBA和EMBA以及高管培训的教材，或者作为管理人员的专业阅读材料等，再加上北大国际MBA项目以及自己的教学与培训课程仍然会有大量的需求，于是不揣冒昧与简陋，将原版进行了补充与修订，交由北京大学出版社印行此书的更新修订版，并保持原有书名。

本书的中文初版脱胎于作者的同名原版英文论著 Competitive Advantage: Anatomy and Constellation，完全由作者本人亲自翻译改写成中文。英文原版，作为北京大学中国经济研究中心成立十周年庆典教师论著系列的一本，由北京大学出版社于2004年9月出版。在2006年3月第二次印刷的时候，增加了一个章节，即新的第四章，收录了后来的一些研究成果，主要探讨企业竞争优势的存在方位与可收益性问题。非常高兴此次的中文修订版能够回到北京大学出版社。英文版新增的第四章也已经进行了翻译修改，收入了这次的中文修订版，原来的第四章成为现在的第五章，其后章节依此类推。这样，中英文两个版本的章节内容达到了一致，而且都由北京大学出版社出版，相信会对有兴趣的读者提供一些便利。

在此，衷心感谢所有为本书各个版本的出版与推广作出努力的各方朋友。尤其要感谢北京大学出版社经管部主任林君秀老师的支持与关照。感谢我在北京大学出版社的责任编辑张燕，多次为我的论著与教材把关。感谢参与此书前期编辑工作的张慧卉女士的辛勤努力。

有一点需要说明，虽然本书主要面向的是管理实践者而非学术专家，但在初版的写作过程中，笔者对正文里参考文献的注释仍然是中规中矩、一丝不苟，力求全面系统、准确翔实。这样做的初衷，一是为了恪守学术规范，尊重其他学者的劳动，二是旨在表明书中的文字或者说法并非信口开河、道听途说。为了使行文更加流畅并提高本书的可读性，本次修订过程中，对初版中的文献注释进行了适当的删减。对相关文献感兴趣的读者，可以查阅本书的中文版初版以及由北大出版社印行的英文原版。

最后还要提及的是，作者对早先版本中某些不甚精当的名称或词句也进行了润饰或修改，以期更加贴切精准、自然妥当。比如，原来的 ARTS 框架被改称为 STAR 框架。当然，此类行文上的辞藻变化并不影响本书实质内容的呈示与阐释。毫无疑问，任何谬误疏漏以及不当之处，皆由作者本人自负文责。最后，感谢大家阅读本书，欢迎诸位批评指正。

马浩　谨识
2009 年 12 月 28 日
于北京海淀上庄

致　谢

　　这本论著是笔者过去八年间于战略管理领域耕耘劳作之结晶。而促成本书成就的学术历程则长达二十年之久。1984年是一个崇尚思想解放、学术自由的年代，当时我是北京工业学院管理系二年级的学生。一个偶然的机会，我在图书馆接触到英文原版的管理学教科书，颇觉新奇。之后两年间，一发不可收拾，读遍所有此类馆藏。每每以管理学人自居，推崇管理学之独立正统，不满于经济学家独霸天下之行径，不齿于将管理学归之于边缘、交叉学科之混淆视听，遂有立志专攻管理学之心。以一己之喜好而择业，实为幸事。1989年秋，赴美求学，入得克萨斯大学奥斯汀校区（The University of Texas at Austin），攻读战略管理学博士学位，从此正式跨入管理学的门槛。

　　我的导师戴维·杰米森（David B. Jemison）教授将我带入战略管理经典著作的殿堂，帮助我奠定了日后钻研所必需的、牢固的概念基础。他在研究与教学中表现出的对管理实践的强烈兴趣，也对我后来的研究和教学产生了深刻的影响。他所强调的对战略问题总体的把握和分析、对理论整合方面的独到见解和眼界让我至今受益匪浅。我也感谢得克萨斯其他教授对我的帮助与提携。我师从饶复立（T. Ruefli）教授学习产业组织经济学和以战略"内容"为主的研究，跟随弗雷德里克森（J. Fredrickson）教授学习高层管理团队和以战略"过程"为主的研究，师从休泊（G. Huber）教授研究复杂组织中的战略决策理论。从麦克丹尼尔（R. McDaniel Jr.）教授那里不仅获得了政策分析的基本训练,而且感悟到许多从学者角度看问题的独特意蕴和平实的喜悦。戈尔登(B. Golden)教授与我合作写出了我的第一篇学术论文,让我有机会在1992年的管理学会年会上宣读该论文。我要感谢时任德州农工大学教授的巴尼(J. Barney)教授,慷慨出任我博士论文委员会的唯一特聘校外委员,他的爽朗笑声和其论著一样具有感染力。

在博然特大学商学院的过去十年里,我有幸与一批优秀的学者为伍,受益良多。我的系主任奇蒂帕蒂(Chittipeddi)教授和迪巴蒂斯特(R. DiBattista)教授先后为我提供了良好的学术环境支持。战略管理教研组的鲍威尔(T. C. Powell)教授(现任澳大利亚管理研究院管理系主任),通过多次探讨与争论,终于说服我承认持久的卓越经营绩效乃战略的最终目的。自2000年以来,我与凯瑞(R. Karri)教授开始合作,我们的研究工作颇有起色,本书第六章便是我们合作研究的成果。

我要感谢我所有的学生,包括得克萨斯大学、博然特大学商学院和北京大学的学生。他们提出的问题和建议对我的教学和研究影响深刻。尤其感谢我的MBA学生、EMBA学生和高层经理培训班的学员,感谢他们的经验和见地,以及对我的教学和研究成果的反馈。他们是企业管理的直接实践者,其中不乏经验丰富的高层决策者。与他们之间的切磋能够为我研究的问题找到现实的印证。同时,这种交流亦有助于增强我对理论探索的信心与动力。它使我认识到我的工作是有价值和现实意义的。我恳切地希望这本书的出版能够对更多的管理者有所帮助。

我要感谢北京大学中国经济研究中心和北大国际MBA项目的支持。特别感谢林毅夫主任和胡大源教授邀我加盟中国经济研究中心和北大国际MBA,并为我提供了一流的工作环境。中国经济研究中心成立10周年之际,北京大学出版社决定为其出版系列丛书,以为庆贺。本书的英文原稿即为丛书中的一册。考虑到广大国内读者的潜在需求,现将本书中文版付梓,献给有志于提高中国战略管理水平的理论与实践者。

我要感谢北大国际MBA培训部经理杨昕女士为本书的出版作出的努力。感谢中信出版社社长王彬先生对出版本书的大力支持。同时,我也感谢中信出版社蒋蕾女士和她的同事们对本书的编辑和出版付出的辛勤劳动,特别是责任编辑李耀的出色工作。

一本书的付印倾注着很多人的心血。我感谢前辈战略管理学者的卓越贡献。他们锲而不舍的努力使得我今天的理论整合成为可能。当然，本书中一切谬误、缺失、遗略、不当之处，皆由笔者一人负责。

在本书八年的写作过程中，马勒的音乐曾经是笔者不可或缺的精神食粮。马勒的音乐全方位地拥抱生活，这正是其魅力所在。伯恩斯坦曾言："没有音乐的生活是可怕的，没有生活的音乐只是学术而已。"希望先贤大师之人文主义关怀能够赋予此书以灵气，使之折射出现实主义的光彩。

以思考和文字为生的人，最需要也最应感激的是家人的理解和支持。这种理解和支持若是登记入账，便是永远也还不完的。我敬爱的父母总是把我的教育和进步作为首要任务，数十年如一日。他们是我前进的动力。我父亲为本书题写了书名，使我感到骄傲、感激与欣慰。我的妹妹和哥哥以及他们的家人也令我感激，在我出国游学的 15 年里，他们毫无怨言地替我分担了我应尽的那份对家庭的责任。我要感谢我的爱妻袁远和我的岳父岳母对我们家庭生活的照料，使我有充足的时间专心于我的研究和教学，以及本书的写作。妻的爱与关怀点亮了我的世界。洁鸥，我们快两岁的爱女，用她天使般美丽的微笑帮助爸爸为这八年的辛劳画上漂亮的句号。

马浩　谨识
2004 年 9 月于朗润园

前　言

　　企业是现代社会中不可或缺的重要经济和社会实体。企业经营管理这一游戏的实质在于对社会与生态环境中有限资源的竞争。游戏中的胜者，根据定义，注定是那些能够攫取、占有和使用大量社会与经济资源，并对社会产生深远影响者。对于企业而言，尤其是胜者而言，它们的存在证明了它们相对于其他企业或社会经济实体的竞争优势。换言之，它们之所以存在，是因为它们能够更好地为顾客提供价值，满足社会的需求。正因如此，它们也通过赢得卓越的经营绩效而得到应有的嘉赏。一言以蔽之，一个企业要在竞争中生存并取胜，必须拥有竞争优势。

　　本书试图提出一套关于竞争优势的实质和起因的综合性分析框架。一个企业如果希望获得持久的卓越经营绩效，它必须不断获取、增强、更新其相对于其他企业的竞争优势。竞争优势从哪里来？我们如何发现并把握竞争优势？什么因素影响竞争优势的可持续性？一个企业的不同竞争优势如何互动作用？研究战略管理的最终目的在于理解持久竞争优势和长期卓越经营绩效。有鉴于此，对上述问题的回答不但具有重要的理论意义，而且也颇具实践指导意义。本书的成因动机恰恰照应了这一双重含义。

　　我必须在此强调，本书的主要对象是战略管理的实践者。如果单就学术研究而言，一个学者不得不深入某一相对狭窄的领域，用非常专业的方法和手段，对某一个具体的战略问题进行全面、深入的了解。但就企业经营管理者而言，复杂多变的现实并不会自觉地以优雅的理论来给自己划线圈框。

这就意味着,战略管理的实践者在他们的工具箱中必须有多种工具待用,以备各种不同战略管理挑战与情境之需。一个战略家注定是通才,博采诸家理论之长,广求实战辅助良方。正如此,本书的探讨遵循集成之法,旨在理论上的整合。集成之法,贵在总体的把握。本书不以任何具体的视角、框架和范式为窠臼,而是以问题或任务为主导。这里的核心问题,毫无疑问,便是企业的竞争优势。

为了更好地理解竞争优势,本书广采博取战略管理和相关领域的现有资源(几乎所有关于竞争优势的学说、理论、模型、框架和例证),全面、系统、近距离地考查战略管理学的文献资料。通过 SELECT 框架,也就是竞争优势的实质内涵(Substance)、形式表现(Expression)、存在方位(Locale)、作用影响(Effect)、起因缘由(Cause)和时间跨度(Time-horizon);以及 STAR 框架,也就是竞争优势的放大(Amplification)、更新(Renewal)、取舍(Trade-off)和延续(Sustaining),本书萃取战略管理领域浩如烟海之佳作,精炼、研磨,以平实易懂的文字和逻辑完整的叙述,为战略管理的实践者提供一套理论扎实、行之有效的战略分析方法和手段。因此,我的角色类乎建筑师,现在让我们看一下主要建筑构件和材料。

在过去四十多年间,战略管理领域学说繁杂、流派纷呈;定性定量,论著甚丰,其中不乏经典力作。企业史学大家小钱德勒(A. Chandler, Jr.)的《战略和结构》(*Strategy and Structure*, 1962)堪称现代战略管理领域的奠基之作。小钱德勒用"战略"一词表述企业关于长期目标、行动过程和资源配置的选择。安索夫(I. H. Ansoff)的《公司战略》(*Corporate Strategy*, 1965)凸显了多元化经营战略中的协同作用以及企业成长战略的设计与思考。

在另一具有划时代意义的奠基之作《公司战略的概念》(*Concept of Corporate Strategy*, 1971)中,安德鲁斯(K. Andrews)正式提出将"战略"作为本领域的核心基石概念。这一领域当时被称为"企业政策"。他和哈佛商学院的同事极力倡导 SWOT 分析框架,强调战略的成功在于企业外部环境之要求和企业内部组织运作的契合。

鲁梅尔特(R. P. Rumelt)于 1974 年发表了《战略、结构和经济绩效》(*Strategy, Structure and Economic Performance*)一书,提请大家注意相关性多元化经营的竞争优势(范围经济或协同效应),以及选择与企业战略相应的组织结构的重要性。此著作照应、接续小钱德勒的开山之作《战略与结构》

(1962)中的主题,并开战略研究中大规模数据应用和统计分析之先河。

霍弗(C. Hofer)和申德尔(D. Schendel)出版了集当时企业政策和战略计划研究之大成的著作《战略制定:分析中的概念》(Strategy Formulation: Analytical Concepts, 1978)。这本书的出版提高了企业战略管理领域基本概念和分析框架的规范性,并促成了"战略管理"代替"企业政策"和"战略计划"等作为这一领域的正式名称。两位作者在该书中提出的制度战略、公司战略、竞争战略、功能战略的分层,至今仍然影响着战略管理的研究与实践。

迈尔斯(R. E. Miles)和斯诺(C. S. Snow)在《组织战略、结构和过程》(Organizational Strategy, Structure and Process, 1978)中首次提出一种基本竞争战略的分类体系。不同的企业在对待外部定位、内部组织和技术操作过程等经营任务时采用不同的战略态势:前瞻、分析、守成、漂移。该书强调战略、结构和过程的有机组合与理想状态,并承认殊途同归的可能性:基本战略体系中的任何一个稳定战略都可能带来卓越绩效。

20世纪80年代,迈克尔·波特(Michael Porter)的《竞争战略》(Competitive Strategy, 1980)和《竞争优势》(Competitive Advantage, 1985)曾畅销全球,尽显产业结构分析法之魅力。五因素模式、三种基本战略、价值链等被战略研究者、实践者和咨询者等作为重要的工具。

纳尔逊(R. Nelson)和温特(S. Winter)的《经济变化的演化理论》(An Evolutionary Theory of Economic Change, 1982)以经济学家独有的严谨和犀利阐述了企业发展和变化的内在机制。它帮助管理学者更清楚地认识到,或者说证实了管理学者长期观察并相信存在的组织"常规"(或称动态定型)的现象和功用。该书的理论亦有助于揭示企业的学习、调整、应变和竞争优势。

盖莫沃特(P. Ghemawat)在《承诺:策略的动力学》(Commitment: The Dynamics of Strategy, 1991)中,继其老师凯夫斯(R. Caves)之先学,阐述战略的固恒性对于获取持久竞争优势的必要性。战略的实质在于持续进行一系列的投资决策,这些决策之所以是战略性的,就在于其不可逆转。这种大规模的、不可逆转的投资决策被视为战略性的承诺。没有这种承诺,就不可能有持久的竞争优势。

对于战略管理学者而言,20世纪最伟大的经济学家无疑首推熊彼特(J. A. Schumpeter)。他对资本主义经济发展过程的精辟阐释以及"创造性的毁灭"作为经济发展原动力的论断,不但对纳尔森和温特等经济学家影响深远,尤其对战略管理学者有着巨大的影响。普拉哈拉德(C. K. Prahalad)和哈默尔(G. Hamel)在《为未来竞争》(*Competing for the Future*, 1994)中,对他们早先在《哈佛商业评论》上发表的关于战略意图和核心竞争力等论点,作了更广泛深入的解说。细读其战略意图之说,颇具熊氏理论意蕴。

熊氏理论的继承者还包括名噪一时的超级竞争学说的创始人达文尼(D'Aveni)。在《超级竞争》(*Hypercompetition*, 1994)中,达文尼描述了企业竞争不断升级的穷杀、恶斗、死磕的景象,否定持久竞争优势的重要性,甚至其存在的可能性。在这种情况下,恰如格鲁夫(A. Grove)所言:"只有惶惶不可终日者才能生存。"

几乎同时,我们也看到了一份死亡报告:《竞争的死亡》(*The Death of Competition*, 1996)。作者詹姆斯·摩尔(J. Moore)雄辩地声称,我们所认识的常规意义上的竞争,比如以产品或市场为基础的一对一竞争,已经没有太大的分析价值。相反,竞争比往常更激烈,而竞争的焦点已经转移到企业在整个商业生态环境中领导地位的竞争。企业群组与企业群组的对垒、战略联盟与战略联盟之间的抗衡、对核心技术的控制、对产业标准的追求等已远远超过了在某一个市场上独霸一方的要求。竞争的空间图景发生了翻天覆地的巨变。

在《竞合》(*Coopetition*, 1996)一书中,布兰登博格(Brandenburger)和内尔巴夫(Nalebuff)对于在竞争与合作中寻求平衡的道理和益处如数家珍。作者鼓励管理者为获取竞争优势,应首先考虑如何改变游戏的构成、参赛者以及游戏规则,而不是碰上什么游戏就玩什么游戏,自囿于游戏规则。

最近,巴尼(J. Barney)的再版新著《获取和延续竞争优势》(*Gaining and Sustaining Competitive Advantage*, 2002)系统展示了资源本位企业观之精华。资源本位企业观发祥于20世纪80年代中叶,它视企业为资源与能力的组合,一反当时独步天下的波特产业分析理论。该学说建立于沃纳菲特(1984)和鲁梅尔特(1984)的基础理论之上,由巴尼发挥到极致。其核心思想在于企业战略和持久竞争优势应建立在那些有价值的、稀缺的、独特的、不可模仿和复制的资源之上。

我们为什么还需要另外一本关于战略管理的书呢?本书的目的是什么呢?本书的使命在于迅速切入战略管理的诸多里程碑式的成就,整合不同学说、流派、视角和体系的精华。本书的要义和核心概念是竞争优势,其中提出并阐释的 SELECT 以及 STAR 分析框架便是理论整合的结晶。此举的渊源可追溯到熊彼特的创新理论。阳光下面无新鲜事物。创新往往来自于对现有观点、材料、组织方法的创造性组合。笔者的目标是使 SELECT 以及 STAR 框架比它们所构建于其上的那些基石更全面有效,而此框架本身并不替代这些基石。

　　战略决策的成败很大程度上取决于战略实践者的选择。我们必须弄清楚在什么时候和什么境况下应用某种现有的理论。希望本书的分析框架能够帮助战略管理实践者更好地运用各种工具。在战略管理实践者寻求和保持竞争优势的艰辛过程中,如果本书能够帮助他们对可能面临的选择空间和视角有更全面、更深入的了解的话,当是笔者梦之所求、幸之所在。

目录

导　言 / 1

第一部分　竞争优势的解剖

第一章　什么是竞争优势 / 15

竞争优势的实用定义 / 16
社会生活中的竞争优势：汽车车牌号码的游戏 / 18
基本竞争优势类型 / 19
以占有为基础的竞争优势 / 20
以获取为基础的竞争优势 / 22
以能力为基础的竞争优势 / 25
本章结语 / 28

第二章　SELECT：一个分析框架 / 29

厚重的真实：竞争优势的实质内涵 / 31
神秘的容颜：竞争优势的表现形式 / 33
秘密的地点：竞争优势的存在方位 / 35
实际的功效：竞争优势的影响作用 / 37
奇妙的钥匙：竞争优势的起因缘由 / 38
生命的历程：竞争优势的时间跨度 / 40

行动中的SELECT:耐克案例回访 / 42
本章结语 / 44

第三章　动态优势和位置优势 / 46

竞争优势两分法 / 47
位置优势 / 48
动态优势 / 54
位置优势和动态优势的比较 / 59
从位置优势到动态优势 / 61
从动态优势到位置优势 / 61
动态优势和位置优势:潜在的误区 / 62
动态优势、位置优势和企业绩效 / 63
本章结语 / 65

第四章　存在方位与可收益性 / 67

企业战略的阶层与竞争优势的存在方位 / 68
资源与能力的所有权结构与竞争优势的存在方位 / 70
竞争优势的存在方位与可收益性 / 72
制度层面的竞争优势 / 73
公司层面的竞争优势 / 75
业务层面的竞争优势 / 77
职能层面的竞争优势 / 80

目录

竞争优势的存在方位与相应的管理挑战 / 82
本章结语 / 85

第五章　运气与竞争优势 / 87

运气就是竞争优势：一个关于运气作用的基本分类法 / 89
准备走运：外部源头与内部机制 / 95
依靠外部源头走运 / 96
竞争优势的起因："有用的杂草"和"地下工作者" / 103
本章结语 / 108

第六章　管理举措、战略运作和拉拢 / 109

4C框架的理论渊源 / 111
创新和竞争优势 / 113
竞争战略与竞争优势 / 116
合作战略与竞争优势 / 122
拉拢和竞争优势 / 126
本章结语 / 129

第七章　竞争优势可持久性的挑战 / 131

竞争优势可持久性的内部挑战 / 133
竞争优势可持久性的外部挑战 / 137

对竞争优势可持久性的多重挑战 / 141
本章结语 / 143

第八章 竞争优势和企业经营绩效 / 145

竞争优势不等于经营绩效 / 146
竞争优势的关系属性 / 149
竞争优势的环境特定性 / 153
竞争优势和经营绩效 / 156
本章结语 / 161

第二部分 竞争优势集合

第九章 STAR:一个整合框架 / 165

优势集合:构成与动态 / 166
主导优势与辅助优势 / 167
STAR 分析框架 / 168
行动中的优势集合:沃尔玛案例回访 / 171
本章结语 / 175

目录

第十章　优势本位企业观 / 176

单一因素理论的局限性：本田案例探幽 / 178
优势本位企业观：总体的把握 / 180
关于竞争优势的主要理论 / 181
理论整合的必要 / 188
竞争优势集合：一个整合框架 / 191
行动中的竞争优势集合：英特尔的实例 / 195
竞争优势集合对战略管理者的挑战 / 198
本章结语 / 202

结　语 / 205

取胜：生存与影响 / 206
行动起来 / 208
竞争优势的公共政策含义 / 209
对战略管理者的激情召唤 / 212

参考文献 / 214

导　言

　　战略的精髓在于取胜。就企业而言，战略的目标是赢得持久的卓越经营绩效。经过精心考量并成功实施的战略可以帮助企业获得竞争优势，从而实现卓越经营绩效。一个企业若想取得竞争优势并以之获利，它的战略管理者必须具有胜者之想象力。取胜是一种思维定式，一个内在的、鲜活的意志状态。取胜是一种世界观，一个系统的、一致的处世哲学。战略即取胜，取胜即战略。尘埃落定，只见胜者名垂青史，奉为英雄。胜者不但给经济与社会带来直接的益处，其成就和遗产往往为后人颂扬。发挥胜者的想象力，以战略取胜，此乃企业竞争的精彩妙趣。

　　　　要么去统治而赢，要么遭奴役而输。受难或胜利，当铁案或做夯锤。

　　　　　　　　　　　　　　　　　　　　　　　　　　　——哥德

　　要想成为一名胜者，仅仅把企业看成是产品市场组合或者资源与能力组合是远远不够的。你必须把你的企业看成一个竞争优势的集合。你的企业必须在某一方面强于对手。这种强烈的取胜意识为灼热燃烧的欲望推波助澜：敢为人先、竞取最优。这种积极取胜的世界观帮助战略管理者定义企业的使命：企业存在的根本原因、企业的自我认知和社会形象。一个企业之所以存在，正是因为它能更好地为顾客提供价值。企业的形象和自我认知取决于它对社会作出的独特贡献——经济的或非经济的。也正是这种独特贡献使得一个战略管理团队成为胜者。简言之，你必须把企业看做一个取胜的载体，一个竞争优势的集合。请看如下案例：

放手去干！

耐克(Nike)，意指胜利女神。以之为名的耐克公司在现代商战中，亦不失为胜者传奇的典型例子。菲尔·奈特在1962年斯坦福大学MBA项目中的一篇期末论文中，提出用海外廉价劳动力制造优质运动鞋并返销美国的商业计划，该计划是受廉价的日本照相机可以与高质高价的德国品牌竞争这个事实的启发。当时德国（著名品牌阿迪达斯的故乡）的劳动力成本过高，并不是世界上最理想的运动鞋制造基地。耐克认为自己完全可以打败阿迪达斯，并制定了高质量、低成本、重形象的竞争战略。耐克拥有具有远见、雄心和激情的体育运动专家组成的战略管理层，它以敬业的内行管理团队、灵活的组织结构、创新的企业文化、求胜的竞争理念实施自己制定的战略，结果它取得了胜利，获得了持久的卓越经营绩效。

耐克的低成本制造战略本身就表明了以竞争优势取胜、充分利用优势的重要性。同时，耐克一贯坚持并完善它的三足战略定位：强大的研发投入保证产品的质量上乘和设计领先；不断寻求并开发劳动力成本低廉的国家和地区，以此保证成本控制上的优势；有效的广告宣传、协调的促销行动，以及明星形象大使的助阵，共同为耐克的品牌增光添色。

确切地说，耐克出售的是一种形象、一种精神。当人们提起耐克的时候，他们脑海中闪现的是体育运动中的英雄，想到的是一种求胜进取的态度，这种感染力远远超过体育运动领域本身。在奈特办公室内间的门后，挂着一个飞镖游戏盘，镖盘的中间是耐克视为眼中钉、肉中刺的竞争对手——锐步公司的董事长保罗·费耶曼的照片。

"我们就是要赢！"奈特如是说。耐克确实在赢。40年来，耐克鼓励大家去赢。当竞争变得白热化、个性化的时候，要么吃了别人当午餐，要么成为别人的午餐。正是这种激烈的竞争让运动鞋制造领域成为瞩目的焦点。也正是由于像锐步这样的对手对耐克的不断挑战，使运动鞋品牌之间的较量变成了形象的比拼。大象起舞，绿草遭殃。在形象战升级的过程中，耐克和锐步共同巩固了它们的市场地位。它们打得巧妙，只言品牌形象，不提价格膨胀；它们打得艰苦，而最终只能有一家成为王者。奈特坚信，那个永远的赢者、第一名、冠军、金牌、最好的，只能是耐克。1996年亚特兰大奥运会时，耐克的广告语辛辣尖刻："其实你没有'赢'得银牌，你是'输'掉了金牌"。

永远低价，永远！

请看如下事实：1945年，经营本·富兰克林连锁杂货店，这是山姆沃顿的第一个零售企业；1962年，沃尔玛最早的四家店开张；1972年，沃尔玛在纽约上市；1985年，沃顿被《福布斯》选为美国首富；1996年，沃尔玛超过通用汽车公司，成为除美国政府以外的美国最大雇主；2003年，沃尔玛年总销售额达2560亿美元，稳居美国《财富》500强之首。

是什么使沃尔玛长盛不衰？沃尔玛的竞争优势有哪些？有人说，沃尔玛成功的秘诀在于店址选择；也有人说在于它的库存管理；也有人认为在于它的物流管理和配送系统；还有人认为在于它们的砍价能力以及与供应商的紧密联系，在于其卫星系统和信息技术，在于其高层团队的勤俭之风，在于其渗透到整个公司文化中的员工敬业和服务理念。

很显然，取胜秘诀必定是上述因素的组合。沃尔玛初始的地点定位给了它们近乎垄断的优势——它进入的那些小乡镇正好足够支撑一个沃尔玛，但又不足以容纳另外一个平价连锁店。

沃尔玛利用其规模经济，有效地消除了当地的夫妻店和其他家庭经营零售店的竞争。当时的业界龙头凯玛特基本上忽视了沃尔玛的战略，它们不相信大规模平价零售在乡镇市场的可行性。沃尔玛迅速扩张，凯玛特置若罔闻。当沃尔玛几乎完全占尽全美那些合乎其发展战略的地点时，它的地点优势已经羽毛渐丰，任何对手都无法轻易模仿复制。

应该说沃尔玛很幸运。当它在积蓄力量、刻苦练兵之时，几乎没有遭遇多少竞争压力或打击报复；在它学习如何更好地服务于其客户群体的时候，已经积累了很多竞争优势。它们的高效管理和库存管理系统使得它们每三天就可将所有货架的商品全部更新一次。它们率先使用的卫星通讯技术和后来的各种高科技手段使得沃尔玛能够准确地查找货品，更好地促进沃尔玛内部各部门的沟通和与合作伙伴的交流，并能与其供货商共同拟定未来库存需求量。

尤其重要的可能是以节俭为核心的企业文化和管理方式。异常节俭的沃顿自嘲说："我喜好便宜。"沃尔玛创建之初，沃顿要求经理们在出差的时候合住旅店客房，能步行就不坐出租车，甚至给供应商打对方付费电话。这便是沃尔玛对低成本、低价的承诺。一个战略，多种优势，沃尔玛获得了全面卓越的经营绩效。

后来当沃尔玛不得不在城市市场和竞争对手正面交锋的时候，它已经拥有了强大的竞争优势组合。毫不奇怪，其结果是不战而胜。20世纪80年代后期，几乎每一家沃尔玛开张，都必定伴随着一家凯玛特在同一城市倒闭。没有竞争优势，不要去直面竞争；有了竞争优势，反倒不一定再需要去竞争。正所谓"长江后浪推前浪"，企业创新亦是如此。新旧交替，优胜劣汰。在过去的数十年中，凭借不断更新的竞争优势，沃尔玛尽显王者风范。

我们为生活带来美好！

企业求大，大可为美。当然，关键则在于取胜而不在于做大本身。大企业不但提供许多就业机会，而且是国民经济的栋梁，其成败关系国计民生。美国通用电气（GE），在2003年《财富》500强中排名第五，很长一段时间居世界上市值最高公司榜首。自1899年以来，通用电气每一个季度都有股票分红，并且自1975年以来，每个季度的分红都在稳步提高。以价值创造为标准，通用电气是名副其实的胜者。

这家当年以开发推广爱迪生的发明创造为宗旨的企业以生产电和电器为中心，逐步成长壮大，长期居于美国500家最大企业的前列。多少年来，通用电气一直受到同行的关注，其管理业绩也被不断地褒贬评说。通用电气这块管理实验田中产出了诸如"战略业务单元"、"通用电气-麦肯锡业务分类图"等专用术语，并被写进管理学教科书。但对大多数人而言，提起通用电气，大家通常会把它和它生产的电灯泡联系起来。所以听起来，通用电气并不像新潮企业微软、英特尔或思科那么有色彩。但这家百年老店并没有给人留下行将衰老的印象；相反，它仍然生机勃勃。它在美国股市市值高居第一的事实有力地证明了它是一个胜者，一个在最大最好的企业群体中的胜者。

曾几何时，通用电气也曾因吃得太多而无法消化；但它最终消化的比它曾经咬下来的还要多得多。自韦尔奇1981年执掌通用电气以来，这家百年老店再次创造辉煌。韦尔奇在1984年用三环图勾勒了通用电气的远景，将通用电气的业务分成三大块：核心产业（占企业总利润的33%）、高科技产业

(30%并逐步增长)和服务业(29%)。通用电气果断地剥离了业绩不佳或缺乏潜力的业务,并大举购买兼并了一批高速增长的业务作为未来的主导。这一举措导致了通用电气业务单元的构成及其利润增长点,由美国国内传统的制造业和自然资源相关的业务向全球导向的高科技和服务业发生了转移。也就是说,后两个环图里面的业务将成为通用电气21世纪的核心。

韦尔奇对通用电气的远见很简单:地球上最大、赢利最高的多元化企业。这个远见的落脚点在于"整合"的多元化以及在每个业务中都取胜。也就是说,虽然通用电气的业务种类繁多,多样化程度极高,但其管理逻辑却惊人地简单,且相互关联。多元化可能使表面看起来美观多彩,一致性方显内聚力量所在。维系通用电气所有业务的统一的管理逻辑便是取胜:对质量和优异的普遍信奉和追求,便会做到更好。如果一个业务单元在其领域内不能位居前两位,那么它就没有存在于通用电气的理由。拒绝参与失败的游戏,除了要有坚持求胜的态度之外,还需要极大的自律。这种求胜的逻辑和标准保证通用电气的每个业务都是胜者,整个企业便成为一个胜者团队的集合。就此而言,通用电气堪称优势集合的标准典范。在新CEO伊梅尔特的领导下,通用电气正在继续重铸它的优势集合。

上述的三个案例令人感悟良多,其中最大的一个共通的启示也许是取胜之决心。耐克当属求胜精神和态度的最佳例证;沃尔玛力争零售企业中的世界之王;通用电气坚持要求其每项业务数一数二、做好、做强。此外,优秀企业不只在某一方面优秀,它们往往在多方面都很出色。它们并不依靠、拘泥于某一种特定优势,而是精心打造一个优势集合,使得不同的竞争优势互补增强。这样也使得企业的战略行之有效,攻守自如。因为对于对手来说,要同时在多方面模仿和赶超是非常困难而且不理性的。

进而言之,优胜企业通常善于管理其优势集合的动态发展。优势通常遵循特定的演化过程。在旧有优势衰退、消失之前,优胜企业能够以新的优势去填补、继续其优势集合。经时历久,优胜企业也会改变相应的焦点,依赖不同的竞争优势,以应对环境的变化和竞争的需要。比如,当耐克的海外制造战略遭遇对手模仿时,耐克的成本优势将被削弱。在成本优势削弱的同时,耐克已经转移了其经营重点并成功地建立和保持了其品牌差异化的优势——强调其质量、形象和美誉。沃尔玛早期发展所依赖的地点优势后来也逐渐减弱,因为符合其发展战略的乡镇几乎被开发殆尽。然而当沃尔玛必须和凯玛特在城市市场上正面交锋之时,沃尔玛已经在不断完善自身运作的过程中建立了多种竞争优势的组合。同样,通用电气简直就是一个运动中的竞争优势集合,它有目的地筛选和补充其业务组合,积极投入到那些它具有竞争优势、能够称霸取胜的行业。

总之,在企业经营游戏中,有胜者,也有负者。胜者注定是幸存者,而幸存者本身并不一定是成功者。一个企业能够存在的根本,在于其服务顾客时所拥有的竞争优势。至少对于一个成功的企业,大抵如此。要当胜者,必须有胜者之意志和心态。优胜企业经常取胜的原因就在于它们知道如何创建并管理优势集合——知道如何在多方面都做到很出色,并与时俱进、调整应变。这样,将企业看成动态演化的优势集合,也就意味着企业是胜利的载体。

以竞争优势为本位的企业观

我赞赏并提倡以竞争优势为本位的企业观。这种企业观可以用两个相关的基本分析框架来构建和表述:一是解剖竞争优势,二是阐述企业优势集合的发展动态。竞争优势形色各异,以横截面入手,分析竞争优势的解剖结构,有助于我们了解其实质和起因,例如其具体构成以及性状功能。竞争优势因时而变,从纵向时序入手,分析一个企业的优势集合,有助于我们观察竞争优势在经营活动中的作用,例如,优势的产生、互动、消亡,以及优势集合的变迁和续添。

现将指导本书研究和写作的基本问题罗列如下,它们囊括了优势本位企业观的基本素材。

一、关于竞争优势解剖的问题

- 竞争优势的实质内涵(Substance)是什么?
- 竞争优势的表现形式(Expression)有哪些?
- 如何判断竞争优势的存在方位(Locale)?
- 如何观察竞争优势的作用影响(Effect)?
- 竞争优势的起因缘由(Causes)有哪些?
- 竞争优势的时间跨度(Time-horizon)如何论断?

二、关于竞争优势集合的问题

- 竞争优势集合的主要构成部分是什么?
- 不同的竞争优势如何互动影响?
- 竞争优势集合如何随着时间的推移而演化?
- 如何把握并指导优势集合的演化?

优势本位企业观的立足点在于它将企业看成一个多维的、动态演化的优势集合。这种优势集合由同时存在并发生作用的多种不同竞争优势构成,它们互相增强、由此及彼、激发催生。转瞬即逝的暂时优势可能变得持久,衰退消亡的优势得以被替代、更新。需要强调的是,优势本位企业观不仅将企业看做多重优势的集合,更重要的是它把这种优势集合当做一个不断自我更新的有机体。

我将在第一章中详细解释我对竞争优势的定义,在此只作简要说明。基于本书的目的,竞争优势可以被定义为某个企业相对于另外一个或一组企业,在任何一种维度、特质或层面上的不对称性(Asymmetry)或差距(Differential),这种差距使得该企业能够比对手更好地为顾客提供价值。**优势集合**可以被定义为:(1) 包含不同解剖性状的竞争优势;(2) 不断演化的优势系统。对于优势集合中的某个竞争优势而言,这种演化从获得或生成优势开始,到优势被发扬光大,最终趋于衰退消亡。优势集合作为一个系统,它的演化反映了新老的交替。在任何一个时间点上,此优势集合都可能同时拥有潜在或初生的优势、暂时而不可持久的优势,以及长期可持续的优势。

本书的主旨在于如下论断:一个平衡发展、健康演化的竞争优势集合是企业长期卓越经营绩效的基本决定因素。长期卓越经营绩效意味着经年历久、长期一致的超常利润。战略管理的核心问题在于如何创建并保持竞争优势集合的健康、动态发展,如何在应对环境、竞争对手、顾客、政府和自己的过程中不断搜寻、捕捉、实现、放大、持续竞争优势,从而不断地更新企业的优势集合。

优势本位企业观的哲学意义

优势本位企业观既是一种意义深远的管理哲学,又是一种实用有效的分析方法。作为管理哲学，它帮助企业将其视线和努力聚焦于核心价值和独特的竞争优势。优势本位企业观促使企业着力于它的绝活和优异之处，它强调企业必须选择那些能够发挥自己独特竞争优势的游戏，那些它有可能取胜的游戏。其实，扬长避短、发挥优势，对于人的职业选择也是一样道理。

　　宁当狗头，不当狮尾。

——西方谚语

　　小时候，母亲曾经对我说：如果你想当兵，你要成为一位将军；如果你想当教士，你要成为一个教皇。但是，我想成为一名画家，于是我成了毕加索。

——毕加索

　　在企业这一层面，如果企业遵循优势本位企业观，那么它创造卓越经营绩效的可能性就会增强。因为它所处的位置使之能够扬长避短，更好地为顾客提供价值。道理很简单：用巧力而非蛮力。这大概应是企业经营游戏中一条重要的取胜之道吧！努力做好你最擅长的事情。

　　猪也可能会飞，但肯定不如鸟飞得漂亮。

——西方谚语

　　在国民经济和社会层面，如果越来越多的企业采纳了优势本位企业观，那么更有效地配置与应用稀缺经济资源的可能性也将大大增强。因为资源的浪费也将会由于劣势企业滥用社会经济资源现象的减少而减少。劣势企业长期混迹于自己没有任何竞争优势的行业其实是对有限资源的巨大浪费。如果更多的企业遵循优势本位企业观，双赢的机会也会越来越多。基于优势本位企业观，企业会着眼于自己最有可能取胜的机会，以及最有竞争优势和附加价值最高的领域。

　　一个企业的取胜并不意味着其他企业都注定要失败。商业游戏不必然是零和游戏，双赢是可能的。在《竞合》(*Copetition*)一书中，布兰登博格和内尔巴夫(1996)作出如下论断："重要的并不是别人是否赢（别人有时可能会赢是不争的事实），重要的是你是否赢。"这样说来，取胜才应是企业关注的焦点。竞争、合作、竞合或者不战而胜，都是手段，其本身不成为目的。最终的目的是取胜，以优势取胜并创造持久的卓越经营绩效。

导　言

作为一套分析框架的优势本位企业观

作为一套分析框架,优势本位企业观能够帮助企业更好地认识和发现自己的竞争优势。具体而言,这套分析框架帮助企业了解竞争优势的解剖以及竞争优势集合的动态演化。分析竞争优势的解剖有助于理解优势的成因、实质、形式、定位、作用和时间灵敏性。对于竞争优势解剖结构和不同侧面的了解,有助于培养、增强和持续竞争优势。分析优势集合能帮助企业战略管理者更细致地观察企业竞争优势的互动和总体效应,把握优势集合的构成变化及其对经营绩效的影响。

根据前面提出的研究问题,我提出一个整合的分析框架来帮助战略管理研究者和实践者分析竞争优势的解剖。这个名为"SELECT"的框架从六个不同的侧面分析竞争优势的解剖:实质内涵(Substance)、表现形式(Expression)、存在方位(Locale)、影响作用(Effect)、起因缘由(Cause)和时间跨度(Time Horizon)。SELECT 由上述六个英文单词的首字母组合而成。

名为"STAR"的分析框架可以帮助分析企业的竞争优势集合。具体而言,它分析优势集合的构成——主导优势与支持优势的产生和变化;以及优势集合的演化动态——优势的放大、优势更新的时机和方法、不同优势的替代和取舍、现有优势的持续。

当把竞争优势作为终极目标来分析时,我们会发现,现存的理论似乎变得更具互补性,而非对立或替代,因为它们都只不过是为实现目标的工具和手段而已。显然,决定企业如何选择合适有效的工具和手段来面对竞争,引导企业优势集合的健康演化,最终要取决于管理者的判断。这也正是笔者提倡优势本位企业观的初衷:帮助战略管理者更好地尽职。充满乐观主义的"优势本位企业观"将企业看做取胜的载体。竞争优势给了企业生存的理由,经营中的胜利是给企业的回报。现在就行动起来,构建你的竞争优势集合！你需要的就是取胜！

本书预览

现简要介绍一下本书的组织结构和主要内容。本章作为引子,简要介绍了优势本位企业观的主要论点和分析框架。对优势本位企业观的陈述分别安排在有机联系的两大部分中。

第一部分包括第一到第八章。第一章对竞争优势的概念和现象提出了一个定义,并对竞争优势的实质和起因作了一个铺垫性的总体陈述,作为讨论主要理论框架前的热身。第二章全面、系统地介绍了SELECT框架。第三章详细考察了竞争优势的实质内涵,比较并探讨了位置优势与动态优势的差别与关系。第四章讨论竞争优势的存在方位与可收益性问题。第五章和第六章具体探究竞争优势的起因缘由,前者关注偶然自生的因素,后者讨论有意的主动寻求。第七章着力考察竞争优势持久性的挑战,并系统地列举了对竞争优势具有破坏性作用的因素和力量。第八章对第一部分作了一个小结,并探讨了竞争优势与企业经营绩效的各种可能的关系模式。

第二部分由第九章和第十章构成。第九章讨论了竞争优势集合的分析框架——STAR框架。第十章讨论各类理论流派对理解竞争优势集合概念的贡献,以及竞争优势集合的管理、操作过程中的实际挑战。

结语部分重申企业存在的根本要义。它强调优势本位企业观对企业定义自己的使命、认知和战略的有效性。另外,此结语也简短地探讨了优势本位企业观的政策含义以及它对企业社会责任和国家之间竞争等方面的影响。

本书的叙述遵从一个基本的准则:理论本身的严谨性和与实践相关性之间的平衡。本书以丰富的战略管理学文献为后盾,以当代国际竞争中的经典案例来举证。学术文献提供了扎实的概念基础;实务案例则揭示了企业战略及其优势集合现象的复杂性与丰厚性。对于SELECT和STAR分析框架的实例表述也遵从一个基本原则:力求兼顾著名案例和普通案例,既重独特性,更重一般性。由于本书英文原版成书于美国,美国的案例不可避免地占据很大比重。

笔者旅美求学15年,对中国企业缺乏专业的研究和考察,无意将西方管理理论"生搬硬套"于中国实例。然而,基于对管理学多年的潜心研究和对东西方管理文献与实践的个人观察与比较,我更倾向于相信中外管理实践的共性大于差异。当"核心竞争力"等西方管理术语充斥中国的图书市场时,"关系"等中文术语也堂而皇之地进入西方主流派管理文献中。术语的共享只不过是表面的融合,而竞争战略的神髓,无论古今中外,都有惊人的共通之处,往往积淀于一些历久不变的核心观念和基本准则之中。

所以,过分强调中国的独特性而拒绝现代管理学研究的精华,否认中外管理实践中共性的做法,都会无端地束缚中国战略管理者的想象力。我相信本书的主要框架也同样适用于中国的战略管理实践。当然,对管理共性的信心并不排除对特性进行具体考虑的必要。只是说本书长于对一般理论的阐述,而对中国特性的考察并不是本书的主旨。实际上,关于中国特色的管理论著已经汗牛充栋,无须笔者在此班门弄斧。笔者仅仅希望本书的分析框架能够为某些中国企业战略管理者所欣赏。诚如是,则吾愿甚足。

第一部分
竞争优势的解剖

第一章
什么是竞争优势

　　如果企业之间在某种特点或维度上的差别能够使某一个企业对顾客提供更有价值的产品和服务,这种差别便可称为该企业的竞争优势。基于文献考证和实例分析,本章在三个常见的维度上考察了竞争优势,提出了一种基本竞争优势的分类法,并详细分析了三种基本竞争优势——以占有为基础的、以获取为基础的、以能力为基础的。为了获得竞争优势并使之持久,企业需要创造性地和主动地挖掘自己在上述三方面的潜力,利用先机举措有效地扼制对手的行动空间,抑或将这两方面结合起来。作为全书的前奏,本章给出了竞争优势的定义,并通过对基本分类法的阐释,简单地探讨了竞争优势的实质和起因。

　　战略管理的研究者和实践者一直专注并青睐优胜企业所享有的长期卓越经营绩效,所以,他们对竞争优势的实质和起因表现出浓厚的兴趣。迄今为止,关于竞争优势的理论框架和视角可谓百花齐放、蔚为壮观。比如,产业结构分析法强调产业的结构特征以及市场定位的重要性(Porter, 1980, 1985)。稍后兴起的资源本位企业观则更注重企业所拥有的独特资源、核心竞争力和动态能力(Barney, 1991; Prahalad and Hamel, 1990; Teece, Pisano, and Shuen，1997）。历久不衰的"创造性破坏"理论敦促我们重新认识和思考创新进取、打破均衡、颠覆常规的重要性（Schumpeter，1934，1950；D'Aveni，1996）；最近，以知识和学习为主旨的学者认为，打造学习型的组织、促进知识的产生和应用以及知识资本的积累，才是在信息社会和新经济时代获取竞争优势的根本立足点（Senge，1990；Nonaka，1991）。

当今世界，各类"最新的灵丹妙药"、"绝对的大师箴言"和"最权威的管理圣经"等"典籍"充斥于畅销书市场。管理实践者日复一日地被各种不同类型而又往往互相抵触、支离破碎的观点狂轰滥炸，甚觉茫然不知所措。什么是竞争优势？竞争优势的基础是什么？如何快速切入、把握关于竞争优势的理论文献和实践启示？如何应用战略管理研究来指导企业对竞争优势的探寻？本章的目的正是在于以整合现有理论为基础，给战略管理实践者提供一个系统的分类体系，增进对一些基本竞争优势的了解。

竞争优势的实用定义

波特（Porter）在《竞争战略》（*Competitive Strategy*）一书中对竞争优势有如下定义：

> 竞争优势，就其根本而言，来源于一个企业所能够为其买主提供的价值，这个价值高于企业为之付出的成本。相对于对手而言，卓越的价值在于为顾客提供同等效用但价格低廉的商品，或者为顾客提供某种独特的效用而顾客愿意为之付出高昂价格的商品。（1985：第3页）

波特定义的精彩之处在于它以市场和顾客为基准，以及对顾客价值的强调。基于波特的定义，结合本书的目的，竞争优势可以被定义为一个企业相对于另外一个或一组企业，在任何可比的层面或者维度上的、实际的或想象的差异性或者不对称性。这种差异或不对称性能使该企业比其他企业更好地为顾客提供价值。这一定义有三个显著特点。

第一，以上定义体现了竞争分析最基本的分析层次。也就是说，在一组企业的实际竞争中，如果一个企业的某个特定要素使得它能够比其他企业在为顾客提供价值时更出色，那么该企业就在这一个具体方面拥有竞争优势。毫无疑问，在某个具体竞争方面的竞争优势（比如产品质量上乘），能够帮助企业在此具体方面更好地服务客户。但是这一具体优势的功效可能会被对手在另外一个方面的某种竞争优势（比如对手店铺的黄金地段）所掩盖。要想取得持久的卓越经营绩效，企业需要多种竞争优势。在多重战略层面上打败对手，对于企业的取胜至关重要。可见，优胜的企业往往在很多方面都很优秀。在某个特定优势上孤注一掷，即使是可持续的优势，也是不可靠的。只有创造竞争优势集合并及时发挥新优势，方可渐入佳境。

在这种意义上，为了避免循环论证，本文将不在竞争优势和卓越经营绩效这两者之间自动画等号。这一做法与现有文献中的常规做法不太相同。但从系统论的角度而言，该做法包容了"殊途同归"的可能性。"条条大道通罗马"，不同的战略模式和不同的优势集合同样可以导致长期卓越经营绩效。

第二，这个定义是关系型的，取决于分析的具体境况。竞争优势并不总意味着一个企业在某一方面强于所有对手。这一定义允许一对一的捉对比较。比如说，两个较大的企业之间，一个可能相对更灵活，并以此为竞争优势。但是灵活往往不是大企业所擅长的，就整个市场中的对手而言，相对灵活的那个大企业也未必称得上真正灵活。

第三，这个定义比较易于量化和操作。我们可以把企业在某种竞争层面上的分值进行比较，并得出相对于一组特定的竞争对手孰优孰劣的结论。这种竞争层面或维度可能是优越的选址和地段，比如沃尔玛在乡镇市场中的垄断地位；可能是货架摆放方面的统治地位，比如可口可乐在美国超市货架上的规模和醒目位置；可能是独家或非常优惠地获取供应商的服务，比如戴比尔斯公司（De Beer's）在国际钻石市场中的霸主地位；可能是一个著名的商标和品牌，比如卡地亚（Cartier）在奢侈品行业的盛誉；可能是职工的技术诀窍，比如丰田生产线上员工的技术实力；可能是经营运作的效率，比如联邦快运的快速投递功能。在上述的层面或维度上，简而言之，企业的分值越高，它的竞争优势就越强。

> 优势是比蛮勇更好的战士。
>
> ——莎士比亚

在构建竞争优势集合的艰辛过程中，企业的竞争优势需要一个一个获得，需要不断地寻求和争取。对于竞争优势基本类型的了解，无疑有助于对竞争优势的培育、发现和捕捉。本章的目的就在于帮助战略管理者了解竞争优势的基本类型。它将以商业活动中的竞争优势为主要对象。广而言之，竞争优势在不同的人类活动或社会活动中都是相通的：优势是指在任何可比的层面上的差异（真实的抑或想象的），前提是人们要么因此差异获取价值，要么对此差异赋予价值。在探讨基本竞争优势之前，让我们先稍稍离一下题，讲一个社会文化方面的案例。

社会生活中的竞争优势：汽车车牌号码的游戏

在美国这个遍地跑汽车的社会，一个人的汽车车牌号码越小，就越表现出车主的社会地位和优势。这种小号码车牌带来的优势，虽然主要是基于人们的感受和想象（比如特权感、优越感、荣誉感和由于引人注目而得到的心理满足），却往往能使人们对小号车牌寄予无限的渴望。为什么这也能叫优势？因为稀缺、显著、独特。如何才能获得这种优势呢？可能通过权力、资质、资源、运气、游说、高压，或上述手段的各种组合。

在美国最小的州罗得岛州，各类车牌中竟然有27个都幸运地标着1。有机会得到1号车牌的人首推政府要员。在所有的政府车辆中，每一机构类别的最高行政长官的车辆往往挂1号：州府1、市府1、警察1、法院1、消防1，如此等等。20世纪90年代中期，一位行将离任的州长特批了一个7号车牌给他太太做生日礼物。权力当然管用。

当然，人们也可以由于特殊的资质或功劳而赢得小号车牌。比如美国专门为老兵设立的荣誉车牌类别中，1号往往奖励给当地最有名的、最受人尊敬或荣誉最高的老兵。如果车管所回收他人退回的小号而定期举办抽奖的话，那么要想获得此优势就必须靠运气。当然，发明创造永远是获取优势的最佳手段。当年为便于收税，罗得岛州政府曾将休闲车（英文简称RV，可以在空地扎营当房子住的大车）归入商用车。某位休闲车车主带头多方游说、多次陈情车管所，终于促使州政府将休闲车单列一类。这位车主也就理所当然地拿到了RV1的车牌号码。

在二手市场上，车牌也可以买卖，只需到车管所登记过户即可。曾经有人因为未经主人同意授权，假冒车牌转让手续而锒铛入狱。也曾有两家车行为争买一个市值2.5万美元的强势车牌而把官司打到州立最高法院。更有甚者，某些执法人员还曾经恐吓、刁难小号车牌所有者，用非正当手段没收车牌并转手送人。

社会生活中关于优势的案例对企业的竞争优势有哪些启示呢？当然，车牌号的游戏很有局限性，而且经常是一锤子买卖。有的车牌可能在家中世代相传数十年。而在通常的商业游戏中，竞争往往是不间断的，而且是多回合的。这种情况下，在环境因素决定你能做什么的同时，管理者似乎有更多的选择余地。社会游戏中的优势和商业游戏中的优势是非常相似的，事实上，在任何游戏中要想获得优势，我们都离不开知识、资源、能力、运气和创造性等等。进一步说，在任何具有社会意义和影响的游戏或交往中，优势的实质在于你是谁、你认识谁、你有什么、你知道什么和你能干什么。商业游戏亦不例外。

战略管理文献中对竞争优势的实质和起因也存在多种分析视角和框架：市场中的位置（Porter, 1980）、独特的资源（Barney, 1991）、创新（Schumpeter, 1934, 1950）、效率（Williamson, 1991）等等，不一而足。基于理论文献和实际例证，本章提出一个有关基本竞争优势的分类法。

基本竞争优势类型

企业的竞争优势通常不外乎如下三种基本类型：**以占有为基础的**、**以获取为基础的**和**以能力为基础的**。所有优势都是三者的组合。首先，竞争优势的实质可能是对于战略资源和要素的所有权或对其占有，比如绝对领先的市场份额、独特而不可模仿复制的资源与能力，或者良好的企业声誉。其次，优势的实质也可能是优先接触和获取他人（供应商、分销商和合作者）资源的权利或机会，比如与经销商的独家代理合同。最后，竞争优势的实质可能在于卓越的知识、技术和能力。也就是对于恰当的顾客，在恰当的时间和地点，通过恰当的渠道，以恰当的价格提供恰当的产品和服务。简而言之，要想在商业竞争中享有优势，企业必须仔细认真地系统考量自己拥有什么、能够获取什么、知道什么和能干什么。

	主动创造取向法	先机遏制取向法
以占有为基础	积极网罗、积聚有价值的资源	遏制、阻碍对手对资源的获取和占有
以获取为基础	铺设、建立各种获取资源的途径和渠道	限制、打压对手获取资源和市场的空间
以能力为基础	促进组织的学习能力，增强企业实力	打击对手学习的信心、阻止对手学习模仿和提高实力

图 1-1　基本竞争优势

如果竞争优势的实质是企业间在某个层面上的差别，不管是所有权、获取权，还是能力方面的差别，任何造成或扩大这种差距的因素都可以称为竞争优势的起因。换言之，若想获得竞争优势，一个企业可以努力提升自己的游戏水平，也可以利用先机打压遏制对手。前者积极地在所有权、获取权、知识与能力方面增进自己的实力以取悦顾客，这种方法可称之为"**主动创造取向法**"；后者则在以上三方面力求缩小对手的选择空间，先行采取措施来限制、减弱或抵消对手的实力，从而减低对手所能为消费者提供的价值，这种方法可称之为"**先机遏制取向法**"。

以占有为基础的竞争优势

以占有为基础的竞争优势指这样一种情形，即企业所拥有的位置和资源能使该企业在与对手的竞争中抢占上风。也就是说，由于拥有某一特质、形象或地位，一个企业能够享受相对于对手的竞争优势。以占有为基础的竞争优势大多存在于企业内部，包括市场上的强势定位，比如微软操作系统在 PC 业中的霸主地位；独特的资源禀赋，比如卡特彼勒公司（Caterpillar）的全球供应和服务支持系统；卓越的经营管理人才和团队，比如当年通用电气的杰克·韦尔奇和他培养的管理梯队；优秀的组织文化，比如 3M 公司（明尼苏达矿业及制造公司）鼓励创新的企业文化；令人景仰的品牌和企业声誉，比如宝洁和吉列等公司在个人卫生保健用品方面的知名度、可信度和美誉度。

积聚有价值的资源

获取和保持以占有为基础的竞争优势,要求企业积极主动而又系统地网罗和积聚有价值的资源、占据市场中的强势位置。让我们首先以品牌为例来作说明。品牌应该说是一个企业能够拥有的最宝贵的资源。考量一个人或家庭是否富裕,我们不能只考察其每年的收入流量,而是必须考察已经积聚的财富存量。同样,考量一个企业的品牌优势,我们不能只看该企业的年均广告和促销费用支出,而是期望从此流量指标中捕捉企业的战略精髓。我们必须考察该企业已经积聚的资源和占有的位置。正是这些存量指标定义了一个企业是否具有竞争优势:占据什么位置?拥有什么资源?客户和供应商的满意度如何?品牌的号召力如何?显而易见,流量指标可以比较容易地被调整,而改变存量积累却不是在短期能轻易办到的。存量积累往往需要按照某种战略模式始终如一地进行资源的流量投入(Dierickx and Cool, 1989)。

举例来说,某企业在某一具体年份内在软饮料市场中的广告支出完全有可能超过可口可乐的同类支出,但要迅速获得可口可乐经过一百多年的积累、保持和不断更新而造就的顾客好感,几乎是不可能的。优良的品牌声誉应该说是企业最好的资产了,尤其是在这个人们的关注时间越来越短的时代。可口可乐公司内部曾经流传这样一种说法,即使有一天可口可乐从地球上消失,单靠可口可乐的品牌价值,就能在几个月内重建可口可乐,再现辉煌。

遏制对手对资源的占有

一个企业可以通过遏制对手对资源或市场位置的占有而享有竞争优势。看一个例子。虽然沃尔玛早期(20世纪70年代和80年代)执行的乡镇设店战略帮助它们避免了和当时强势企业的正面交锋,但沃顿本人作为企业家对竞争本身并不陌生。他早期在阿肯色州新港镇经营本·富兰克林连锁杂货店的时候,曾经面对一个隔街设店的强硬对手。消息灵通的沃顿得知这位对手要接手邻居食品店的租约并扩张自己的经营规模。如果对手接下租约,那将使他的店铺规模远远大于沃顿的富兰克林店。沃顿决计不能使之得手,他抢先到房东那里,成功地说服房东将店铺租给了他而不是自己的对手。

沃顿后来在他的自传中坦言,他在获得租约前并不知道要怎样使用这块新的空间,但他却非常清楚不能坐视对手得手。沃顿6天后在新址上开了一个名为"鹰"的小百货店。虽然他的富兰克林连锁店已跃居整个连锁系统在该地区的销售和利润冠军,他的鹰店却几乎没挣钱。鹰店的贡献不仅在于它遏制、阻挠了对手的行动,还在于它提供了一个学习和试验的场所,而不用受制于富兰克林连锁店的繁文缛节。如果某种商品在其中一个店铺卖得不好,沃顿就把它放在另外一个店铺试销。同时运行两个店铺提高了对管理的需求,沃顿雇了他的第一个助理经理。山姆·沃顿的弟弟巴德这样回忆道(沃顿,1992:28):

> 当时的(鹰)店应该说是我们今天看到的沃尔玛的雏形。擦窗、扫地、橱窗摆放、仓储、接货等,经营店铺所需要做的所有一切我们都做了。我们不得不把费用压到最低。那里才是我们多年以前的发祥地。我们的钱是靠控制费用节省出来的。

可以这样说,一次为避免潜在劣势而采取的先机行动,加上经营两个店铺中积累的知识、经验和诀窍,为沃尔玛后来建立发展的高效率的经销系统奠定了良好的基础。

以获取为基础的竞争优势

以获取为基础的竞争优势指这样一种情形,即一个企业能在优先和优惠条件下,接触到要素市场或产品市场,获取资源或顾客,从而能比对手更好地为顾客提供产品和服务。这种获取取决于一个企业是否能够有效地利用其他营利或非营利机构的知识、资源、经验、长处、市场覆盖面,以及任何有关的权力和权威。也就是说,以获取为基础的竞争优势在于企业和经营环境中其他有关方面的关系。举例来说,以获取为基础的竞争优势包括一个企业与供应商、合作者、分销商,以及各类政府牌照、许可证、配额等的发放机关和新产品批准、监督机构的关系。

构建获取渠道

如果一个企业能够用对手无法采用的手段比竞争对手更方便、更高效地获取资源与客户,那么这个企业就享有以获取为基础的竞争优势。宝洁公司产品在货架上的醒目摆放使得它们的产品更容易被顾客发现。即使是同一产品,比如洗衣粉,宝洁产品在货架上的数量和种类都保证了对顾客的足够吸引力。不管宝洁的哪一个品牌和类别的产品热销,都会对宝洁的总体卓越绩效作出贡献。

同样,对要素投入的优先获取能力也会给企业带来竞争优势。比如,驰名世界的麦肯锡咨询公司或波士顿咨询公司,与世界著名的商学院保持良好关系,通常可以优先从每年 MBA 毕业生中挑选最优秀和最具发展潜力的人选。这种对人才的优先获取保证了这些强势企业在指导企业经营这一知识积累和知识传播的业务竞争中走在同行的前列。

如果没有适当的获取资源和接触市场的机会,一个企业,甚至一个非常有能力的企业,也会处于竞争劣势。值得一提的是,由于历史的和其他的原因,二战后的日本企业,相对于德国对手而言,能够在相对富裕的北美市场更加游刃有余。在二战中为日本军方效力的大企业财团领军人物(如松下幸之助),很多在战后被盟军总部准许继续掌管他们的企业。对西方(尤其是美国)先进技术的获取和掌握,以及在世界市场进出的便捷程度,使得日本企业在战后迅速积聚起财富和经济强权。

相反,德国企业或组织对世界市场的接触远远不如日本的对手和同行那样轻松自如。比如,世界著名的柏林爱乐乐团,在著名指挥卡拉扬带领下首次在二战后访问美国的时候,受到严重抵制。原因在于卡拉扬在二战中曾与纳粹有过联系。在卡拉扬执掌柏林爱乐之后的 10 年内,美国音乐爱好者对柏林爱乐和卡拉扬的了解基本仅限于听他的唱片。卡拉扬的势力范围被局限在欧洲(尤其是德国、奥地利的音乐重镇)。在其势力范围内,卡拉扬也毫不留情地设防并抵制以美国为基地的指挥家,比如肖蒂爵士和伯恩斯坦。

限制对手的获取

一个企业可以通过限制对手获取某项有潜在重要性的资源,从而享有竞争优势(Brandenburger and Nalebuff, 1996; Wind, 1997)。当然,这种做法并不一定完全是为了避免劣势而采取的防御性措施。事实上,这种做法常常是进攻型的防御,其目的在于积极主动地改变企业相对于对手的地位。

让我们来看看通用电气旗下的国家广播公司和《宋飞正传》(Seinfeld Show)的关系。20世纪90年代,《宋飞正传》曾经一度是美国黄金时段排名首位的情景喜剧。该剧的主角宋飞也曾在1998年被《福布斯》杂志评为电视节目中薪酬最高的演员。收视率是决定广告收入的主要因素。在争夺收视率的竞争中,国家广播公司的《宋飞正传》简直就是一座含量高、储备足的金矿。在此剧中穿插的广告,每分钟收费100万美元,这是除了橄榄球超级杯外少有的天价。

但是这个深受欢迎的情景喜剧和美国三大主要电视网之一的美国国家广播公司之间的关系并不是一拍即合。《宋飞正传》由问世到发迹可谓如履薄冰。第一集试播后,观众反映平平,但美国国家广播公司并没有完全拒绝它,而是购买了4集节目。这是因为美国国家广播公司的管理层很快地意识到该剧主角所具有的超级明星潜质,他们不愿意看到这位明星被三大广播网另外两家挖去,尤其是不愿看到宋飞被ABC请去主持晚间脱口秀,从而挑战国家广播公司的《今晚秀》——一个长期最受欢迎的晚间娱乐、谈话节目。由此可见,通过阻挠对手对明星的获取,美国国家广播公司不仅避免了使该明星成为竞争对手,而且更幸运的是,他们将这个潜在的竞争对手打造成了一个超级明星,并给美国国家广播公司带来多种奖项和超额利润。

耐克公司也经常使用先机遏制手段来增进耐克对体育明星的接触和掌控,同时限制和打压对手对这些明星的接触和觊觎。耐克用体育明星做其产品的形象代言人由来已久,他们注重世人皆知的一线明星,但也非常关注极具潜力的明日之星。这样做的意图很简单,就是要和最优秀的明星联手。耐克老板菲尔·奈特常对手下人说,去签约某某做我们的形象代言人,不要花太多的钱,但也不要让我们的对手把他签走。对于要具体执行的下属来说,这种指示确实过于模糊,但是,奈特对主动抢占先机的强调和对战略底线的要求却是果断明确的。耐克员工想尽办法说服他们想要签约的明星。比如,从细节而言,在接明星们到耐克总部去的豪华加长版汽车上,电视屏幕上不断放映迈克尔·乔丹等与耐克签约的巨星们的精彩瞬间回放。目的很清楚,那就是让这些明星们感到与耐克签约是明智的选择,这不仅增进了明星对耐克的好感和认同,还让他们觉得有幸和巨星为伍,同时增强了耐克的议价能力。

耐克需要明星们不断地为其形象增光添彩,它绝不能容忍一个有潜力的明星加入对手的拉拉队。为此,耐克必须付出足够的高价。高尔夫巨星泰格·伍兹曾于1997年与耐克签下每年800万美元的合同,宣传耐克形象。耐克的明星们的确忠于使命。在1992年巴塞罗那奥运会上,美国队的队服和领奖服均由耐克竞争对手锐步公司赞助。而当时获篮球冠军的美国梦之队在颁奖仪式上,包括乔丹在内的数位耐克明星都身披美国国旗,有意将领奖服上的锐步商标遮盖起来。有如此忠诚而且有号召力的明星为耐克促销,使得耐克品牌深入人心,耐克可以得心应手地接触和获取顾客资源,因为这些顾客都梦想着像乔丹一样"尽管去做"("just do it")一把。

以能力为基础的竞争优势

以能力为基础的竞争优势指这样一种情形,即企业的知识、技巧和能力使得它能够比对手更有效果或者更有效率地运行和操作,从而为顾客创造优异的价值,享有竞争优势。与外向型的、以获取为基础的优势不同,以能力为基础的竞争优势主要存在于企业内部。与以占有为基础的优势不同,以能力为基础的优势取决于企业实际运作的能力和制造、营销、服务的能力等,而前者则在于企业的地位和所拥有的资源。以能力为基础的竞争优势包括:高超的研发能力、技术诀窍、对顾客的详尽了解、识别市场机会的本领,以及组织学习与创新的能力等。

鼓励学习和增强实力

知识就是力量。当今世界首富比尔·盖茨就是一位技术工作者。当今世界瞩目的企业往往也是重技术和学习型的企业。比如,迪士尼知道如何让顾客快乐和满意,并快乐和满意地在迪士尼的公园和店铺冲动地大量消费;沃尔玛知道如何快速周转货物;英特尔、微软、思科和惠普等企业在上世纪后20年间重新界定我们如何生活、工作、学习和娱乐。这些企业实际上是关于知识产权的产业。一个不断学习、积累和扩充其知识储备和智力资本的企业,将会享有竞争优势(Stewart, 1997)。

佳能公司通过发明微型复印机中使用的可抛弃打印鼓,积累了大量的技术知识,这为其产品的微型化贡献良多。这些技术和能力可以被生产其他办公自动化产品的部门分享,比如激光打印机。当一个企业专注于学习的时候,它的注意力往往会从产品和市场向企业内部的资源与能力转移。如此看来,佳能并不能被简单地定义为生产照相机、复印机、打字机或扫描仪的企业。佳能应该被看做一个在图像处理方面具有高超知识体系和卓越技术能力的企业。同样,夏普并不只是一个生产小型计算器的厂商,夏普的液晶显示技术和半导体技术支持了它在多种产品市场上的竞争优势。

我们知道,以占有为基础的优势在于企业的资源禀赋和市场地位,以能力为基础的优势则在于能够展示企业实力的企业"动态定型"(Nelson and Winter, 1982)。企业的动态定型,也就是一个企业日常的、例行的、习惯性的实力发挥,一个企业遵从某种在长期运行中形成的标准操作程序而表现出的行为范式和能力应用。在职业体育运动项目的比赛中,比如 NBA 常规赛季中,在任何一天,一个最差的球队都有可能打败一个冠军队。而在季后赛争夺冠军的时候,胜家应该说十有八九是那些能够经常取胜,并日复一日地在每场比赛中习惯性地展现实力的球队。企业竞争也是一样。企业的动态定型决定其竞争优势,而某一天的超常冒尖,无论如何英勇悲壮,都只能是一个貌似绚丽而短暂的意外。优秀企业的表现通常是持久如一的。

例如,在音乐这一行里,对于一个伟大的交响乐团来说,支撑其美好声誉的,往往是某种华美而独特的音响组合。正是这种不同的音响特色,或温润饱满或坚实冷峻,或庄严华美或柔韧轻盈,或灵活多变或始终如一⋯⋯正是这种特色,让我们有机会认识和欣赏不同的乐团,使我们得以识别良莠,区分伟大和平庸。能够长久一致地奏出某种独特的音色,要求演奏员多年的实践、演练、学习、合作、理解、默契和在排练及演出中的不断磨合、精炼、提高,从而形成习惯。也正是这样的独特音色吸引着无数真正的乐迷,赋予乐团以极高的知名度和竞争优势。

卡拉扬曾经非常满意而自豪地如此评价他执棒三十多年的柏林爱乐的演奏:就像完美的英国绿草,每天浇水、修剪两次,如此重复三百年。同样,肖蒂时代的芝加哥交响乐团享有独特的"芝加哥"音色,铜管乐尤其辉煌、嘹亮;奥曼蒂时代的费城交响乐团弦乐尤其华丽、丰满;泽尔时代克里夫兰乐团的演奏群感如一,准确如最精美的瑞士钟表。在一个组织知识和能力的使用过程中,优秀的遗产得以被继承。有业内人士传言,伦敦四大乐团之一的爱乐乐团在 20 世纪六七十年代受其指挥克兰佩若的影响如此之深远,以至于克氏谢世 20 年以后,在爱乐乐团演奏某些克氏所擅长的作品时仍能感到他的存在。

阻止对手学习和模仿

一个企业同样也可以通过有效地阻止竞争对手的模仿,限制对手学习新知识和更新其能力,从而享有优势。阻止对手模仿和学习的例子在现代商战竞争之前,就已屡见不鲜。让我们仍以音乐为例。如今的音乐爱好者,从可能性来讲,由于现代录音技术的发展,可以听到贝多芬所创作的任何一件音乐作品,乐手们也很容易就能找到贝多芬作品的乐谱。但在贝多芬的时代,情况却不是这样的。作为一个作曲家和钢琴演奏家,贝多芬经常拖延其作品的发表时间。这样,其他钢琴家便没有机会窃取贝多芬的杀手锏。同样,富裕的贵族赞助人通常委托贝多芬为他们作曲,并将其保留为私人收藏,从而使得其他的贵族不能轻易地享受演奏贝多芬作品的荣耀。

现代商战中阻挠对手学习的经典案例应当首推当年施乐公司对其大容量打印机制造和维修技术的保护。施乐的技术受到五百多个专利保护,使得对手难以模仿并进入其市场。而且,施乐的复印机只租不卖。买它们的机器,必须买它们的维修和服务。它们庞大的维修和服务队伍,在人数、技术、营销、信息和客户关系等方面都为后来者和潜在竞争者设置了强大的进入壁垒。施乐的优势是不争的事实,使之享有近乎垄断的地位。当然,后来的佳能通过新的技术成功地发明制造了中小型的复印机,从而瓦解了施乐的壁垒和阻挠。但是,并不能因为施乐后来失去了它的竞争优势,就说它自我保护、阻挠对手学习和模仿的做法是根本没有价值和作用的。问题的焦点在于,施乐竞争优势的消失主要是因为它没有不断地更新知识和能力,至少没有像对手那样快。微软也面临同样的问题。凭借它在微机操作系统的统治地位,它可以将它的IE浏览器和Windows操作系统捆在一起,获取更多的优势,但无奈招来了司法部的官司。对待挑战者,比如以Linux为基础的开放型操作系统,长期而言,微软的竞争优势只能靠自己的不断学习和创新来得以发挥和巩固。

一个企业可以先机而动遏制对手,摧毁对手以占有为基础的优势;也可以削弱或阻挠对手以获取为基础的优势;还可以打压、限制对手的学习和模仿。当然,如果对手决计求胜,那么谁也无法取缔它学习和创新的动力。虽然在很大程度上,遏制对手的学习和模仿会有成效,但是真正重要的是自己的企业是否在更新、增强自己的知识储存和智力资本积累,是否在不断地提高自己的动态定型。主动创新与先机遏制,二者皆可奏效;合二为一,优势良多。

本章结语

　　本章为开篇之言。作为全书的铺垫,本章解释了竞争优势的定义和特点,并提出一个关于基本竞争优势的分类法。要在竞争中保持领先,一个企业必须深入考察它所拥有的、它能够获取的和它能够做到的。本章提出的分类法和分析框架整合了关于赢得和保持三种基本竞争优势(以占有为基础的、以获取为基础的、以能力为基础的竞争优势)的两种互有侧重而又相辅相成的思路:积极主动地不断创新,提高自我水准;抢占先机,遏制对手的行动和选择。同时,本章也力求整合企业内外两种因素的作用:企业的资源与能力及其内部运作;企业在市场中的定位以及与外部环境中其他实体的关系。

　　需要指出的是,上述三种基本竞争优势并非完全独立。它们可能并存,且交互影响、共同作用。比如,对分销渠道和供应商的接触和获取可能受企业在市场中地位的影响。卓越的能力往往建立在企业所拥有的独特而有价值的资源之上。学习和模仿的可能通常也是建立在适当获取的基础之上。这样,在考察一个企业的竞争优势时,对这三种基本类型的竞争优势的逐个分析,应该和对它们共同作用的分析结合起来,从而得到比较全面的理解和把握。

　　虽然如此,这三种基本优势间又有足够的区别,各自展现出鲜明的特点。同时,这三种类别也有很强的代表性。所以,根据不同的研究目的,针对不同企业所处的不同时期和发展阶段,分析的侧重点也可以放在某一种基本竞争优势上,或者三类优势的某一种特定的组合上。以后的章节将对竞争优势的实质内涵和表现形式等方面作更详尽的分类和阐述。

第二章
SELECT：一个分析框架

　　竞争优势乃卓越经营绩效的根基。了解竞争优势的解剖对肩负企业长期生存和成功的战略管理者意义重大。本章提出一个名为 SELECT 的分析框架,来帮助战略管理者系统地考察竞争优势解剖的方方面面：实质内涵、表现形式、存在方位、作用影响、起因缘由和时间跨度。分析竞争优势的起因可以帮助企业创造和获取竞争优势；研究竞争优势的实质、表象、定位和作用可以使企业更好地发挥其竞争优势；而审视竞争优势的时间跨度则能够帮助企业更全面地了解竞争优势的潜能和可持久性,从而更有效地加以利用。

　　某个特定的企业为何存在？不管是出于使命、愿景或战略意图,企业的存在一定有这样一个理由,那就是创造价值并在竞争中取胜。比对手更好地为顾客创造价值、为社会作出独特的贡献,这才是企业在商战中取胜的真正含义。纵观强势优胜企业,比如通用电气、沃尔玛、微软,这些企业在 20 世纪里从根本上改变了我们的工作方式、学习方式、生活方式和娱乐方式；再看看基业常青的百年老店,如宝洁、可口可乐和默克公司(Merck),无数人在日常生活中都离不开它们的产品和服务。

如果经济规律、环境因素或能力决定了我们不能实现自己的意图，那么我们必须用与当时乘兴而来同样的兴致和果敢，从那些我们不能够比最好做得更好的领域内迅速退出。

——杰克·韦尔奇

通用电气公司前 CEO

对于强势优胜企业而言，取胜不是一次、两次或偶尔为之的事情。取胜是一种习惯。要想成为胜者，一个企业必须创造、利用和保持相对于其他企业的竞争优势。长胜企业必须长期一致地这样做。竞争优势来自哪里？竞争优势的实质和表象如何？它们存在于企业的什么地方？如何观察它们的形式？可持久性怎样？这些关于竞争优势解剖方方面面的问题无疑是重要的。竞争优势可以有不同的表现或大小。了解竞争优势的解剖，将帮助战略管理者增加获取和保持竞争优势的机会，从而增加取胜的机会。

本章提出一个整合的分析框架，用以帮助战略管理者系统地分析竞争优势的六个具体层面：实质内涵、表现形式、存在方位、作用效果、起因缘由和时间跨度。战略旨在取胜，战略在乎选择。战略所涉及的选择包括企业的业务范围和产品市场定位，以及企业内部的资源与能力组合和组织制度。选择的精髓在于保持外部环境变化和企业资源与能力组合的动态契合（Andrews，1971）。如此，选择"SELECT"（选择）一词来为分析竞争优势解剖的框架命名，应该说是再合适不过的。

我干这一行33年了。似乎每一个10年，我们都强烈地认识到要关注我们行业的实质——为顾客提供更好的价值。

——约翰·佩普尔

宝洁公司前 CEO

下面我们来分别考察竞争优势解剖的上述六个基本层面。首先必须说明的是，在阐述 SELECT 框架时，尽管我力求做到全面而不失简洁，但显然，由于竞争优势作为一个实际现象或理论概念，非常复杂而又难以贴切地捕捉，因此这六个层面不可能包含竞争优势的所有方面，同时也不可避免地存在着一定的交叉重叠。

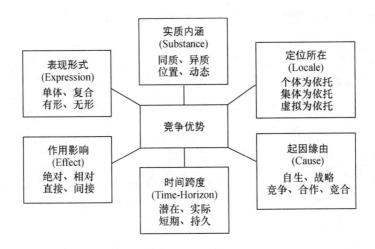

图 2-1　竞争优势解剖:SELECT 分析框架

厚重的真实:竞争优势的实质内涵

竞争优势的实质内涵是什么?竞争优势有哪些特性和种类?在这里,至少两种分类法可以用来概括竞争优势的实质内涵:同质优势和异质优势的区分,位置优势和动态优势的区分。

同质优势和异质优势

企业的竞争优势可以是同质的,也可以是异质的。当一个企业和它的对手采用基本相同的竞争手段(或者用相同或相似的资源与技术组合)在同一产品市场上竞争,而该企业比其他企业享有竞争优势,那么这种优势通常是**同质优势**,也就是做同样的事但相对更好、更领先。比如,美国林肯电气公司(Lincoln Electronic)在电焊工具方面的成本优势根源于它对经验曲线的有效运用,比对手相对较快、较早地进入了经验曲线的底端。

波特(1996)断言,如果所有的企业都必须玩同一个游戏,而没有任何机会展现与对手的不同,那么运作的有效性将会成为竞争优势的唯一决定因素。波特进一步声称,这种同质化的竞争优势并不是战略性的,因为他认为战略的核心和实质在于与对手不同,而不在于做同样的游戏但只不过相对优异。另一方面,也有学者这样认为,对于一个企业而言,通常战略选择的余地很小。战略选择只对广泛的市场交易活动中的一个部分,甚至一小部分,是相关和可能的。而在大多数情况下,比对手更有效率地做同一件事,是势在必争并求之不得的(Williamson,1991)。战略选择是一种奢侈。由此看来,同质优势对企业卓越经营绩效的贡献是不可低估的。

如果一个企业能够玩对手不能参与的游戏或用不同于对手的方法去玩同样的游戏——用不同的资源和技术组合、不同的产品,去更好地服务客户,那么,它就享有**异质优势**。比如,佳能在复印机市场上的优势,并非在施乐的传统强项上做得比施乐更好;相反,佳能绕过了它不可一世的营销和维修保养队伍这样的传统优势。佳能的新技术使它能够制造中小型的、易于操作和维修的、高质量的复印机,这种复印机的轻巧和小型使它可以被大部分办公室所容纳。人们不再需要到复印中心去用施乐的大型复印设备。佳能的创新不但开创了一个它有能力领先的领域,同时也扩展了整个复印机市场的范围。资源本位企业观强调企业异质优势的重要性,企业资源的异质性是资源本位企业观的核心论断:稀缺的、独特的、难以模仿的、具有企业独特性的资源造就了企业的竞争优势,尤其是异质优势(Barney,1991)。

位置优势和动态优势

位置优势来自企业的特点、资源禀赋与企业的市场定位。它们主要是以占有为基础的优势和以获取为基础的优势,通常是静态的。比如,便利连锁店 7-Eleven 的优越地理位置使它在城市市场中受到以方便为首要选择标准的人们的青睐。又比如,宝洁公司产品在货架上的醒目位置和成规模摆放,使之易于被消费者发现、识别和拿取。

一般来说,位置优势包括:卓越的资源禀赋——管理天资、高效敬业的员工、优秀的企业文化;以规模为基础的优势——强势市场定位、规模经济、经验曲线效应;与互补者、合作者之间良好的关系;对供应商的有效控制和对分销渠道的优惠利用;拥有产业的技术标准,比如,英特尔的 PC 芯片。

动态优势能够使企业比对手更有效果、更有效率地经营和运作。它们往往是以知识和能力为基础的,是行动中的竞争优势。比如,索尼产品的微型化能力使它在随身听和便携式电器的世界市场上长期独领风骚。丰田的柔性制造系统使它能够对不同客户的特殊需求反应迅速。在信用卡行业，MBNA America 银行有独特的知识和能力，来鉴别那些能为银行带来较高收益，并有很强偿付能力的客户群体。

动态优势通常表现于如下的知识和能力体系中：开创市场的能力——识别新市场、创造新市场，以及发现和了解有价值客户的能力；技术操作能力——基本研究与开发能力、生产制造能力、核心竞争力；组织运行能力——激励员工精神、增进组织学习、促进组织变革的能力；和动态管理能力——获取、组合、配置企业资源与能力和重新组织、重新配置资源与能力，从而应对和利用市场良机的一种更高层次的协调、整合与调配能力。

位置优势和动态优势经常互相影响和促进。一方面，动态优势可以由位置优势产生，比如，联邦快运所拥有的复杂广泛的地上和空中交通系统（位置优势），使它快速隔夜传递文件和小包裹的能力（动态优势）成为可能；另一方面，动态优势也可以导致和增强位置优势，比如，佳能的研发和制造能力（动态优势）帮助佳能获得了产品优势，从而导致佳能在很多与图形处理有关的产品类别中具有强势市场地位和高品牌认知度（位置优势）。

综上所述，区分异质优势和同质优势主要是考察竞争对手间进行的游戏是否相同，或者同一游戏内不同对手运用的手段是否相同。这种对竞争优势的考察是从比较两种优势的特点来把握的。区分位置优势和动态优势则更注重竞争优势的实质内容本身的成分和构成。由于竞争优势的实质是本书关注的焦点，因此，第三章将更加详细地阐述位置优势和动态优势的现象和它们之间的关系。

神秘的容颜：竞争优势的表现形式

竞争优势的结构形式有哪些？竞争优势如何自我表现？怎样观察竞争优势的存在和出现？我认为竞争优势的表现形式可以用两个分类法来概括：首先，竞争优势可能是有形的或无形的；其次，竞争优势可能是单体的或复合的。

有形优势和无形优势

有形的竞争优势表现在某种具体的可观察到的形式，可以被企业自身以及对手清楚地认知。沃尔玛在美国的位置优势就是一个理想的例子，微软的 PC 标准同样如此。有形优势通常来自一个企业在某个领域采取的不可逆转的大规模资源投入与承诺。

盖莫沃特(1991)将"承诺"定义为企业战略趋于持久的倾向性,并进一步认为承诺是持久竞争优势的充分和必要条件。承诺带来的有形优势,一方面使企业经营优于对手;另一方面能够恐吓和劝阻潜在对手的进入,并由此使卓越经营绩效得以持久。

无形的竞争优势不表现在某种具体的可观察到的形式,它可能隐匿于某些现象之后,不易发现、识别和把握。无形优势可以来自企业的商业机密、商标品牌、企业声誉、技术诀窍、企业文化,甚至某种程度的"组织裕度"——基于组织平时给予的优厚待遇,员工在某种极端情况下愿意为组织作出一定牺牲和提供超额奉献的这种对组织的好感和忠诚的储备。比如,冰淇淋制造商 Ben & Jerry's,由于其独特的组织文化和经营哲学强调企业经济使命和社会使命之间的平衡(近乎平均主义地减少组织内最高收入与最低收入的差距,关心公益事业等),因而在消费者中享有巨大的声誉优势。3M 公司的政策允许技术员工用 15% 的工作时间去做自己喜欢的个人项目,这种组织文化使创新精神和行为制度化,深入人心,从而为 3M 的产品不断创新作出显著贡献。

应该说,无形优势往往比有形优势更难以复制。无形优势通常来自某种具有较强"社会复杂性"和"起因模糊性"的特点、资源和能力(Barney,1991)。这样一来,在很多情况下,无形优势通常会持续相当长的时间,比如,卡地亚的品牌优势。卡地亚代表着奢华、地位、身份、荣誉。这种"高贵感觉"带来的无形优势在它的产品本身带来的有形优势(比如经典设计、精良做工等)消失多年之后,仍然魅力不减、备受尊崇。

单体优势和复合优势

竞争优势可以表现为独立存在的单体优势,也可以表现为多种单体优势构成的一种整体复合优势。复合优势可以被认为是比单体优势更高一个层次的某类综合竞争优势。

单体优势多是位置优势,以占有权或以获取权为基础。这种优势本身通常直接为企业经营绩效作贡献。典型的单体优势包括优良的地理位置、独特的实物资产、专利等知识产权、独家合约、特许经营证或现金储备。

可口可乐在饮料业多年的卓越经营绩效主要来自它的品牌知名度,它是世界上最知名的品牌之一。这种品牌优势,粗看起来,似乎是一个具体的资产、一个单体优势,但实际上品牌优势是一种更高层次的复合优势。也就是说,它包括了可口可乐公司在多种竞争层面的优势,比如它的绝密配方和特殊口味、几乎无处不在的分销渠道,以及经过一个世纪的广告促销造成的经年不衰的顾客好感等。

典型的**复合优势**也可以是动态优势,因为它们通常主要是以知识和能力为基础的。这种复合优势可以表现调动、协调和整合多种资源的超级管理能力。这种管理能力可以进一步造就具体的竞争优势,如差异化、产品和服务质量、低成本、快速反应、不断创新等。比如,佳能的优秀管理能力使它能够成功地驾驭多种技术体系并形成以图形处理为核心竞争力的动态优势,加上它的制造和营销实力,使得佳能可以高质量、高效率地在照相机、复印机、打字机等多种产品市场上纵横驰骋。

秘密的地点:竞争优势的存在方位

由于我们主要关心的是企业的经营绩效和取胜,因此我们必须要问如下问题:"一个企业的竞争优势只处于企业的边界之内吗?""企业能够因竞争优势而获利吗?"竞争优势的定位可以在三个层次上考量:以个体为依托的、以集体为依托的、以虚拟为依托的。

以个体为依托的竞争优势

以个体为依托的竞争优势指的是从个人或者其他可流动的资产派生出来的竞争优势。比如,一个广告公司、经纪人公司甚至某些咨询公司,它的核心竞争优势可能就是企业内几个关键人物与各方面的个人关系网络、他们的知识与经验,另外更重要的是客户资源。如果这些人员由于任何原因离开该公司,那么,该公司建立在他们之上的竞争优势就会在顷刻间荡然无存,该公司也往往会因此失去存在的理由。由此可见,由于个体(人或资产)的流动性非常强,因此这种以个体为依托的竞争优势将很难长久持续。

进而言之,很可能是这些个体(客户资源的直接实际拥有者),而不是企业(客户资源的间接名义拥有者)在分利的时候拿了大头。也就是说,虽然名义上是企业的竞争优势,但实际上是个体的主要贡献。因为在特定的行业中,客户是在跟具体的人打交道,而不是跟企业打交道。无怪乎这些企业大多采取合伙制,核心雇员就是老板,老板就是业务员。这样,个体的利益和企业的利益比较容易一致,易于企业的长期生存和发展。

举个例子。有的时候,喜剧明星比尔·科斯比(Bill Cosby)一年出演情景喜剧所得的工资要比播放他的情景喜剧的电视网该年的全部利润还高。这家电视网可能会比那些只能播放收视率比较低的节目的对手有些竞争优势,但这种优势带来的收益的大部分并没有被电视网拿去。不但如此,电视网在与明星谈判的时候,也担心受到明星的各种威胁。第一章中提到过的情景喜剧《宋飞正传》的例子,在1997年该剧如日中天的时候,4位主演提出每人每集(约22分钟播放时间)100万美金的高价。对于这一20世纪90年代最有影响力的喜剧团队,NBC不得不慨然允诺(《商业周刊》,1997)。几年后,当他们决定不再继续演下去的时候,NBC极力相劝,使尽浑身解数,包括特别请其母公司通用电气的大老板杰克·韦尔奇本人亲赴NBC纽约总部挽留主演,但终未成功。

以集体为依托的竞争优势

以集体为依托的竞争优势指的是从存在于企业集体间的、共享的资源和能力所派生出来的竞争优势。这种资源与能力,通常具有企业特性并无法轻易与企业分开,甚至根本就是不可流动的。根据定义,这种优势必定是"社会复杂性"强、流动性低、不容易被复制模仿的(Barney,1991)。优秀的企业文化可以说是以集体为依托的竞争优势的经典实例。作为一个共享的价值规范体系,企业文化往往久铸而成,难以一蹴而就。一个尊重和鼓励创新的企业文化将使企业,相对于守旧的对手享有竞争优势,尤其是在快速变化并要求企业快速反应的环境中。

对于以集体为依托的竞争优势来说,企业集体大于任何个人,通常是企业作为一个实体获利最大。无形优势,尤其是那些以知识、专长和诀窍等为基础的无形优势,常常是以集体为依托的竞争优势。比如,日本花王公司的经营哲学是提倡在整个企业内广泛学习、共享知识。这种做法带来的竞争优势表现为创新、灵活性和战略容易被实施等。同样,声誉优势也是以集体为依托的竞争优势。比如,在有线电视台的竞争中,发现频道(The Discovery

Channel)与明星的议价能力就比 NBC 要高得多,因为任何一个节目的制作者的声誉都没有发现频道本身的名气大。

以虚拟为依托的竞争优势

企业的竞争优势也可以是以虚拟为依托的。也就是说,企业的竞争优势实质的定位是在企业的边界之外,它存在于某种关系中、某个网络内,或者某个其他实体里面。以获取权为基础的竞争优势,通常是虚拟优势。当 IBM 在 1980 年准备推出它的 PC 时,它很快通过招兵买马、牵线搭桥,将各类相关企业和供应商精心组建成一个 IBM PC 联盟。但是,IBM 的问题在于,其 PC 的核心技术部分、操作系统和中心处理单元,并不掌握在 IBM 自己手里,而是分别由微软和英特尔供应。这样一来,IBM 在 PC 行业虽然较其他对手(比如苹果计算机)有绝对的位置优势,但是这种优势是虚拟的——真正的优势在于微软与英特尔联手制定的 PC 产业标准,在 IBM 之外。IBM 所贡献的主要是值得信赖的品牌和在商界的营销渠道。而当 IBM 原来的伙伴微软和英特尔逐渐强大之后,它们就成为了 IBM 的强劲对手。如此看来,除非一个企业能够对虚拟的竞争优势有某种程度的控制,否则该企业很难从这种虚拟优势中获得最大的利益或者长期保持这种竞争优势。

实际的功效:竞争优势的影响作用

我们如何观察竞争优势的作用?竞争优势通过什么方式帮助企业更好地为顾客提供价值?竞争优势对企业经营绩效的影响作用可以是绝对的,也可以是相对的;它的影响方式可能是直接的,也可能是间接的。

绝对优势和相对优势

在可比的尺度上,如果一个企业的竞争优势对于对手呈压倒之势,而且不可逾越,那么这种优势就可以称为**绝对优势**。如果一个企业的竞争优势非常微小,领先对手不多,那么这种优势就可以称为**相对优势**。比如,IBM 在大型计算机市场上的优势曾是绝对优势,它的市场份额和积累的经验与专长无人匹敌。而 IBM 在 PC 市场上的优势,即使在最好的年景,也只不过是边际的和相对的,这主要是由于对手众多并且强大而导致的。

直接优势和间接优势

直接优势对企业的价值创造和经营绩效具有直接的贡献。间接优势对价值创造的贡献是间接的,它通过支持、放大直接优势,或导致直接优势的方式进行。通常,直接优势是有形的。比如,本田公司的发动机,为本田汽车的质量和声誉,尤其是为本田的销售额和利润作出了直接贡献。

企业的**间接优势**通常来自价值链中的支持活动或者宽泛定义的实力,比如,研发能力和企业文化。这种宽泛的优势虽然间接影响经营绩效,但必须转化成某种具体的直接优势,比如,低价或差异化。美国西南航空公司的竞争优势来自它的注重效率和节俭的公司文化。而这种文化(间接优势)对它的低成本优势(直接优势)贡献显赫。

奇妙的钥匙:竞争优势的起因缘由

竞争优势从何而来?其实许多因素都可以引发并导致竞争优势的出现。总的来说,我们可以用自生出现和战略寻求两大类别来区分竞争优势的起因缘由。自生性的起因主要包括环境变迁和运气;战略性的起因主要是通过战略制定和实施来寻求优势,包括竞争、合作和竞合等。顺便提一下,鉴于篇幅限制和为了在行文方面保持与其他五个方面论述的平衡和一致,这里的论述相对简单。但由于起因缘由的极端重要性和实用性,本书的第四章和第五章将更全面地考察竞争优势的各种起因和根源。

自生出现

巴尼(1986a,1991)指出,在不完全竞争的资源要素市场,企业可以只因为运气便获得竞争优势。比如,一个企业可以在某个特定的历史事件中获取某种资源与能力。由于路径依赖的原因,其他对手在后来无法获取该资源与能力,或者这种获取需要支付的成本远远大于它可能带来的收益(1991)。请看美国制造掘土机和其他"移地"机具的卡特彼勒公司的案例。卡特彼勒散布全球的广泛的销售和维修服务系统,使它能够向客户承诺48小时内保证送件、维修。这种销售和维修服务系统的建立,则主要依靠该公司在二战中为盟军提供装甲车设备服务时得到政府的资助。这种资产在战后很难被对手所获取或模仿重建,因为对于一个企业而言,成本太高。

环境的变迁也会给某些企业非常有价值的竞争优势。比如,风靡美国乃至世界的"健康狂潮"沉重地打击了"肯德基炸鸡"的品牌形象。因为,"健康狂潮"的铁杆信奉者认为凡是炸的东西都是要反对的。"肯德基炸鸡"很容易地就被当成了"垃圾食品"的代表。该公司也不得不用起原名缩写,干脆就叫 KFC。这是竞争劣势的例子。在 KFC 叫苦不迭的同时,"健康狂潮"也为耐克和锐步等体育服装和用品公司带来好运,从侧面为其广告和促销活动推波助澜。这样一来,不运动的人也要买双耐克鞋,潇洒走一回,以显运动、时尚。

竞争优势与合作优势

在战略寻求作为竞争优势起因的情境里,一个企业可以通过竞争、合作或二者并举来实施战略、获取优势。

首先,企业可以通过与对手激烈的竞争和交锋,来逼迫自己提高经营水准,改善自己的"动态定型"。波特(1990)曾指出日本汽车制造业的例子。挑剔的客户、较小的国内市场、众多的汽车制造商,使得国内市场的竞争日趋白热化。这也迫使它们积极创新、刻苦练兵,从而在走向世界市场时,比对手在多方面(比如质量和可靠性)有竞争优势。一般来说,在超级竞争的情况下,很难出现持久竞争优势。这里取胜的关键在于连续不断地推动竞争升级,并采用精心策划的战略行动,纵横捭阖,来创造一系列的短期竞争优势。

同样,企业也可以通过合作战略获得优势。企业间的合作可以带来规模经济、范围经济和速度等方面的优势。尤其是参加某种合作组织或战略联盟的企业,它们能够享有特立独行者所得不到的竞争优势。比如,JVC 公司在 VCR 业务中广泛结盟和推介、转让其 VHS 技术,从而控制了产业标准,获利颇丰。而质量相对更优异的、索尼的独家 β 技术,却因缺乏捧场者,不得不刀枪入库、马放南山,只在有限的专业产品市场上施展拳脚。

有意思的是,竞争对手之间的合作也会产生竞争优势。战略联盟的实质可以被看成是企业间互相学习的竞赛。一个聪明的企业可以从合作者那里学到宝贵的技术和组织诀窍,同时保护自己的核心竞争力不被对手识破和模仿。因此,一个合作目标明确、快速学习和吸收的企业将会从与对手的合作中获得优势。

对手之间也可以通过合作巩固自己的位置、放大自己的优势,并将合作者之外的其他对手抛在身后。著名的三大男高音演唱会已成经典。帕瓦罗蒂、多明戈、卡雷拉斯每个人身后都有一个商业机器在不停地运转。他们不仅在音乐界得宠,而且成为大众娱乐明星。在歌剧院、音乐会、唱片市场,以他们名字命名的音乐比赛上,以及在为其他企业做形象代言人等诸多领域,三大男高音可谓不折不扣的对手。然而,三人联手合作比无休止的私下争斗可能效果更佳:增强了所有人的声誉和知名度,扩大了大家的共同市场,抬高了集体和个人的身价,更不用说各地巡演带来的丰厚收入了。他们的合作优势,使得他们卓尔不群,成为男高音的典范。在三高的时代,没有几个人会去关心谁是第四。

生命的历程:竞争优势的时间跨度

竞争优势的生命周期有多长?什么情况下一个潜在的竞争优势会变得成熟?什么决定竞争优势的可持久性?竞争优势可以是潜在的或实际的;它也可以是短期的或持久的。

潜在优势和实际优势

实际竞争优势指的是企业现有的、正在发挥作用的竞争优势;**潜在竞争优势**指的是一个企业正在积聚的倾向于培植的优势,或企业内所储备的但还没有被开发利用(不管是不是有意识),或利用不够充分、错误利用的某种优势。比如,美国休斯卫星公司,通过承包政府多种军事合同,在多年内积累了世界首屈一指的卫星技术。但是,在民用产品市场上,休斯卫星公司的这些技术优势只能是定义比较宽泛的、潜在的、尚待开发的一种优势。直到休斯卫星公司与 RCA 公司和索尼联手合作推出的 DirecTV(付费卫星电视系统)项目才将这种潜在的优势在民用电子产品市场上变成了实际的优势。

当然,一个潜在的竞争优势也可能会夭折和失败。比如,施乐公司的 PARC 研究中心(Palo Alto Research Center),早年开发了 GUI(图形用户界面)技术,可以为施乐进入 PC 行业提供良好契机和竞争优势。但由于施乐高管人员缺乏远见以及对自己技术的理解和信心，反而采用了当时通用的、其他企业的更落后的技术。施乐最终在 PC 市场未有建树，巨大潜在优势丧失殆尽。这不仅便宜了苹果计算机，更便宜了后来的微软 Windows。

短期优势和持久优势

短期优势指的是时间跨度短、过渡性的、不可持久的竞争优势。可持续的优势指的是时间跨度长、不可能被对手轻易模仿和超过的优势。比如，当年美国航空公司（American Airlines，AA）首先推出的 SABRE 计算机航空订票系统。推出之初，它为 AA 在航班席位利用等运行方面带来很大的优势。但是，这种系统很快就被别人模仿，因此，它带来的优势是短期的。

相反，**持久优势**则能够经得住时间和各种模仿与替代企图的考验。比如，可口可乐长达一个世纪的品牌优势令人瞩目。一方面，持久优势可以是一个具体的长时间历久不衰的优势，比如，戴比尔斯公司一个世纪对世界钻石市场的垄断和操纵；另一方面，持久优势也可以是由一系列短期优势前后继起的积累结果。比如，英特尔在 CPU 芯片市场上 20 年左右的绝对领先地位，便是由不断的产品更新换代来保持的，从 286、386、486，到奔腾 I、II、III、IV 等，每一个阶段，英特尔都造就和利用了它的短期优势。在被对手赶上或追近之前，它已经推出了新一代的产品，又一次把对手甩在后面，使得对手不得不再次继续追赶。如此这般，英特尔的优势持续了 20 年，直到今天。当然，需要说明的是，这种看法，主要聚焦在位置优势上。其实，应该说支持英特尔这些年成功的一个不变的因素，就是它持久的创新和管理创新的动态能力。这种能力带来的动态优势应该说是可持续的。

优势持续的对立面是衰亡。优势的衰亡包括竞争性模仿与替代的威胁、企业自身的过失和忽略、意想不到的环境变迁，以及革命性的创新或熊彼特式的"创造性的破坏"等。对战略管理者而言，竞争优势的持久性，或者说抵御竞争优势的衰退和消亡，在竞争优势解剖的六个层面中，应该说是除了起因缘由之外最重要的一个课题。因此，本书第六章将对此作进一步详细论述。

持续竞争优势的努力，就是与导致其衰退消亡的因素的战斗。然而，实际情况是，不管怎样努力，很少的优势能够持久，大多的优势转瞬即逝。如果所有的优势最终将衰亡，那么，与其孤注一掷于某一个具体的竞争优势上,还不如大力开发多种潜在优势,以备长期之需(当然不能满地撒种、分散实力)。耐克公司在过去40年间便是这样做的。下面将用耐克公司的实例,来展示SELECT分析框架的应用。

行动中的SELECT:耐克案例回访

几十年来,耐克公司的竞争优势主要包括成本和形象两方面的优势。

耐克的成本优势

菲尔·奈特关于海外造鞋的远见,以及根据这个远见制定的**战略**是耐克在运动鞋厂商中享有成本优势的主要原因。这个聪明的战略帮助耐克与当时世界头号霸主阿迪达斯形成了有力竞争。这一成本优势在**表现形式**上基本上是单体的、有形的。这一优势并不是什么秘密:制鞋业是劳动密集型行业,控制了劳动力成本就解决了根本问题。

表2-1　SELECT框架的应用:耐克案例

竞争优势	成本优势	形象优势
实质内涵	位置 同质	位置 异质
表现形式	有形 单体	有形 复合
存在方位	虚拟	以集体为依托的
作用影响	直接 相对	直接 绝对
起因缘由	战略选择 合作	战略选择
时间跨度	一般可持续	非常可持续

耐克成本优势的**实质内涵**实际上是同质的。因为,耐克并没有从根本上采取不同于别人的制鞋方法,它与对手一样是劳动密集型的,只不过它的劳工成本比较而言相对低廉。耐克在整个运动鞋产销价值链上,只关注设计和营销这些附加价值较高的链条。它的成本优势来自与制造商的关系和

对他们的控制。因此,耐克的成本优势是一种位置优势。从这个意义上讲,耐克成本优势的**存在方位**,其实是虚拟的。但由于耐克强大的规模和议价能力,相对于它较小而且分散的造鞋商而言,耐克在这种关系中占上风,因而分得绝大部分的利润。

成本优势的**作用影响**很明显,为打败阿迪达斯立下了汗马功劳。虽然在早期耐克相对于阿迪达斯的成本优势是绝对的,但后来这种优势便逐渐变得相对化了,因为对手们,包括阿迪达斯,成功地模仿了耐克的海外廉价造鞋战略。到1990年为止,美国市场上三十多种品牌的运动鞋,只有两三家还坚持在美国制造,其余全部移师海外。虽然导致这一优势的战略可以被模仿,但对手在这一方面超过耐克的可能性应该不太大,耐克的先动者地位和经验使它的成本优势比较容易持续。

耐克的形象优势

耐克的形象优势从哪里来?一句话,来自明星效应——体育明星的示范效应。耐克的形象是冠军的形象、赢者的形象,这种形象来自耐克与众多世界超级体育明星多年的合作关系。这一优势的**起因**也来自菲尔·奈特为耐克制定的初始战略:虽然成本相对低廉,但设计和质量争取世界一流,要为最好的运动员服务。首先,耐克为参加奥林匹克运动会的运动员提供运动鞋。到1982年,所有中长跑世界纪录均由穿耐克运动鞋的选手创立。品牌认知和轰动效应随之而来。其次,广告为塑造耐克形象提供了又一个有力武器。20世纪80年代以后,所有的耐克广告都集中在耐克品牌上,而不是某一个具体产品系列上。简单易记的"对号"商标和干脆响亮的"尽管去做"口号,极为奏效。再次,赞助体育项目和不同层次的体育队伍(比如,大学球队),在年轻人中得到很好的品牌宣传。最后,可能也是最重要的,就是请各类体育巨星为耐克作形象代言,从篮球到足球,从网球到高尔夫。耐克明星们在各类广告和促销活动中频频出现,轰炸般地强化了人们的记忆。

就**表现形式**而言,形象优势是一种复合优势,而不是简单的单体优势,因为它从多种活动和领域中结晶而成。它是无形的,因为在顾客心目中,它以某种难以琢磨的、难以言表的社会心理意识和情感诉求来打动顾客,影响其感知和对耐克品牌的好感。它又是有形的,因为耐克明星们在广告中展现的卓越与求胜的精神,如此生动感人,真实得可以触摸。耐克已不只是一个品牌,它甚至要求并创造社会文化趋同性:大家都有耐克,你有吗?

与成本优势不同,耐克的形象优势的**存在方位**是企业内部。虽然每个耐克明星的个人魅力都很强,但总的赢家是耐克。企业大于个人。这种形象优势是以集体为依托的,更倾向于位置优势,因为它表现了耐克的市场地位。它是异质的和绝对的优势,因为在很多顾客心目中,耐克独树一帜,不可替代。形象促进了耐克鞋的销售。40年来,耐克的品牌形象深入人心,其形象优势延续持久。

显然,耐克的两个主要竞争优势的构成是不一样的。成本优势比形象优势更容易被模仿。形象优势的作用更大而且更为持久。成本优势来自对供应伙伴的优惠获取,形象优势来自协调高效的营销组合。成本优势表现在同质化的操作效率上,形象优势派生自异质性与独特性。成本优势在耐克发展早期功不可没,形象优势的强调和利用则越来越多。成本优势基于获取他人的资源,形象优势的建立靠的则是耐克自身的能力。如果说耐克的成本优势造就了其形象优势,似乎有点牵强。但是,必须注意到,成本优势带来了很大的边际利润,使得昂贵的明星代言和广告促销成为可能。要在这一行业获得并保持胜利,很显然耐克需要两种竞争优势共同效力。

从耐克的案例可以看出,研究竞争优势的解剖能够帮助战略管理者更好地了解一个具体的优势如何组合构成和发挥作用,同时也有助于了解该竞争优势在整个企业竞争优势集合中逐渐演化的角色。这样,企业可以更好地把精力集中在它能够创造更大价值的活动中,并拥有所创造的价值。

本章结语

本章探讨了竞争优势的解剖,并提出了一个 SELECT 分析框架。这个框架有助于梳理战略管理领域现有的关于竞争优势的文献,并为战略管理实践者提供一个系统分析竞争优势六个不同层面的实用指导。

由于篇幅所限,虽然在分别阐述六个层面时已提及它们之间的关系,但没有能够得到系统的讨论。需要再次强调的是,竞争优势解剖的六个层面是互动相关的。拿可持久性来说,竞争优势的可持久性肯定受其特定实质内涵的影响(比如,是资源、位置、还是知识、能力),受其表现形式的影响(比如,是优惠获取分销渠道这种单体、有形优势,还是优秀企业文化这样的无形、复合优势),受其存在方位的影响(比如,是像个人关系网似的以个体为依托的优势,还是像大公司研究与开发部门的总体实力之类的集体共享优势),也受其作用方式的影响(是绝对优势,如垄断权力,还是相对优势,如只领先一小步的顾客好感)。

很显然,竞争优势的起因缘由也很重要。优势的获取是自然天成、了无竞争,还是殊死搏斗、侥幸生存,都会影响优势的可持久性。优势的起因缘由同样影响其他几个层面。还有,实质内涵与表现形式很难完全分开;表现形式受存在方位左右;作用效果由实质内涵决定;存在方位也影响作用效果。总而言之,战略管理者必须将竞争优势解剖的不同层面总体把握,视之为有机整体。对竞争优势解剖不同层面的单独研究和总体考量并举,将会使战略管理者收效最佳:**实现持久卓越经营绩效**。

第三章
动态优势和位置优势

竞争优势可以简单地划分为位置优势和动态优势。本章将阐述位置优势和动态优势的理论基础、实际现象以及二者之间的关系。位置优势在于企业的某种地位或者位置能够有利于企业为顾客提供更好的价值。动态优势在于企业的行为能力能够使企业经营运作更有效率。位置优势往往是动态优势的基础,支持并强化动态优势。动态优势能够帮助企业获取和保持其位置优势。在日常的竞争中,位置优势的缺乏能够导致动态优势的作用被减弱或淹没;动态优势的缺乏也会危及位置优势的稳固,甚至使其丧失。在不同的经营环境中,两种优势对经营绩效的影响可能是不同的。两种竞争优势的并存和积极互动乃是企业成功的根本。

竞争优势有哪些类型?如何进一步系统地分析和了解企业竞争优势的实质内涵?本章试图提出一套理论框架,整合战略管理研究中关于竞争优势的各种文献表述。具体而言,本章详细阐述竞争优势的两分法,以及位置优势和动态优势,并讨论两种优势的关系,以及对企业绩效的影响。本章结构如下:首先,简要讨论位置优势和动态优势的定义和特点;其次,具体讨论两类优势的内容和实质;最后,分别讨论两类优势的各种可能的关系模式,并对本章内容作一总结。

竞争优势两分法

基于广泛和深入的文献回顾和对竞争优势现象的实际思考，按照竞争优势的实质内涵，本章提出一个简单的两分法。也就是说，竞争优势或者是企业的某种地位，这种地位本身能够对经营绩效有所贡献；或者企业的某种行为能力，这种能力能够使企业的经营活动达成良好效果。前者可称之为位置优势，后者为动态优势。

位置优势通常来自资源禀赋或市场强权和优先获取。动态优势通常产生于企业的知识、特长和能力。一个企业也可以通过获取和借用其他企业的知识和能力从而享有动态优势。

具体而言，位置优势的基础是独特的资源和能力、强势的市场定位、对供应商和分销渠道的优先接触或优惠获取，以及其他相对静态的企业特质。它取决于一个企业在顾客、对手、伙伴、政府和其他利益相关者中的地位——包括社会的、经济的、实际的、想象的。位置优势不仅直接贡献于企业的价值创造，而且为企业在实战中检验不同的竞争手段提供了比较广阔的容错和保险空间。鲁梅尔特（Rumelt, 1984: 569）曾断言：

> 如果战略位置的变动并不频繁，而且保护机制造就可防卫的地位，那么很多企业可以长期忽视战略而仍然赢利……如果一个企业的战略位置足够强大，那么甚至傻瓜主政也能成绩斐然（至少在短时期内如此）。

动态优势的基础是企业经营运作中的知识、技巧、专长和能力，包括（但不局限于）识别日常良机的能力、对顾客的了解、技术诀窍和实力、在市场中的行动和反应速度，以及组织和操作过程中的效率和灵活性。根据动态能力分析法（Teece et al., 1997），企业不断组合资源、配置资源从而应对多变的市场契机的战略管理能力，将造就企业的卓越经营绩效。与相对静态化的位置优势不同，动态优势的行动取向性和过程取向性比较强，它来自连续不断地改善企业的"动态定型"：提高、增强企业的行动实力；打磨、精化企业的行为范式；来自对企业核心竞争力的发展和应用。

基于上述关于竞争优势两分法的基本论述，以下两小节对位置优势和动态优势的具体内容和特点作详细解释。

位置优势

任何一个企业都必然面临两个基本市场：产品市场和要素市场。这两种市场中的实体或参与者构成一个业务生态系统。在这个系统中，这些实体交相互动，共同演进，而且政府在其中扮演重要角色，对企业如何与其他企业竞争、交往和如何为顾客创造价值具有深远影响。

在一个企业为争取在它的业务生态系统中获得主导地位的奋斗中，它相对于对手的资源禀赋和市场定位决定了它是否享有位置优势。同时，一个企业所在的业务生态系统也可能和其他的业务生态系统竞争或重叠，争夺同样的顾客群体，尤其是与不同的潜在产业标准之间的明争暗斗。这样，一个企业相对于其他业务生态系统中的不同实体和参与者的位置，也同样决定它的竞争优势。

如图 3-1 所示，不同的业务生态系统往往互相重叠。因此，一个企业同时存在于多个业务生态体系是可能的。同样，在某个具体业务生态系统中，一个企业可以同时扮演多种角色。比如，苹果计算机和微软，在任何一天，在微型计算机这一业务生态系统，它们可以是竞争对手（比如在微机操作系统市场），也可以是合作或者互补对象（比如在应用软件开发领域）。进一步说，两个对手中的每个都代表了微机业务生态系统中的一个亚生态系统。在各自的亚生态系统中，它们各自扮演着"基石"物种的角色，其他实体围绕它们而演化和成长。比如，微软和英特尔（另外一个基石物种），拥有所谓的 Wintel 标准，苹果和摩托罗拉（芯片）决定苹果机的标准。作为一个物种，微软同时跨越两个亚生态系统，比如它也供应苹果机型的应用软件。那些第三方参与者，比如独立的软件开发商，也通常游走于两个亚生态系统之间。

基于文献研究，本章将位置优势细分成两种：强势市场定位和优先获取、资源禀赋。如果回顾我们在第一章中三种基本竞争优势的讨论，一般而言，位置优势是以占有为基础的或以获取为基础的，而动态优势往往是以知识和能力为基础的。

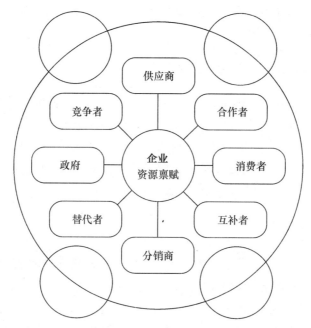

注：图中大圈代表主要分析的业务生态系统。与大圈重叠的小圈代表其他业务生态系统。图形大小并无实际含义，只为表述方便而已。

图3-1 企业的资源禀赋和企业在业务生态系统中的定位

相对于竞争对手的位置

企业的大小往往影响其竞争优势。大企业，相对于同一产业中较小的对手，它的大表明其强势位置。大企业的位置优势至少有三种贡献因素：市场强权、规模经济和经验曲线效应。

第一，一个大企业通常有足够的资源，使之能够在竞争中耗尽对手而立于不败之地。这样，它在对手中影响变得很大，能够提出并执行"可信的威胁"。大企业的资源为它各种可能的决策失误提供了较大的容忍空间。相对于购买者和供应商，大企业具有较强的议价能力。在消费者眼中，企业规模大也通常意味着可信性和可依赖度高。不但如此，大企业通常可以使用小企业无法施行的竞争手段或反竞争手段，比如，价格领袖、捆绑销售等。第二，企业之所以做大，并不是简单地靠运气，而是因为正确地遵循了某种经济规律。规模经济是大企业竞争优势的主要表现形式之一。第三，不管企业的绝对大小如何，企业通过生产总量的积累也可以从中获得以"经验曲线效应"为基础的成本优势。成本优势来自于在重复生产同一产品过程中形成的经验和知识,这些经验和知识可以提高效率和生产率。

相对于互补者、合作者和替代者的位置

第一,一个企业可以由于与互补者的良好关系而享有位置优势。一个企业的互补者指的是业务生态系统中的另外一些企业或实体,由于它们的出现,促成了该企业产品与服务在顾客眼中的价值提高。微软在20世纪80年代在微机操作系统竞争中取胜的一个根本原因,就在于微软积极地拉拢互补者。微软用各种手段劝说、鼓励应用软件开发者为它的MS-DOS系统(而不为对手的系统)写应用软件。可用于MS-DOS操作系统的应用软件的选择性越大,MS-DOS对用户的吸引力也就越强。由此,微软大大地拓展了MS-DOS的用户群体。同理,微软和英特尔共同决定微机标准的软硬互补,可谓互补优势的另一经典案例。

第二,相对较小的企业也可以通过与合作者的结盟或者参加某种贸易联盟来中和或淡化大企业的规模优势,并且增强自己相对于其他小企业的竞争优势。在零售业,小企业可以参加采购联盟,增加它们的购买总量,从而增强它们对供货商的议价能力。这种合作集聚的力量带来了那些自己孤军奋战的小企业所享受不到的竞争优势。

第三,请看如下曾经风靡美国的广告:

> 您喝牛奶了么?
> 牛肉,晚餐的代名词。
> 猪肉,另外一种白色肉品。[①]
> 棉花,生活的纤维。
> 塑料,使很多产品成为可能。

这些不同广告语中的诙谐机敏之句,对于美国民众而言,可以说是家喻户晓。它们有效地提倡和促进了某个具体行业的集体利益。这些行业往往比较分散,它们的产品多属于很难差异化的基本商品。但是,通过行业公会的力量,这些产业中的企业可以更好地为自己定位,并希望借此定位引起和提醒消费者的关注和好感。对产品的独特性和不可或缺性的强调,也使企

---

① 白肉通常指的是鸡胸等热量相对较少的肉类。此语是一种俏皮夸张的类比。

业在消费者心目中形成相对于它们替代品而言的竞争优势。

相对于供应商和分销商的位置

如果一个企业相对于竞争对手而言，同供应商有更好的关系，那么这种良好关系便是竞争优势。也就是说，一个企业的位置优势可以表现为它对供应商的接触和获取更方便、全面和廉价。比如，临近纯净水源的瓶装水制造商就会因为方便的地理位置而享有成本优势。如果后来的企业必须支付比供应商更高的价格才能获得同样的供给的话，一个企业与供应商提早签订的长期合同就会给企业带来优势。在零售业，如果一个零售商可以比对手更全面地挑选供应商所提供的产品，或更优先地挑选比较好销的产品，那么，该零售商就会享有竞争优势，尤其是相对于那些由于各种原因而不得不销售该供应商所供产品中不太受欢迎的种类的零售商们。产业内的先行者通常可以锁定供给，甚至排他性地供给，享受供应商的优厚待遇。这是先动优势的表现之一。

企业对于分销渠道的优先接触和优惠获取也为企业带来位置优势。强势品牌往往在货架最抢眼处摆放。这样，具有令人青睐品牌的企业，在和分销渠道的关系上，相对于挑战者企业，享有竞争优势。Foot Locker 是美国专营运动鞋的第一大连锁店，对于各种运动鞋厂商和品牌的挑战有很强的针对性。在 20 世纪 90 年代，Foot Locker 必须先支付全额货款才能拿到耐克和锐步公司最新颖时尚的款型，因为它依靠这些畅销产品吸引顾客进门，也主要靠这些畅销货支撑其收入来源。而比较小的品牌则必须以赊销的方法才能进入 Foot Locker，产品卖掉以后才能得到货款。如果它们的鞋卖不出去，就会被退还给它们。相对于耐克等大公司，可谓处于绝对的竞争劣势。

相对于政府和消费者的定位

一个企业的竞争优势可以是它的品牌更能够为顾客记住、想起、尊重和喜爱。也就是说，如果一个企业能够与顾客达到某种独特的相互理解、信任和默契，它的品牌在顾客心目中不可替代，这个企业就享有以品牌为基础的位置优势。英特尔的"Intel Inside"广告攻势对于 PC 客户而言，可谓深入人心，效果甚佳。如此多的大企业如 IBM、惠普和戴尔等都和英特尔一起斥巨资来告诉客户"Intel Inside"的好处，那它就必定有好处，消费者通常会这么想。尤其是那些不懂 PC 的客户，如果看不到"Intel Inside"的标志，他们会认为你的产品不"正规"。

政府政策和法规的出台和变化也会给企业带来位置优势。这通常表现在政府的倾斜政策中。某些企业会备受青睐，很容易得到政府的各类许可证、牌照、进出口配额、税务减免、政府补贴、减少管制等，从而获得相对于其他企业的竞争优势。

总体位置：独霸产业标准

企业的总体位置优势最集中地体现在对技术标准或产业标准的占有和控制上，尤其是在赢者通吃的行业。拥有产业标准，标志着一个企业在其业务生态系统中相对于所有实体的强势位置。一个企业如果希望占有产业标准从而获得强大的位置优势，它就必须满足多方条件。第一，它需要拥有相对独特和高质量的产品，比如英特尔的 x86 系列芯片。第二，它必须拥有足够大的客户群体，比如 MS-DOS 相对于 CP/M 操作系统和苹果机的操作系统。第三，它需要愿意使用和推进其标准的合作者，比如通过付费方式从 JVC 公司处购买 OEM VHS 系统的 VCR 制造厂商们。第四，它需要值得信任的互补者，比如 CD 机制造商在 20 世纪 80 年代需要唱片公司的内容支持，来提携 CD 作为替代 LP 唱片和卡带的新产业标准。第五，政府对产业标准的出台也往往起决定作用。比如，在电信业受到严格管制的国家，政府主管部门的偏好和选择对产业标准的出台和实施影响巨大，可以随时造就或毁灭某个相关企业(《福布斯》, 1997a)。

企业资源禀赋作为位置优势

上述位置优势主要来源于企业与外部经营环境中其他实体的关系。企业的位置优势也可以来自其独特的资源禀赋和企业自身的内部实力。简而言之，我们可以将企业的资源要素分成如下几类：财务资本、实物资本、知识产权、人力资源、组织资源以及管理天资等(Barney, 1991)。

企业的财务资源直接影响企业的地位及其在市场中的应变能力。拥有雄厚资金储备的企业，相对于资金短缺的企业而言，就享有位置优势。著名的烟草制造企业，出品万宝路的奥驰亚集团(Altria)，由于其资金实力，可以相对容易地进行多元化经营并积极捕捉新的机遇。缺乏资金的企业，相对于对手和替代者而言,通常要忍受竞争劣势。比如,当年的英文打字机制造商,由于产品单一、规模较小、资金不足,最终未能很好地抵御和应对以计算机为基础的文字处理技术对它们核心业务的冲击和替代。

企业的实物资本包括企业所拥有的所有固定资产,比如厂房和仪器。优良的实物资本可以为企业带来位置优势。比如,沃尔玛在农村先机占领中小城镇市场,这种地点选择为其提供了更好地接触和服务顾客的机会。除地点之外,企业的技术资产也可以为企业本身提供位置优势。比如,美国AT&T公司在长途电话业务中拥有的广泛的地线和光缆资源。同样,一个企业先进复杂的信息技术系统也能为企业带来效率和速度方面的竞争优势。

位置优势的另一方面表现在企业所拥有的知识产权,如商业机密、技术诀窍、专利、版权等方面。在电影业,迪士尼多年的卡通电影经典储存和米高梅无人匹敌的经典黑白电影收藏都是宝藏,在演员、导演等当事人去世数十年后还为他们当年曾经效力的公司源源不断地带来丰厚收入。虽然很多专利技术在短短的几年或更短的时期就会被攻破或模仿,但在专利有效期内,企业还是实实在在地得到了保护和竞争优势。尤其是在某些竞争激烈、发展迅速的行业,几个月的短暂领先就可能意味着今后长期霸主地位的获得。

如果该企业的员工训练有素、技术熟练、积极敬业、忠诚可靠,企业的人力资源也可以成为其竞争优势。美国一家专门服务军人及其家属的银行USAA每年花费年度预算的2.7%(两倍于美国企业平均水平)用于职工培训和教育,来提高员工的客户服务水平。对员工的重视,也增强了员工的归属感和对企业的忠诚度。一般来说,新雇一个员工,远比留住一个员工需要的费用高得多。拥有一个稳定高效的员工队伍,可以说是一大位置优势。美国西南航空公司的员工们就以积极热情、认真投入、服务周到等著称,成为西南航空公司战略中不可分割的一个部分,每天都在为该公司在准点运行、行包无误和总体客户满意度三大指标上作出巨大贡献。

组织资本指的是一个企业人力资本的总和及其在组织中被配置和应用的方式(Barney,1991)。它包括企业的组织结构、系统、过程和文化(Barney,1986b)。企业的位置优势可以表现在它拥有的独特的组织资本,这些资本能使它的经营运作更有效率。并且,通常派生出来的一个优势是组织资本雄厚的企业往往会吸引更多的优秀人力资本。

战略管理者承担企业生存和绩效的最终责任,创造竞争优势从而取胜是他们的基本任务。从这个意义上说,企业的管理者资源可能是人力资本中最重要的一类。卓越的管理天资能为顾客和股东创造更好的价值,拙劣的管理人员注定毁灭企业、破坏价值。而卓越的管理天资,以及与生俱来的远见、激情、胆识、经验、判断能力是有限的。这种资本是无可替代的。基于资源本位企业观的论点,拥有卓越管理天资的企业,相对于二流人手掌军的企业,享有难得的竞争优势。

动态优势

除了位置优势以外,一个企业还可以从它在经营活动和过程中积累和应用的知识、专长、技巧和能力中获取竞争优势。位置优势大多基于对资源的占有(Barney, 1991)、享有某种市场地位(Porter, 1980)和拥有优先获取权(Ghemawat, 1986)。动态优势在企业的实际行动和运作中,给企业以主动和利器,能使企业在创造价值时比对手更有效率。

基于战略管理文献回顾和总结,对导致动态优势背后企业能力的把握可以主要聚焦在如下四个方面:市场开创能力、组织运行能力、技术操作能力和动态管理能力。

一个企业的**市场开创能力**指的是预测、诱导环境变化,发现、培育新市场和新客户的能力。企业的**组织运行能力**指的是领导和激励员工、促进组织学习,以及组织调整、变迁的能力。**技术操作能力**指的是企业在具体业务中的技术实力,包括研发能力(产品设计、工艺过程)、制造能力或服务实施能力、核心竞争力,以及与企业业务相关的某些特殊技巧和能力。**动态管理能力**指的是企业的战略管理层在协调、整合、配置,以及重组、再配置企业内不同体系的知识、技术和能力以应对和利用市场变化和机遇方面的能力。

另外,值得一提的是,在理论文献和商业报道中,经常出现并被引用的几个指标可以用来观察和表述企业动态优势背后这些不同类别的能力:**创造性**、**效率**、**速度**、**灵活性**和**质量**。

也就是说,如果一个企业的知识和能力能使它在经营活动和运作中更富创造力、有效率和灵活性,如果它能对顾客和市场反应更迅速、准确,那么就说它享有动态优势。而从质量管理的角度来看,质量不仅适用于产品本身,而且适用于业务运作过程。一个既注重产品质量又注重业务过程质量的企业将会享有动态竞争优势。基于上述四个方面的能力和五个观察指标(见图3-2),企业动态优势的具体表现就可以被勾勒出来。

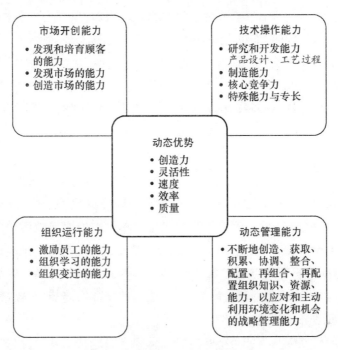

图 3-2　动态优势:知识和能力

市场开创能力

企业经营战略的核心在于有效地取得企业内部资源、能力组合与外部环境定位的契合(Miles and Snow,1978)。一个企业的动态优势可以表现在它的市场开创能力上:即更准确地预测市场前景与变化,快速捕捉新的市场发展机会,善于选择、锁定目标顾客群体,并对顾客背景和需求有详尽、细致的了解。

对于顾客的了解是企业成功的关键之一。卓越经营绩效的实质是创造良好的顾客价值。企业必须了解它应该为谁和怎样为他们创造良好的价值。选择和锁定合适的目标客户群体的能力,以及对这些忠诚度高、可预测性强和赢利潜能高的核心客户的了解,会使企业享有竞争优势。为适当的顾客服务,准确地提供他们所需要的产品和服务,从长期而言,对顾客和对企业,都应该说是一举两得的事情。

对于某些环境变化而言,一些企业看到威胁,另外一些企业看到机会,其他的企业可能对所有状况都视而不见。一个善于预测环境变化并迅速捕捉商机的企业将会享有动态优势。比如索尼,其使命是在它的各种业务中,力争先锋。曾几何时,它的新市场开创能力令竞争者望其项背。在它与飞利浦公司的两度联手中(盒带录音机和CD),索尼都能够在短期内准确地形成产品市场定位和市场营销概念,并投入大规模生产制造,迅速占领全球市场。而这时的飞利浦公司还在为这些产品究竟是办公用品、奢侈品,还是大众消费品争论不休,从而坐失良机。

技术操作能力

企业的市场开创能力帮助企业识别它的核心客户和市场良机,它的技术操作能力则有助于企业在为客户提供良好价值时更有效地应用技术。如果它的技术操作能力使它在运作中比对手更有效率、更灵活和具有更高的质量,并且能更迅速地应对市场和客户需求,那么它就具有动态优势。具体而言,技术操作能力包括研发能力、制造能力或服务实施能力、核心竞争力,以及与企业业务相关的特殊能力。

企业的研发能力为整个企业的成功奠定良好的技术基础,比如,索尼和三星的研发能力可以使之在多种电子产品的设计和制造中受益。高超的制造能力帮助企业大规模、高速度、高效率、高质量、灵活多样地制造产品。日本企业二战后在多种制造业中的突出表现,证明了技术操作能力作为竞争优势的可能。

核心竞争力作为企业独特、显著、具有代表意义的技术和能力组合,使得一个企业能在多种产品市场上声名显赫。比如,索尼产品微型化能力(应用于随身听、摄像机等产品市场),佳能的图像处理能力(应用于照相机、复印机、打印机等产品市场),本田的小型发动机设计和制造能力(应用于汽车、摩托车、割草机等产品市场),戴尔的量身定制能力(应用于PC、打印机,以及个人和公司客户),迪士尼的想象力和服务意识(应用于电影制作、游乐园等)、宝洁的品牌管理能力(13种品牌年销售额在10亿美元以上)、思科的兼并和并购能力(快速兼并、吸收、整合企业发展所需要的外部企业资源),等等。

需要强调的是,核心竞争力,虽然偏重于某种技术实力或实力组合,但也往往与组织能力和管理能力相结合,贯穿于企业经营活动的多种层面。因此,把它简单地归类在技术操作能力方面是不完全恰当的。在这里对核心竞争力进行探讨,只不过是为了叙述的方便。

与业务相关的特殊能力包括能够使企业在该业务上出类拔萃的一些专长和特技。比如,索尼在早期彩电业中独霸一时的特丽珑(Trinitron)技术。这类专业技术往往只适用于某种特定产品和业务。因此,对它们的分析应该是在具体业务的竞争战略层面,而不是公司总体经营战略层面。当然,同广泛应用于多种产品和业务的核心竞争力相比,这些特殊能力对企业整体运作的影响相对较小。

组织运行能力

组织运行能力帮助企业调动员工的积极性,从而更好地实现组织学习、组织变革,以及为顾客提供良好价值的根本目标。它与技术操作能力互补,在企业经营运作活动中共同起作用。事实上,很多技术操作能力是镶嵌在组织运行能力之中的,它们密不可分。二者的结合界定了一个企业的"动态定型",即某种特定的运作模式和实力水准。

在现代企业里,创新已不再是个人努力就能达成的,而通常是一个团队的集体过程;创造性也不仅仅是技术现象,而是牵涉到多种组织过程和技巧。组织运行能力能够帮助企业将技术创新纳入总体经营发展轨道,从而更好地保证技术创新为企业带来良好的商业利益。比如,美国的3M公司,其良好的组织管理能力使它能够始终如一地鼓励技术创新,系统有效地开发和攫取技术创新的商业利益。这种组织管理能力也帮助3M公司通过创新而持久不断地取得骄人的业绩。同样,一个企业在运行操作中的效率可能同时来自于特定的技术和组织过程的结合。比如,美国林肯电气公司的技术效率,主要来自于它有组织的应用经验曲线和鼓励不断学习和改进的组织制度环境。

一般来说,对市场的快速反应也不仅仅是技术实力;它要求某种组织动态定型,这种动态定型使企业的速度和灵活性成为可能。比如,USAA采用高度集中的组织模式来操作它的业务系统。它的主要客户(美国军人及其家属)经常流动,几乎遍及全球各地。客户信息库的共享、服务项目的高效协调与整合、全球免费电话服务中心服务代表的昼夜值班,使其一条龙服务更具有灵活性和快速反应能力。相对于传统的银行和保险公司而言,USAA的技术和组织能力在支持客户服务方面为 USAA 赢得了令人羡慕的动态竞争优势。

动态管理能力

在战略管理这一层面,企业的动态管理能力指的是这样一种能力:创建、获取、积累、协调、整合、配置和应用企业内多种知识、资源与能力,并能够重组、再配置它们,从而使企业能够有力应对和利用不断变化的市场机会。动态管理能力指的是一般企业资源与能力之上的一种更高层次的能力,是催生和运用其他资源与能力的一种超级能力(Collis,1994;Teece et al.,1997)。

我们知道,企业的核心竞争力可以被应用于不同的产品市场。这种应用的成功,取决于适用的动态管理能力。这种动态管理能力,能够调配和实施企业的核心竞争力,以及其组织运行和市场开创能力。比如,佳能公司较好地整合了它在发展过程中积累和完善的不同的知识和能力体系——微电子技术、精密仪器制造技术、化学处理和光学技术等。这些知识和技术体系构成佳能在图像处理方面的核心竞争力。佳能公司的动态管理能力使它能够有效地帮助佳能将其核心竞争力在各种不同的终端产品市场上发挥得淋漓尽致。同样,本田公司卓越的动态管理能力使它具有了制造小型发动机的核心竞争力,在汽车、摩托车、割草机、铲雪机和小型备用发电机等多种产品市场上获得成功。无怪乎本田曾经在美国市场上的广告中声称:你可以在你的车库里放五辆本田。

动态管理能力涉及其他三种能力。核心竞争力是企业跨行业经营的基础。核心竞争力的积累要求很强的组织运行能力来促使组织内跨产品、跨部门的学习和交流,共享知识、技巧和能力。要适当部署这些竞争力,企业必须有很强的市场开创能力,去识别市场机会、选定目标客户群体。对核心竞争力和其他能力的有选择的部署和应用最终需要良好的管理判断。所以,总而言之,企业动态优势的存在和大小,从根本上在于企业对上述四种能力的有机结合、互相促动和综合应用。

比如,企业的技术操作能力经常需要被重新组合配置,以用于新的市场机会或用于挫败、抵消对手的威胁。这种调整和应变需要非常强大的动态管理能力和企业的严谨自律。请看比尔·盖茨和微软公司在1996年的决策。微软曾经以少壮派的态势，通过创新和努力，从根本上改变了计算机行业的风景。微软深深地感受到，正如自己当年翻天覆地一样，可能某个新锐企业的出现，也会将微软打得落花流水，失去其霸主地位。可见，微软对新的现象和趋势非常关注，并未居功自傲而有所松懈。1995年出版的《未来之路》一书中，盖茨对互联网可谓笔墨吝啬、不屑谈起。然而，由于网景（Netscape）的迅速崛起和蔓延，盖茨和微软紧急应对，全面拥抱互联网，并在6个月内推出与网景分庭抗礼的IE浏览器。如果微软仍然沉溺于它在微机市场上的领先技术，而对新产品的威胁无动于衷，那么微软很可能早就重蹈亨利·福特和T型车的覆辙，一蹶不振了。盖茨的远见和果断、微软的卓越动态管理能力使得微软能够快速急转弯，在新的竞争环境中保持领先地位。

最后需要指出的是，一个具有卓越动态管理能力的企业通常能够在多个技术发展和演变阶段生存和壮大，它的核心业务和核心竞争力也会与时俱进。比如3M公司，从采矿（第一产业），到砂纸、磨料、黏合剂的制造（第二产业），再到一系列高科技产品的开发（汽车配件、办公用品等）和信息咨询服务业务（第三产业），其核心业务经历了百年的发展和转变。它的一个持久不变的主题就是卓越的动态管理能力，正是这种管理能力使技术能力、组织能力和市场开发能力有机结合起来。这种动态管理能力也造就了3M一以贯之的、以创新为主旨的企业文化和制度传统。

位置优势和动态优势的比较

本节首先比较位置优势和动态优势的一般特点，然后讨论它们之间关系的各种可能模式，以及对企业经营绩效的影响和含义。

知己知彼是企业竞争的根本。企业必须弄清楚它相对于对手的竞争优势是什么——不管是位置优势还是动态优势。某些竞争优势可以比较容易鉴别，而有些比较难以把握。比较和对比位置优势和动态优势的异同能够帮助战略管理者更好地理解各类竞争优势的特点。

第一，**位置优势通常是单体优势，而动态优势则更多是复合优势**。某一个具体的资源项目就可以导致企业的位置竞争优势，比如，一个店铺优良的地理位置、某种市场地位（比如，用户最多），或者无处不在的分销点（比如可口可乐的多方位分销系统），都可以直接提高企业的经营绩效。从另外一方面而言，动态竞争优势通常是复合体，是基于多种因素的组合。比如核心竞争力，一般来说，它是技术实力和组织实力的融合。

第二，**相对而言，位置优势通常是有形的，而动态优势更倾向于无形**。位置优势背后的贡献要素一般比较容易识别，而动态优势背后的贡献要素却比较难以被准确甄别。比如，丰田公司对市场的快速反应能力，这种动态优势往往依靠人的智慧和不可量化分析的因素，使得追根溯源的工作格外艰难。不仅如此，在某些情况下，一个企业的动态优势可能很隐蔽，不为对手发觉。比如，一个企业识别新市场的能力，相对于它的优良地理位置而言，就比较容易从对手视线中隐匿。

第三，**位置优势比较拘泥于环境特点，而动态优势的应用面则相对广泛**。一个企业相对于某个特定对手的比较，决定了其位置优势的特定环境和适用范围。比如，一个企业在某个市场中的市场份额并不一定意味着它在其他市场中也享有同样的地位。动态优势则不同。以核心竞争力为基础的动态优势可以比较容易地应用到多种产品市场中。比如，IBM 在大型计算机市场的绝对领先地位并没有导致它在 PC 市场中获得霸主地位。相反，正是 IBM 的综合技术实力和组织实力，以及动态管理能力，才使得 IBM 在系统集成和大公司咨询服务方面别开洞天，保持了这家百年老店持续稳定增长和发展的态势。

第四，**动态优势在于过程，位置优势在于地位**。动态优势能使企业运作过程高效；而位置优势，在任何一个时间点上，表明了该企业相对于对手的实力。从这个意义上说，位置优势代表了企业在现有竞争中的地位，动态优势保证企业在日常运行中有竞争力。也就是说，位置优势表现的是从过去到现在，企业与其经营环境的契合；动态优势表现的则是，从现在到将来，企业与其经营环境的契合。

虽然近期的战略管理文献对于动态优势及其重要性越来越重视，但这并不意味着位置优势在现实竞争中已不再重要。通过对位置优势和动态优势的详细考察和比较，我们就会发现，两种不同的竞争优势对企业的卓越经营绩效来说都是不可或缺的。

位置优势和动态优势常常互相助长。一方面，位置优势是动态优势的基础,引发并使动态优势成为可能;另一方面,动态优势可以导致和增强企业的位置优势。由此可见,位置优势可以被理解为化石化了的动态优势,因为现在的位置是过去企业能力和行动的结晶。如果没有动态优势,一个企业未来的位置优势也会丧失。同样,没有位置优势,企业的动态优势也难以完全实现和发挥其潜力。

从位置优势到动态优势

位置优势为动态优势的基础

一个企业在市场中表现如何,在很大程度上取决于它拥有什么和它能获取什么。比如,丰田的动态优势(高效率、灵活和高质量的制造能力和诀窍)是建立在其位置优势(拥有先进的技术设备、与供应商的良好关系,以及训练有素的员工队伍)的基础之上的。同样,微软的动态优势表现在它对威胁的快速反应(如 IE 的推出)上。这种动态优势,也是建立在微软强大的位置优势基础上的:它拥有 PC 操作系统的产业标准和庞大的客户资源。这种位置优势是它能够将 IE 与其 PC 操作系统捆绑在一起推向市场的重要原因之一。

位置优势派生动态优势

一个拥有强势市场定位的企业能够以其位置为依托而派生或增强动态优势:容易吸引更优秀的资源和人才。很显然,微软的市场地位和声誉本身就会吸引每年毕业生中最优秀的工程师来补充它的技术人才储备。这种对优秀资源的优先获取使微软在这个以知识产权为根本竞争点的行业里,保持了技术领先、能力卓越的状态。

从动态优势到位置优势

动态优势导致位置优势

位置优势通常可以被看做企业因拥有动态优势而获得的奖赏。一个善于创新、灵活、高效、重质量,而且反应迅速的企业,一般来说,会有更好的机会接触和获得客户和资源,会与合作伙伴和互补者保持比较良好的关系,会比竞争者和替代者取得更强势的市场定位。比如,耐克的市场强权和美誉乃是多年经营的各种动态优势的结果。耐克的设计能力、营销能力,以及管理其研发、制造和销售王国中多方实体的能力,都为其强势市场地位的取得作出了贡献。

动态优势巩固位置优势

　　动态优势不仅能帮助企业获取位置优势,而且能帮助企业增强和巩固位置优势。例如,英特尔在 CPU 方面统治地位的保持,靠的并不仅仅是通过树立各种反模仿的壁垒或应用其他不正当的反竞争手段。相反,其位置的巩固靠的是一系列以产品创新为主的动态优势。同样,迪士尼的动态优势表现在它创造深受人们喜爱的卡通形象、拓展人们想象力的能力。毫无疑问,这种动态优势在增强迪士尼的品牌影响力和提高其市场地位方面帮了一个大忙。

动态优势和位置优势:潜在的误区

有动态优势而无位置优势

　　一个企业可能享有某些动态优势而缺乏资源禀赋,从而无法进一步建立位置优势。下面我们来看看 EMI 公司当年在 CT 医用扫描仪业务中的处境。EMI 公司的动态优势在于它的创新能力使之能够开发出一种极具市场前景的 CT 产品。但是,由于缺乏制造和营销实力,尤其是缺乏对医疗市场渗透的位置基础,它的动态优势无法被转换成以市场领先为标志的位置优势。而这一市场的后来者(如通用电气和东芝),则拥有强大的营销队伍,与医疗市场的主要角色保持着良好关系,反而后来者居上,占领并瓜分了该市场。索尼在 VCR 市场上的失败,原因类似。索尼作为首先进入市场者,依靠其动态优势推出了一个质量优良的产品,但是由于它过于孤芳自赏,缺乏合作者和互补者的捧场,它在该产品市场上所热切期待的位置优势终成画饼。

有位置优势而无动态优势

一个企业的位置优势通常是昔日辉煌的有力见证。没有现行的动态优势来增强其位置优势和造就新的位置优势,该企业极有可能进入下滑周期,因为现有的位置优势会由于竞争模仿、创新、替代和环境变化等因素而逐渐衰亡、消失。

举例而言,凯玛特,由于它的绝对规模,仍然在美国《财富》500强中排名靠前。但是,它的理货能力和在零售业各方面的竞争实力,与对手沃尔玛相比,皆不可同日而语。当凯玛特失去动态优势之后,它在20世纪六七十年代曾经不可一世的市场地位开始动摇,其位置优势江河日下:几次破产、裁员、关店、信用降级。

动态优势、位置优势和企业绩效

虽然位置优势和动态优势对企业的经营绩效均有贡献,但两种竞争优势的重要性却因竞争环境的不同而改变。与企业业务生态系统的讨论相一致,本书把企业的环境分为**产品市场**和**资源要素市场**。

在产品市场上,我们可以用市场的增长率和产业标准的转移来表述市场演化动态。在资源要素市场,我们可以用资源的流动率或可流动性来表述其演化动态。

产品市场环境

沃纳菲尔特和蒙哥马利(Wernerfelt and Montgomery, 1989)的研究结果表明,"什么是最有吸引力的产业"取决于一个特定企业的竞争力,或者用本书的语言来说,取决于不同的优势类型。例如,成本较低的企业,在一个较稳定的产业比在一个高速发展的产业获得的利润率可能更高,因为高速增长往往会掩盖效率低下的企业(在成本方面的劣势),而这种劣势在稳定行业中打阵地战时就会凸显出来。因此,高效率企业的成本优势,在高速增长的行业里很难真正得到发挥。同样,我们也可以认为,一个产业的增长率将会决定企业的位置优势和动态优势的相对重要性,以及它们对企业经营绩效的具体贡献。

首先，我们可以预测，位置优势对企业经营绩效在低速增长产业的贡献要高于在高速增长产业的贡献。在高速增长产业，鱼龙混杂，相对较弱的竞争对手，比在低增长产业更容易有机会挑战强势企业的领导地位。在低增长和相对稳定的产业，企业的强势优势一旦形成，通常有长期的影响。弱势对手的地位很难有所改观。

其次，我们可以预测，动态优势对企业经营绩效在高速增长产业的贡献要高于在低速增长产业的贡献。在低速增长产业，革命性的市场变动很少见，位置优势本身就能持续支持企业的卓越经营绩效（Rumelt，1984）。在高速增长的产业，位置优势一般难以持久，动态优势对经营绩效更重要，因为它能使企业更充分地利用高速增长所带来的各种机会。

进一步说，在"赢者通吃"的产业，熊彼特式的"震荡"极其少见，产业标准对产业结构和竞争强度具有长期的影响。我们可以预测，位置优势将比动态优势对企业经营绩效的贡献大，至少在同一个技术轨道或范式内是如此（Teece等，1997）。在这样的产业内，无论一个企业的研发、制造和营销能力如何卓越，如果没有控制产业标准，它就只能跟在标准拥有者的背后，小打小闹，分一杯羹，除非一个企业能够引发"创造性的破坏"，即熊彼特式的"震荡"，改朝换代，靠自己的强大动态优势来创新，并成功地推出新的产业标准，使整个行业进入下一个技术轨道或范式。

资源要素市场

威廉斯（Williams，1992）根据资源的可持久性提出了三种竞争类型：慢循环、标准循环和快循环。慢循环竞争环境中主要表现的是企业资源位置的刚性、组织资源模仿的壁垒长久有用（Rumelt，1987），以及"行会"一样的产业监管模式（Williams，1992）。标准循环竞争环境主要表现的是企业面临较大的资源模仿压力，大规模地生产标准化的产品（比如汽车和食品行业）。快循环竞争环境主要表现的是企业面临超强的资源模仿压力，类似于达文尼（D'Aveni，1994）描述的超级竞争市场，比如零售业的电子商务企业。

我们可以预期位置优势在慢循环竞争环境中最重要，在标准循环竞争环境中相对重要，而在快循环竞争环境中相对不那么重要。随着资源要素的可流动性从慢循环到快循环的增加，企业的资源禀赋本身变得越来越不重要。虽然资源禀赋丰裕的企业仍享有位置优势，但由于它的可流动性与模仿压力增强,其赢利潜能也随之递减。

比如,戴比尔斯公司在过去只需要依靠它的位置优势垄断钻石供应,即可坐收利润。而当世界很多地方都发现并开采钻石矿源后,戴比尔斯公司面临的竞争压力骤增。它不得不更多地依赖各种动态优势来维持它的利润率。它必须更多地花精力思考,如何保持在消费者心目中其钻石"独一无二、无可替代"之形象的能力、识别和应对各种威胁的能力,以及拉拢其他供应商和相关实体与机构的能力。

另一方面,我们可以预期,动态优势在快循环竞争环境中对企业的经营绩效的影响,要比在其他两种竞争环境中更大。在快循环竞争环境中,资源流动最充分,位置优势通常很短暂;而不断创新的能力,作为动态优势的基础,则显得尤为重要和相关。在快循环的竞争环境中,资源要素在变化,市场地位也在不断变化。真正关键的是识别市场机会、快速组合相关资源要素并适时实施某种战略选择的能力。比如,由于效率更高的日本制造商的进入,英特尔在计算机记忆储存装置市场上的份额曾从原来的绝对垄断降低到微不足道,使英特尔被迫退出这个它亲自创造的市场。但是,有幸的是,英特尔公司拥有卓越的技术、组织和动态管理能力。这使它在后来选择进入的 CPU 市场上可以更好地发扬自己的动态优势,从而进一步更新了它相对于竞争对手领先的位置优势。

还需要提及的是,一个企业可能同时在三种循环中同时游弋,这使得位置优势、动态优势与企业经营绩效的关系更加复杂。比如,微软,它的 PC 操作系统业务目前可以被看做慢循环竞争环境,而 IE 业务则处于相对循环较快的竞争环境中。如前所述,微软的位置优势和动态优势同时作用,为其经营绩效作出了贡献。位置优势为更好地创造和利用动态优势提供了良好的跳板和契机。

本章结语

位置优势和动态优势是两种最根本的竞争优势。位置优势依靠企业的资源、定位和地位;动态优势依靠企业的知识、技巧和能力。很显然,一个企业需要两种优势共同发挥作用,才能更好地享有持久、卓越的经营绩效。耐克和沃尔玛的经验便可证明。沃尔玛的主导竞争优势已经从地点定位为基础的位置优势,逐渐转向以知识和能力为主的动态优势。同样,耐克的主导优势也从当年的低成本海外制造优势,逐渐转移到以形象和差异化为主导的优势。当这两个企业将主导优势从位置优势(外包制造或地点定位)转向动态优势(协调和整合多种资源与能力的、更高一级的知识和能力)时,它们并没有丝毫轻视位置优势的重要性。相反,它们通过新的动态优势,及时有效地巩固了它们的位置优势。企业需要位置优势(比如强势市场定位)来保持它动态优势带来的胜利果实。但更重要的是,企业需要利用它的位置优势来进一步获取动态优势和促动企业动态优势的应用。

总而言之,同时创造和利用位置优势和动态优势,并不断增强更新,这是以寻求卓越经营绩效为己任的战略管理者必须承担的基本任务。本章阐述的各种位置优势和动态优势的特点以及它们之间的关系,将会对战略管理实践者更好地完成这项任务有所助益,同时也将会对战略管理研究者对竞争优势和企业经营绩效关系的考量有所启发。

第四章
存在方位与可收益性

　　竞争优势的存在方位复杂多样,并在很大程度上决定着究竟谁会从竞争优势中获益。基于两个具有代表意义的分类体系——企业经营战略的阶层以及竞争优势所基于的资源与能力的所有权结构,本章力图构建一个整合的分析框架,系统地阐释竞争优势的存在方位以及相应的可收益性问题。在全面考察竞争优势的一般性和常见的存在方位的基础上,对企业如何从不同存在方位的竞争优势获益进行了探究与思索,并对研究竞争优势的可收益性所面临的各种挑战以及可能的应对措施进行了总结与建议。

　　无论是在商战还是在日常生活中,狐假虎威的故事可谓尽人皆知,借力打力的说法也是广为流传。一个企业不仅要善于利用自身的优势,也要学会创造性地调动和借用别人手中的优势。正像第一章所说的,竞争优势,可以基于一个企业自己所拥有的资产,也可以基于一个企业所知道或者可以学会的东西以及自身的本事,还可以基于一个企业可以获取的外在的资源与能力。总之,竞争优势的存在方位,或者具体地说,竞争优势所基于的资源与能力的存在方位,不一定是在一个企业内部,还可以是在一个企业的某种外在属性与关系上,比如,企业的合作伙伴、战略联盟、长期协议等,也可以是企业家与管理者个人层面的血缘地缘、亲情关系、朋友兄弟。

竞争优势背后所基于的资源与能力,一般来说,其存在方位与所有权结构在很大程度上,决定了竞争优势的可收益性。可收益性问题的实质,在于谁最终从竞争优势中获取多少收益,是资源的拥有和提供方还是资源的雇用和使用方获得由该资源带来的竞争优势以及相应的(超额)收益(亦即经济租金)? 如果双方共享,那么收益如何在二者之间分配? 显然,一个企业对于自己所拥有的资源和自身能力所提供的竞争优势通常有较强的控制权,因而具有较强的收益能力,比如,中国移动的网络资源与高端客户资源。相反,企业对于所借用或者外在获取的优势则在收益谈判时相对缺乏议价能力,比如,联想对于英特尔芯片与品牌的高度依赖。显然,以所有权和能力为依托的竞争优势,其可收益性通常大于以获取权为依托的竞争优势。

另一方面,资源在企业内部的存在方位以及镶嵌程度也决定可收益性究竟是向企业还是向资源的提供者倾斜。比如,一个手工作坊,如果大师傅手艺精良,会为该作坊带来技术方面的竞争优势。此时大师傅的能力便成为竞争优势。而且大师傅可以相对容易地将手艺带走。此时的大师傅之于作坊的老板就会有较强的议价能力。相反,一个百年老店,企业文化声名卓著,会为企业带来组织上和品牌上的竞争优势。但由于企业文化广泛地渗透于企业,不可能被少数人抽走剥离,因而此时从中获益的主要是企业。

本章主要探究两个根本问题。第一,竞争优势的存在方位到底是在哪里? 如何对竞争优势的存在方位进行系统的把握与分析? 第二,如何理解和判断竞争优势存在方位的可收益性问题? 企业在可收益性问题上面临哪些具体挑战? 我们首先介绍两个具有代表意义的分类体系:企业内的战略阶层体系以及资源的所有权结构体系。基于这两个纬度,我们构建一个整合的分析框架,系统地描述企业竞争优势一般性和常规性的存在方位,阐释相应的可收益性问题。最后讨论如何应对可收益性问题的各种挑战。

企业战略的阶层与竞争优势的存在方位

在战略管理文献中,对企业战略的阶层关系之描述,最早起源于小钱德勒等对于多元化战略的研究(Chandler, 1962),其中明显地区分了公司战略与业务战略(或竞争战略)两个层次,强调了两极一般管理者的战略分工及其侧重。后来,霍弗和申德尔进一步系统地阐述了企业内的战略阶层:制度战略、公司战略、业务战略以及职能战略(Hofer and Schendel,1978)。显然,在上述的四个阶层中,竞争优势都可能出现和存在。

制度战略

制度战略高于竞争领域,旨在应对企业的价值趋向、经营理念、公共形象、社会责任等涉及所谓社会合法性的问题(Selznick,1957)。善于管理各方利益相关者集团的企业,以及具有良好社会形象和公众认知的企业,将会拥有社会合法性方面的优势,使其优惠地获取资源,从容地进行经营活动,尽情地享用公众与顾客的好感。对于组织内部而言,一个历史传统悠久、制度传承有序、价值观强烈浓厚、具有高度责任感和使命感的企业,也会比较容易调动员工积极性。

公司战略

随着多元化企业的不断涌现,企业的高管团队日益受到同时管理多种日常业务的困扰。为了更好地应对多元化带来的挑战,企业逐渐地将公司层面的管理与具体业务的管理分离成两个层次的战略管理(Chandler,1962)。公司总部的战略管理不再直接经手业务竞争层面的具体管理与操作,而是专注于把握公司的总体经营方向、业务范围与资产组合,主导管理逻辑的确立与应用、资源配置以及核心竞争力的培育和共享,对不同业务单元之间的整合与协调,对本企业与其他企业间关系的掌控与指导(如战略联盟、合资与兼并等)。

业务战略

业务战略主要解决的问题是,给定具体的业务,如何应对竞争并获取和保持竞争优势。在文献中涉及最多的应该是业务层面的竞争优势的探讨。毫不奇怪,这个层次的战略,通常被称为竞争战略。企业间的竞争直接发生在这个层面。分析框架,从波特的基本战略分类法(Porter,1980)到迈尔斯与斯诺的基本战略(Miles and Snow,1978),从价值链分析(Porter,1985)到蓝海战略的价值创新(Kim and Mauborgne,2005),从产业结构到超级竞争(D'Aveni,1994);分析焦点,从产业存在方位、资源禀赋到能力组合,从时间、效率到灵活性，从知识、学习到创新，大家对业务战略的关注一如既往，有增无减。

职能战略

在职能战略层面，研究的重点在于不同职能领域的具体活动与操作细节，以及这些活动与细节如何支持某个业务战略。比如，宝洁公司如何在营销方面独树一帜，丰田公司如何在生产制造方面引领潮流，苹果公司如何在设计研发领域标新立异。说到底，职能战略使得企业在经营活动的某一方面强于对手，备受顾客关注与青睐、欣赏与追捧，从而导致整个业务层面的优胜地位。比如产品差异化优势或者成本领先优势，可以在品质和性能上见长，也可以在速度、效率、灵活性、创造性等方面引人入胜。作为最低一级层面的战略，职能战略其实是最具有战术色彩和行动导向的。

资源与能力的所有权结构与竞争优势的存在方位

如前所述，竞争优势的存在方位也可以通过提供竞争优势的资源与能力的所有权结构来考察。具体而言，这种所有权结构包括三个层次：个体、企业与虚拟。个体指的是资源提供者；企业指的是资源的使用者；虚拟指的是企业边界以外的其他实体。

以个体为依托的竞争优势

在第二章中提到，20世纪80年代，年景好的时候，电视情景喜剧演员Bill Cosby一人的收入不亚于其名义雇主美国哥伦比亚电视公司整个企业的盈利额。人们看的是Cosby，不是哥伦比亚。明星比其载体更加耀眼。哥伦比亚公司，由于Cosby喜剧大受欢迎，可能会在收视率上比竞争对手有优势，但在对于Cosby薪酬的议价能力上并不占上风，因为哥伦比亚公司竞争优势所基于的表演才能与明星效应的所有权属于Cosby个人，并不属于公司，而且Cosby可以相对容易地转换阵地，奔向哥伦比亚公司的竞争对手。这种以个体为依托的资源与能力的可流动性，导致个体议价能力提高。

就实质而言，以个体为依托的竞争优势，主要依赖于个人或一群个体所拥有和掌控的资源与能力，而不是依赖于雇用和使用这些资源与能力的企业。虽然企业在名义和表面上拥有这些竞争优势，但企业毕竟受制于提供者这些优势个体的要挟。显然,此类个体为依托的竞争优势的收益主要是由个体资源与能力的提供者享有。

以企业为依托的竞争优势

前文提到的美国"发现"频道相对于其节目内容提供者,有非常高的议价能力。它比任何一个节目或者节目提供商都更有名且值得信赖,可以依据自己的标准和喜好选择节目供应商。这里,人们看到的是一个声誉卓著、质量优良、知识有趣的频道,而不是某一个具体的超级明星或特别节目。由于这些原因,此频道作为企业的强势与霸权高于任何资源与能力的提供者。此时的竞争优势在于企业总体的名声而非个体的能力,从竞争优势中获益的理所当然主要是"发现"频道。

显然,以企业为依托的竞争优势依赖于企业自身所拥有的资源与能力,这些资源与能力嵌入企业的各种流程与规章,渗透于企业的各种行为与运作中。几乎不可能有任何人对此类资源和能力声称具有所有权。而这些竞争优势也不可能由于某些个体的出走或者偷窃与破坏而轻易地丧失或损蚀。进一步而言,这些竞争优势,尤其是可持续竞争优势,通常具有社会复杂性,并且因果关系模糊,因而难以模仿和替代(Barney,1991)。比如,华为公司鼓励锐意进取的企业文化,"让听得到炮声的人来决策"。20 世纪 90 年代,迪士尼公司兼并美国广播公司。作为美国广播公司大股东的巴菲特很快将自己的股份置换成了迪士尼的股票。别人问起巴菲特为何对迪士尼有信心,巴菲特的回答一语中的:"因为米老鼠没有经纪人!"

以虚拟为依托的竞争优势

以虚拟为依托的竞争优势指这样一种情形,即一个企业所享有的竞争优势所基于的资源与能力实际上由其他企业或实体拥有,因此并不在本企业的边界之内。回顾我们开篇的案例。耐克公司的竞争优势在很大程度上属于虚拟优势。耐克的生产都放在中国。1997 年末,所有中国制造的运动鞋运到美国口岸平均 12 美元一双,而货架上的平均售价则是平均 65 美元一双。来自中国的廉价劳动力,以及留在中国的与制造业相关的污染,给耐克带来足够的成本优势,使其能够专注设计与营销,稳执价值高端。

综上所述,以资源与能力的所有权结构为线索,企业的竞争优势可以是以个体为依托、以企业为依托、以虚拟为依托。就可收益性而言,以企业为依托的竞争优势使得企业从中获取最多的收益。以个体为依托的竞争优势在合伙人制的企业里将会比在其他类型的企业中更容易使企业获益。作为资源提供者的个体(雇员),合伙人同时也是企业的老板(所有者),会有更多的激励再投资于企业的长期发展,而不是时时刻刻想着把自己的贡献最大限度地争取兑现,将企业的资财分光吃净。而虚拟优势可以使企业巧用外力,在竞争中处于上风。关键在于,企业要善于与实际拥有和提供虚拟优势的企业或其他实体保持良好关系,同时争取较强的议价能力。

竞争优势的存在方位与可收益性

基于上述两个有关企业竞争优势存在方位的分类体系,我们可以构建一个整体的分析框架,系统地梳理和考量存在于不同阶层与领域的一般性和常见的竞争优势项目。参见表4-1。出于说明的目的,在每一种可能性区间里,我们选取三个有代表性的项目进行讨论。

表4-1 竞争优势的存在方位:一个系统的分析框架

战略阶层	所有权结构		
	个体	企业	虚拟
制度层	**友好使者**	**企业形象**	**社会贡献**
	模范人物	关注民众	慈善机构
	发言人	关注社会	社会机构
	慈善家	关注环境	公益研究
公司层	**领军统帅**	**公司实力**	**关系资本**
	远见领袖	核心竞争力	竞合伙伴
	拿总通才	动态能力	资本市场
	投资高手	母合技能	政府关系
业务层	**明星将领**	**业务定位**	**业务伙伴**
	专业技能	市场地位	研发协作
	客户网络	品牌形象	战略联盟
	人脉关系	运作效率	合作网络
职能层	**精英骨干**	**操作流程**	**有利获取**
	资源笼络者	供应链管理	供应商关系
	技术天才	制造能力	外包伙伴
	超级营销员	销售能力	分销渠道关系

制度层面的竞争优势

友好使者

拥有友好使者的企业,可以正面地增进企业的社会形象与亲和力。这里讲的友好大使一般应该是比较著名的管理者或者企业员工,也可以是一组这样的人员。友好大使既可为自己的企业出场,也可为别的企业代言。比如,当年Wendy's快餐店老板戴夫·托马斯的奋斗历史及其和蔼可亲的形象,使其友好使者的角色为Wendy's服务了一辈子。再比如万科的创始人王石,其诚信务实的商务形象,既为万科服务,也为中国移动全球通作代言。

北京城外诚家居市场的形象代言人,请的则是公交战线的全国劳模李素丽,她代表了勤奋工作、踏实服务的形象。英国美体小屋(Body Shop)的老板,积极关注环境问题,尽量采用全天然原料,坚持不做动物试验等做法,为其企业和事业创造了良好的品牌形象。同样,Ben & Jerry's冰淇淋的创始人,通过对社会公平以及环境问题等的关注与努力,成为他们企业最好的形象大使。

这些友好大使通常扮演的角色是全社会范围内的模范人物,而不仅仅是商界翘楚、行业精英。他们在某种程度上超越了商人逐利的本能,以天下为己任,希望通过自己的努力使我们的生存环境变得更加清洁宜居,使社会环境变得更加公正和谐。在这个过程中,他们有时是慈善家,对某些公益事业倾囊相助;有时是发言人,对某些社会理念与运动激情宣扬。虽然这些友好使者可以为企业带来某种竞争优势,但其实质仍然是以明星个体为依托的。

企业形象

良好的企业形象是企业为依托的、制度战略层面的竞争优势。它代表着企业在经济活动之外对其社会责任的承诺与贡献。许多企业都力求在其所在的社会与社区营造一种良好的企业形象。这种追求经常是通过制度化的规则与程序来实现的,而不是偶尔的个体行为与意愿。因此,由卓越的企业形象带来的竞争优势是以企业为依托的。广而言之,良好的企业形象可以体现在企业行为的三个层面:对人的关注、对社会的关注以及对环境的关注。

首先,商业以人为本。企业的存在与成功最终取决于如何调动和利用人的积极性。人的力量是无穷的,人民大众是所有权力的正当源泉。美国西南航空公司对人的关注,包括对顾客和员工的深切关怀,使之声名远扬,40年间屡屡成为美国最受欢迎的雇主以及最受尊敬的企业。人们来此工作,并不只是为了糊口谋生,而更是为了乐趣、志向、喜悦、骄傲和精神满足。

其次,关注社会问题,积极致力于社会问题的解决,富有强烈的社会责任感,也是企业形象的重要方面。正如通用电气公司经常标榜的"我们为生活带来美好",具有良好社会形象的公司不仅在其业务领域为人们的生活提供便利与精彩,而且在社会合法性以及社会责任感方面争当典范。强生公司对待自己产品质量的无条件承诺以及超强的自律为其赢得了全球范围内顾客和医生的广泛信任。

再次,随着与日俱增的人口压力、能源危机、污染加剧,我们的生活水准正在不断地以牺牲我们生存的环境为代价来维持。国民经济的可持续发展问题,以及各类行业与企业的可持续发展问题日益受到大家的重视。那些关注环境问题、为改善环境积极努力的企业,会得到政府、社区与民众的理解、承认、欣赏和嘉许。在环保和无污染方面高标准严格要求自己的企业,将会拥有越来越优良的社会形象。

社会贡献

许多企业自己直接参与社会事业与公益活动。比如,Ben & Jerry's 设有保护巴西热带雨林的专项基金,雇用低收入家庭成员,鼓励采购本地自产原材料等。其他企业则通过向那些直接参与社会事业的机构作贡献而构建其制度层面的虚拟优势。这些机构主要包括慈善机构、社会机构和公益研究机构。比如,扶贫基金或孤儿抚育是典型的慈善机构,教育单位和艺术团体则是典型的社会机构,医疗卫生和危害预防等则是重要的公益研究项目。通过这些机构的致谢与宣扬,一个企业的社会贡献会通过一种更加自然低调的方式为公众所了解。

公司层面的竞争优势

领军统帅

公司战略的任务是界定企业的经营范围与业务组合,培育核心竞争力,管理企业对外关系等(Chandler, 1962; Ansoff, 1965; Andrews, 1971)。在公司战略层面,以个体为依托的竞争优势来自于掌管企业的领军统帅,他们的远见卓识、超凡技能、丰富经验、果敢决断对企业的生死存亡和胜败荣辱产生重大影响。可以带来这种竞争优势的领军统帅主要包括三大类:**企业家**、**管理通才**、**金融家**。

迪士尼一生传奇,印证了他作为企业家和企业精神领袖的远见与笃诚。他相信迪士尼的奇迹会发生并感染他人共同去创造梦想。乔布斯二次入主苹果公司,再次向世人证明自己的技术天才与管理实力。如果没有这些伟大传奇的创业者,他们的企业就失去了灵魂和核心。这些企业的创业者和所有者就是企业本身。人与组织密不可分。当迪士尼与乔布斯离开企业后,他们的企业都在长时间内随之一蹶不振。管理通才阿尔弗雷德·斯隆曾经将通用汽车公司打造成全球第一汽车帝国。通用电气的韦尔奇以及英特尔的格鲁夫则是我们最近记忆里敢于拿总、倾力筑建和扩张企业王国的商界英雄。再看金融天才、投资高手巴菲特等,他们掌管的企业并非实业机构,而是投资控股。通过在企业监管权市场上对企业的买卖,他们不仅迫使企业家不断以最佳状态为股东创造价值,而且为自己的投资控股公司指引航程,收益颇丰。

公司实力

众多企业在创建者故去或者强势领军人物出走之后,都会出现混乱、停滞,甚至倒退。而沃尔玛则并未遭此厄运。不仅如此,沃尔玛在全球市场上更是长驱直入,阔步前进。创始人沃尔顿为沃尔玛设立了到20世纪末实现1 250亿美元销售额的目标。沃尔玛不仅提前数年达到了该目标,并在5年之后使销售额翻了一番!像老福特和迪士尼等创业者一样,沃尔顿个人对沃尔玛的贡献不可低估。然而,沃尔顿更伟大之处在于他对以企业为依托的竞争优势的重视,并在生前致力于培育与保持此类竞争优势,使得这些优势在他本人故去之后多年仍然持久地为企业效力。沃尔玛的竞争优势牢固地根植于一些独特的企业资源与能力组合,比如,排他性的店铺地点以及全面信息化的物流管理,非任何明星个体之功可比拟。在公司层面,这种以企业为依托的竞争优势,主要是基于公司实力,具体说来,包括公司的核心竞争力(Prahalad and Hamel, 1990)、动态能力(Teece et al., 1997)以及母合能力(Goold et al., 1995)。

相关多元化的企业可以通过共享资源与能力来实现协同作用。核心竞争力可以被企业的多种业务共享,从而导致并放大企业的竞争优势。具有核心竞争力的企业通常善于协调与整合不同业务。然而,核心竞争力也可能会变成核心包袱,导致企业观念陈旧、反应僵硬、行动保守、故步自封。因此,企业在享用核心竞争力的同时,要保持清醒的头脑,有意识地构建所谓的动态能力,从而可以根据环境的变化来不断组合、配制、获取资源,以期达到企业内部运作与外部环境要求的动态契合与平衡。更详细的讨论,请参见第三章的相关内容。同时,公司总部也要关注所谓的母合能力,亦即总部作为母公司如何培植子公司业务的能力,比如经营目标设定、战略计划指导、经营绩效评审等。比如,ABB公司总部精干的团队管理全球多元化运作的超强能力,令业界同行钦羡赞叹。综上所述,核心竞争力、动态能力和母合能力,通常都存在并渗透于企业的制度与流程中,为企业所有。它们所带来的竞争优势显然是依托于企业的,因而通常是企业从优势中获益最大。

关系资本

在公司战略层面,虚拟优势通常产生于企业与外部机构与实体的关系或信用,可以使得企业在需要的时候比较从容地获取外部资源与能力。这种关系与信用可以被简单地称为**关系资本**。关系资本的主要特性就是共享与互惠。企业可以适时支取,但并不单方面拥有。这种关系资本可以存在于合作者与互补者之间,也可以存在于竞争者与替代者之间,还可以存在于客户群体、利益集团、公众社区,抑或各级政府机构之间。具体而言,三类关系资本尤为重要:与竞争对手或者合作伙伴间、与资本市场中金融机构间,以及与政府机构间。

第一,重要的对手之间可能存在所谓的"互相忍让"行为:你让我活,我也让你活。你在我的主市场尊重我的利益,我也会在你的家门口给你以礼遇。大企业间通常互为供给商或者购买商,在一个业务上竞争,在另外一个业务上合作,在研发中合作,在产品市场上竞争,关系复杂。如果企业与对手或者伙伴间可以形成某种理解和默契,进而促成某种固定的关系与承诺,则可能会给企业带来其他企业所不具备的竞争优势,使企业享有某种长期共生的平台与公认的行规,免于过分激烈的竞争、恶性的挑衅、无序的厮杀。

第二,与金融机构的良好关系以及企业在资本市场上的信用是公司层面另外一种重要的虚拟优势。这种优势可以使企业在需要的时候获得外部资金的支持。狭义而言,重要的金融机构,包括各类银行、投资机构、信用评级以及鉴定机构等,广义而言,包括任何可能为企业带来资金注入的个人、实体与机构。这种信用往往是公司层面的,而不是某个具体业务层面的。这种信用与关系的作用大小,取决于企业时下的经营业绩。然而,企业以往给人留下的好感与友善仍然有很大的影响。因此,这种关系和信用更像是资本而不是现金。

第三,保持良好的政府关系是公司层面必须直接重视和参与的任务。政府关系很可能是一个企业在经营活动中所能拥有的最重要的竞争优势。政府关系可以直接影响企业的从业资格、产品的销售、资源的获取,可以使企业平步青云,亦可使企业跌入谷底。全球性的跨国公司,从可口可乐到安海斯-布希,从通用汽车到通用电气,多是打理政府关系的典范,皆是深谙此道,乐此不疲。靠自己实力发家的微软与英特尔原来曾经狂狷自诩,不把政府放在眼里。被政府告了几次后,立马变得善言逢迎。再看长江集团、和记黄埔,从码头、基建、楼盘、零售,到电信、能源、投资,其业务都离不开良好的政府关系。需要指出的是,政府没有责任与义务对任何企业施恩示好,但企业必须时时刻刻认真对待与政府的关系。这种资本及其优势,是不折不扣、完全地道的虚拟优势。

业务层面的竞争优势

明星将领

在业务层面,竞争优势显得尤为重要,因为竞争通常是在具体的业务中进行的。如何获取、利用和保持竞争优势,从而在竞争中取胜,是业务战略的主要任务。具有良好职业声誉、优良业绩成就和卓越职业技能的明星是个体为依托的竞争优势的主要来源。具体来说,明星将领的才能可以体现在三个方面:专业技能、客户网络、人脉关系。

其一,这些业务上的明星将领,不仅是高高在上的管理者,也是技术尖兵,具有该业务所需要的特殊技能与天分,是懂得业务、可以直接上阵操作的行家里手。比如,比尔·盖茨自己的喜好和出身就是程序设计。沃尔顿是一个不折不扣的销售狂。耐克的老板耐特自己就曾经是运动员,懂得如何为运动员服务。虽然这些明星将领后来将自己的商业帝国扩展到多种领域,并成为领军统帅,但在经营之初,他们的专业技能对于企业的生存和强盛却是不可或缺的。他们的专长、经验和见地使他们成为本行业中的佼佼者,为其企业带来个体依托的竞争优势。

其二,在很多职业性和专业性非常强的业务上,比如,会计、律师、经纪人、广告商等,许多明星将领本身就是整个企业或者代表了整个企业。在这种业务中,由于高强度的人盯人销售以及频繁的重复交往,客户与企业的关系实际上是客户与企业中某个主管经理的关系。如果该经理跳槽,客户及其业务通常也会随之转入另外一个企业。因此,企业主管业务经理的客户网络在此类业务中非常重要,可以为企业带来以个体为依托的竞争优势。由于明星将领的可流动性,此时他们的议价能力相对较强,甚至可以要挟企业。所以,笼络收编此类明星将领的最佳诱饵往往是合伙人地位和权益。

其三,明星将领在企业外的联络范围和人脉关系也可以为企业带来以个体为依托的竞争优势。这类联络与关系包括与政客、监管者、利益相关者、社区领袖、行业协会、情报与消息人士等的关系与来往,可以使企业比较有利地获取所需的资源与信息。

业务定位

在业务层面,我们可以清晰地观察到最为显著的竞争优势:一个企业在竞争图景中的地位,以及企业经营活动和运作能力的高下。我们把讨论聚焦在如下三个方面:**市场地位**、**品牌形象**和**运作效率**。

市场地位可以体现在市场份额、与最大对手之间的市场份额差异、定价权和维持价格的能力,以及长期增长潜力等。企业的地位昭示或证明其行动或者威胁的可信性,可以遏制对手的挑衅企图。强势的市场地位通常也会带来对各类资源与销售渠道的比较便捷的获取。波特所总结的"差异化与成本领先优势"指的恰恰就是企业在竞争中可以坚守的某种特定的市场地位。

品牌形象是企业总体形象在顾客脑海中的结晶。良好的品牌会激发顾客不可抑制的好感、冲动、迷恋和忠诚。具有良好品牌形象的企业，其品牌自身便可直接为其销售额和利润率作出贡献。人们愿意为品牌形象优良的物品支付溢价已是尽人皆知的事实。

无论企业是采取成本领先战略，还是采取差异化战略，企业经营运作过程的效率通常可以成为企业竞争优势的利器与法宝。比如，即使在豪华汽车品牌之间，我们仍然可以比较他们的设计制造与营销效率。毕竟成本控制可以帮助企业增加利润空间，即使对奢侈品行业亦是如此。

业务伙伴

在业务层面，竞争图景日新月异。传统形式的一对一的双边竞争在许多行业已经销声匿迹。代之而起的则是一组企业针对另外一组企业的对垒、一个联盟对于另外一个联盟的交锋。如今的挑战是如何寻找和发现有益的合作伙伴与群体。有选择地参与各类联盟、集团、协会，可以帮助企业取长补短、互通有无，利用合作关系创造业务层面的虚拟竞争优势。一般而言，合作机制主要包括**研发协作**、**战略联盟**和**合作网络**。

研发协作是企业借用合作伙伴的长处来共同解决某些技术难题与创新挑战的常用手段。它可以帮助分担风险，增进研发的规模与范围经济。一个企业不需什么都自己做，而是需要知道在什么时候、在哪些方面，需要什么样的合作伙伴。战略联盟不仅可以解决技术方面的问题，也可以出于其他方面的考量，比如，两个竞争对手可以结盟，共同去应对来自第三方的竞争威胁。小企业可以通过与其他小企业缔结联盟来扩大自己的实力与影响，也可以狐假虎威，通过与大企业为伍宣传自己的地位与名声。另外，一个企业也可以寻求更加广泛的合作网络，去解决企业所面临的各种经济与社会问题，比如，与第三方相对独立的质量鉴定机构、与供应商或者销售渠道等进行合作，等等。

职能层面的竞争优势

精英骨干

在企业的日常运行与操作中,不同职能领域直接地影响企业的价值创造(价值链上的各类活动),从采购投入和生产制造到产出销售和服务保障。在职能层面,具有特殊专长、才能、经验和关系的精英骨干,可以像领军统帅和明星将领一样为企业带来个体为依托的竞争优势。这些精英骨干主要包括**资源笼络者**、**技术天才**、**超级营销员**等。

资源笼络者指的是那些能够有效地为企业吸引所需资源的骨干人士。比如,采购与物流部门经验丰富、联络广泛、业界声誉良好的骨干人员,他们可以帮助企业获得低价优质的原材料。再比如,懂得企业需要、富有人格魅力的人力资源主管可以为企业的人员遴选、雇用、培训、评估、奖赏、挽留等作出积极的贡献。

在生产制造过程中,技术天才可以为企业在产品设计、制造工艺或者质量控制方面带来竞争优势,从而为企业降低成本、提高效率、改善性能、不断创新。在高技术领域,技术天才尤其显得重要,他们昭示着企业的实力和潜力,并决定了企业在业界与客户中的可信度。

在企业价值链的终端,营销与服务亦是价值创造的重要一环。精明强干的营销队伍可以帮助企业迅速高效地将自己的产品与服务传送给目标客户群体。超级销售员的主要价值在于其发现、挖掘、培育、保持优质客户的能力。这种能力的发挥,通常需要依靠企业提供的平台与空间。

因此,需要强调指出的是,精英骨干虽然像明星将领一样可以为企业带来某种程度的个体为依托的竞争优势,但他们才能的施展与发挥毕竟更加依赖所在企业的地位与名声,企业与骨干是互相依赖的。而且,精英骨干的级别,比如部门主管,远远低于明星将领,比如业务单元的 CEO。所以,精英骨干与企业的议价能力也就相对较弱。

操作流程

虽然明星骨干的作用在职能层面至关重要,企业的业务操作流程和技术与组织常规等是企业日常运行的必备基础和制度保障。这些企业所属的资源与能力,通常比依赖个体明星的才干更加可靠,也更利于企业从竞争优势中最大限度地收益。这种操作流程所带来的优势,主要表现在**供应链管理**、**制造能力**和**销售能力**上。

良好的供应链管理可以使供应商的价值链与企业的价值链实现无缝对接。比如,丰田生产线的看板系统清楚有效地界定生产厂家与供应商之间的关系与供货约定,保证供货时间、数量、质量与可靠性。另外,丰田的产品设计工艺与制造过程工艺,加之生产线员工的技术训练与制造经验,进一步增强了其制造体系的速度、效率、质量和灵活性。还有,可口可乐、宝洁、万宝路等公司管理品牌和营销渠道的能力大大提高了其产品的知名度,扩展了其销售网点与终端的覆盖面。

有利获取

在职能层面,企业的虚拟优势反映在它对以下关系的有利获取能力:供应商关系、外包伙伴和分销渠道关系。一个企业可以通过有利地获取其他企业和机构的资源与能力而赢得竞争优势,虽然它自己并不拥有这种能力,比如制造实力。

首先,一个企业需要一些长期可靠的供应商组合。供应商关系需要长期培育与磨合。拥有合作顺畅、互惠互利的供应商可以为企业带来效率、速度与灵活性等多种优势。沃尔玛与宝洁公司的合作,使得双方可以即时互享信息,使得沃尔玛成为宝洁的虚拟销售部,宝洁成为沃尔玛的后院生产车间。这种合作,甚至比同一个企业内的生产部门与营销部门还要紧密可靠,为供求双方带来竞争优势。

其次,在很多产业,业务外包,尤其是某些非核心职能的外包,可以为企业带来成本节约等优势。比如,PC厂家东芝(Toshiba)将自己的全球英文客户服务总部建立在劳动力低廉但以英文为官方语言的菲律宾。在全球范围内,开发和保持廉价可靠的外包合作伙伴系统,利用别人的自然资源和人力资源,为许多跨国公司带来虚拟依托的竞争优势。

再次,与营销渠道的良好关系大概是职能层面虚拟优势中最为重要的一环。有利的渠道获取甚至可以决定企业的生死存亡,它可以为现有企业提供进入壁垒等保护,也可以为新兴企业提供潜在的进入桥梁。大家可以关注生产厂家与超市的关系。现在的超市和卖场,不仅要对厂商的产品收取进场费,而且要收货架摆放费、过道码堆摆放费等。能够通过各种招数使超市和卖场显著地摆放自己的产品,无疑可以为企业带来直接的销售优势。

竞争优势的存在方位与相应的管理挑战

通过上述对竞争优势存在方位的系统描述,希望能够增进大家对竞争优势各种可能存在方位的全面了解。下面的讨论聚焦在战略管理者解决竞争优势的可收益性问题时所面临的挑战以及相应的思考。

衷心诉求、口头承诺,还是即时应景?

并非所有的企业都愿意或者能够创建制度层面的竞争优势。某些企业由于自身或者环境的原因,更好的选择大概应该是在商言商,就事说事,将主要精力放在对公司层面和业务层面竞争优势的搜寻与追求上,从而避免口是心非、弄巧成拙。当年,万宝路的母公司菲利普-莫利斯公司,在遭到大家对其烟草产品业务的批评、抵制甚至控告时,为了扭转局面,曾一度大肆宣扬该公司在其他业务上为人们提供的经济价值和社会贡献,比如品质良好、值得信赖的卡夫食品业务。不幸此举后院失火,不仅没有增进大家对菲利普-莫利斯的好感,还无意间使很多不知道卡夫与万宝路公司关系的人群了解了真相,造成了对卡夫品牌的负面影响。

许多企业在自己的宣传文件和标语口号里极力宣称自己的社会责任感,但并无任何实际举措来兑现承诺。有些企业则衷心信奉社会责任,甚至不惜牺牲企业增长与利润来保证其社会贡献。另外一些企业则认为,长期而言,在制度层面和社会领域里表现好最终是有经济回报的。因此,他们积极地作出实质性的社会贡献。还有一些企业并不以制度层面的优势为主要目标,更倾向于随行就市、即时应景。

是否要或者在多大程度上构建制度层面的竞争优势,是战略管理者面临的一个重要挑战。一个企业需要维护起码的社会合法性,但也无须以牺牲经济利益为代价。毕竟企业首先是经济实体,一切行动的根本出发点应该是自身长期的生存与发展。只有在这个基本准则下,企业的社会贡献和制度层面的竞争优势才真正有实际意义。

一个统一的优良品牌,还是众多优良品牌之业务的组合?

如何保持公司层面的竞争优势与业务层面的竞争优势之间的关系和平衡,是企业面临的一个重要问题。到底是把最佳实力置放在公司总部还是把杀手锏存放于业务单元之间?波特认为公司之间不竞争(至少不那么直接竞争),而业务之间竞争(Porter, 1987)。因此,企业的竞争优势要么是成本领先,要么是差异化,二者皆是业务层面的竞争优势。也有学者认为公司之间仍然是存在竞争的,尤其是在资源组合极其相似、业务范围比较重合的公司之间。公司层面的核心竞争力可以为其在具体业务线的竞争中提供坚实的基础和支持(Prahalad and Hamel, 1990)。

其实,决定如何在公司与业务层面的竞争优势间寻求平衡点,主要是一个实际操作的问题,取决于企业的任务环境、管理团队、技术水准和人员素质等多种因素。然而,殊途同归,不同的平衡点都可以使企业获得卓越的经营绩效。一个比较具体的问题是:选择"造一个品牌优良的房子(公司)"(房子里面所有的业务都统一使用房子的品牌),还是选择在一个(可以不太知名的)房子里装进一组"各自具有不同的优良品牌的业务"。前者的代表有通用电气和耐克公司,所有的业务都统一使用公司的品牌。后者的典范是宝洁(兼并吉列公司后有近 20 个家喻户晓的品牌年销售额在 10 亿美元以上,比如帮宝适、汰渍、潘婷等)和 Textron(以 Bell 直升机和 Cessna 私人飞机等品牌著称)。此时的个体业务品牌,往往比总公司的品牌更为知名。

脚踏实地、扎根固守,还是流动虚拟、灵活机动?

在战略管理中,固守与灵活性永远是一对矛盾。没有一定的固守,企业不可能长期在某项业务中生存与发展。没有一定的灵活性,企业不可能与时俱进,主动地调整自己,保持自身与外部环境的动态契合。表现在具体业务定位上,一个脚踏实地、扎根固守的企业可能会采用大规模不可逆转的投资来构建其支持未来竞争的平台与基础设施以及必要的资源与能力储备。比如,全球范围内,可口可乐一旦决定进入某个市场,便不遗余力地倾力打造分销渠道。

与之相反,另外一些企业则更多地采用项目管理的心态和近乎虚拟的组织形态。比如,某些石油、煤矿或者其他矿业企业,专长在于寻找和开采小型矿藏和贫瘠储备,一来可以避开与大企业直接竞争,二来可以灵活机动。它们大多利用租赁器具和临时人员,打一枪换一个地方,避免任何长期的资本投入以及对某一个项目的依赖或者地区的依赖。在某种程度上,电影制作企业也具有此类虚拟组织和项目管理的特点。

在什么情况下应该在某个阵地上沉下心来专注练内功、脚踏实地、精耕细作,在多大程度上灵活机动地游走于不同的项目之间,取决于管理决策者个人的偏好、具体业务的技术特点、所需人员与劳动力的供应,以及各地政府与社区对游击队的容忍与默许。企业成功的关键在于在给定的环境下选择和实施相对适合的战略。有些时候,投机钻营不可能长期奏效。而另外一些情况下,承诺和固守既无益处也无必要。

外边买还是自己做?

与上述的困守与灵活性之间的矛盾相似,企业在具体的战略管理过程中同样面临所谓"外边买还是自己做"的抉择。"外边买",指的是通过市场机制获取某种必需的生产要素与原材料投入以及服务外包,而"自己做"则指的是通过企业内部的管理体系与阶层,自己从事某种生产要素或者原材料投入的研发与生产,以及相关服务的提供。显然,两种途径本身的成本高低、相应交易费用的高低,以及不同方式所赋予企业的控制程度的高低、质量有否保证、道德风险是否存在,都会影响企业在"外边买"和"自己做"上的选择。

一段时间内,美国通用汽车公司周边的小企业应运而生,其存在的唯一利诱就是"短路"通用:从通用的一个部门买材料转卖给通用的另外一个部门,从中获取利润。显然,通用"自己做"已不划算,其官僚组织的协调成本和部门间的交易成本已经过于高昂。前几年,美国一些航空公司将自己的电话预订和客户服务系统外包给印度一些公司以后,发现效果较差,出错很多,最终不得不重新启用美国本土员工。这些航空公司意识到,预订与客服并不是"非核心业务",而是直接影响它们在顾客中的形象与声誉。如果"外边买"质量不能保证,则企业必须"自己做"。

另外一种考虑是所谓的"道德风险",比如无端要挟或者"拿一手"。可口可乐对待瓶装商的做法值得大家借鉴。比如,可口可乐公司通常亲自投资拥有自己的装瓶商,约占其装瓶商总数的10%,一来可以作为质量示范,二来可以通过这样的后向一体化来警示和约束其他装瓶商:我们也可以干你能干的活,如果你不听话,我们可以随时替代你。这在某种程度上也反映了,无论是外边买还是自己做,企业都强烈地希望保有较强的控制权。IBM当年的 PC 开放系统依靠的是微软的操作系统和英特尔的 CPU。这种开放系统帮助 IBM 迅速促成了 PC 的准产业标准,一度使 IBM 的市场份额高达 26%。然而,当微软和英特尔日渐强大之后,IBM 则最终失去对 PC 标准的控制,再也无法力挽狂澜。藏富于他人,则富终究是虚拟的。

精英个体还是组织实力?

一般情况下,一个企业,尤其是基业常青的百年老店,应该大于和强于它的所有构成部件以及资源提供者。集体大于个体,组织大于个人。人员总是会流动的。个体资源与能力也会销蚀与枯竭。而具有悠久历史传承和良好制度记忆的企业则可以经时历久、与时俱进,可以通过自己有条不紊、行之有效的技术与组织流程从容地应对不同业务、不同环境、不同时期的挑战。

另外一些情况下,企业可能会选择在非常专业的利基中经营,尤其是选择那些技术性较强和个人才能极为重要的领域作为其利基。这时个体人才的特殊训练、专业技能以及从业经验则会产生决定性的作用。专业性和职业化越强,精英人才的重要性就越突出,其与企业的议价能力就越强。竞争优势也从企业依托逐渐转向个体依托。比如,前面提到的采用合伙人制度的各类职业服务企业,通常依赖骨干职员与明星主管的个人才能、经验,以及客户网络在竞争中取胜。

值得一提的是,即使是在个体议价能力非常强的企业里,企业的组织体系以及企业为依托的竞争优势仍然非常重要。毕竟,企业作为一个组织,作为"总承包商"或"大包工头",要为各类英雄打造施展才能的平台,提供发挥创造性的契机,引领和促成不同专长去形成更强大的合力。长期而言,无论业务性质如何,任何饱受个体明星要挟的企业终将难以持久地立足成事。

本章结语

讨论竞争优势的存在方位与竞争优势的可收益性之间的关系时,关键的要点在于企业如何最大限度地从存在于不同方位的竞争优势中获益。通行的战略管理文献大多聚焦在公司战略和业务战略两个层面,而且重点考察以企业为依托的竞争优势。本章整合性的分析框架将我们的视野拓展到更为广泛的空间,不仅囊括公司与业务战略,而且涉及制度层面和职能层面,不仅探讨以企业为依托的竞争优势,而且考察以个体为依托和以虚拟为依托的竞争优势。对于不同存在方位的竞争优势的系统性描述与分析,也为我们对可收益性问题的解答提供了有益的思路和启示。

虽然本章的分析框架所描述的竞争优势的存在方位复杂多样,但这只是在分析层面表明各种存在的可能。一般情况下,一个企业不可能拥有所有这些竞争优势。然而,本章的分析与描述应该可以帮助企业更好地了解上述可能性,从而更好地理解和利用不同存在方位的竞争优势及其可收益性潜能。当然,出于分析的必要,上面的描述力求做到精确细致。其实,在实际竞争中,许多竞争优势可能是多方位的、跨越不同层次的、相互重叠和渗透的,或者互为依托和映衬的(比如企业的品牌形象)。因此,在使用此分析框架时,需要在具体分析探微之时保持系统整合的总体视角。

第五章
运气与竞争优势

　　除了有效的战略定位和良好的内部管理外,运气也是决定企业竞争优势和经营绩效的一个不可忽视的重要因素。本章将首先展示一个有关竞争优势各种起因缘由的综合框架,作为本章和第六章的理论基础,然后重点讨论该框架中与运气相关的起因,提出一个对不同种类运气的基本分类法——纯粹的运气、有准备的运气、"有用的杂草"和地下工作者——并分别阐释它们对企业获取竞争优势的决定和影响。本章采用积极主动影响命运的视角和方法,力图揭示影响运气的各种典型的外部环境因素,以及能够帮助战略管理者更好地诱发、识别和利用运气的有关企业内部机制与过程。

　　企业竞争优势的起因缘由有很多——环境、组织、个人,或单个因素,或若干因素的组合,不一而足。这些因素和力量,从企业的角度来讲,可以是内生的,主要作用于企业系统之内;也可以是外生的,主要作用于企业边界之外。同时,这些因素和力量也可以是自生的,游离于企业控制之外,或者是有明确意图的,诉诸企业战略行为(竞争、合作、竞合等)或内部管理的创新(组织结构、系统、过程、文化、技术、人)。

基于上述两条基本线索,竞争优势的起因缘由可以被分成如下一些总的类别:纯粹的运气、有准备的运气、"有用的杂草"、"地下工作者"、管理举措(创造和创新)、战略运作(竞争、合作、竞合)和拉拢。如图 5-1 所示。

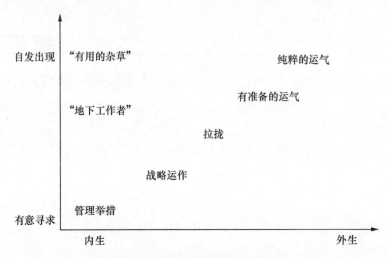

图 5-1　竞争优势起因缘由纵览

战略把企业与环境连接起来。战略包括对企业外部环境和内部运作的同时考量,这样,管理举措和战略运作都可以被认为是有意的战略行为和寻求。但是,基于讨论的需要,本章将用战略运作来特指一个企业针对外部环境(或业务生态系统)中其他实体采取的明确、公开和具体的战略行动,其目的主要在于改善企业的外部定位;管理举措则特指企业内部的、定义比较宽泛的组织行为和管理措施,其目的主要在于提高企业内部的管理水平。当然,管理举措是战略实施所必需的组织基础。为了更好地了解竞争优势的起因,上述两个基本种类还可以进一步细分成不同的亚种类。

鉴于篇幅对称和行文的方便,我们将在第六章探讨战略运作和管理举措这两种对竞争优势比较有意图的主动寻求。本章讨论的重点则聚焦在运气和类似运气的因素。

战略管理研究者和实践者大多相信这样一个基本假设或者论断,即在企业寻求和保持竞争优势来争取长期卓越经营绩效时,战略管理者的作用是举足轻重的(Andrews, 1971)。这种倾向长期笼罩着战略管理领域,认为管理者的行动和决策在很大程度上决定企业的生存兴衰(Child, 1972; Rumelt, Schendel and Teece, 1991)。然而,与此同时,偶尔也会出现另外一种声音,提醒大家关注经营绩效的随机性和偶然性(Mancke,1974;Jacobson,1992),也就是我们通常所说的"运气"(Barney,1986a),某种似乎不可预测、琢磨,极其难以言状、捕捉,而又确实发生、存在的意外事件和机遇。

不管你愿意不愿意承认,或喜欢不喜欢它,运气乃竞争优势不可忽视的决定因素之一,因此需要我们详细了解,既不能在统计分析中随便把它扔在偏差一栏了事,也不能以缺乏理论依据为由来搪塞而拒绝对它进行认真的考察。迄今为止,很少有文献正式系统地分析运气的来龙去脉。我们通常说的运气到底指的是什么?有多少不同种类的运气?运气如何影响企业的竞争优势?企业能够增进它走运的机会吗?

为了回答上述问题,本章试图在商业竞争的大框架下,剖析运气这一概念和现象,并提出一套包括企业内外多种因素的分析框架,解释运气作为竞争优势的产生原因。

如前所述,本书将竞争优势定义为企业间的差距或不对称性,这对企业创造顾客价值意义重大。因此,任何因素、行动或事件,只要能够制造或扩大这种差距——这种差距能使一个企业比其他对手更好地为顾客提供价值——那么,这些因素、行动和事件就可以被理解为竞争优势产生的起因缘由。运气可以在关键的战略竞争层面上创造企业间的异质分布,并导致企业之间在开发市场良机所必需的关键资源与能力方面存在差距,从而使某些企业具有竞争优势成为可能。由此看来,从理论上把握和实际中理解运气以及它对市场中不同企业的区别对待(谁受青睐、谁受打击、谁无动于衷)将会很有意义。

运气就是竞争优势:一个关于运气作用的基本分类法

运气也可以认为是双向势力的交汇。一方面,运气所代表的势力在寻找合适的代理人;另一方面,各种人和机构努力去寻求好运气。二者相撞,运气产生。具体到商业竞争,某些企业坐等天上掉馅饼,而另外一些企业则积极主动地去寻找。根据上述图5-1中应用的两种线索,能够为企业带来竞争优势的各类运气包括如下四种基本类型:纯粹的运气、有准备的运气、"有用的杂草"和"地下工作者"。

> 预测未来最好的办法就是去发明它。
>
> ——约翰·斯卡利
> 百事可乐公司前 CEO
> 苹果计算机公司前董事长

对于战略管理实践者来说,最有意义的问题,应该说是他们如何能够通过自己的努力去改善他们走运的概率,而不是被动等待。在下面的篇幅里,我们将首先简单地介绍上面四种类别的运气,并佐以案例说明。然后重点探讨战略管理者如何主动地去寻求运气,不论是通过更好地了解复杂多变的外部经营环境,还是通过更好地设计企业内部组织过程和运行机制。非常明显,在讨论运气作为竞争优势的决定因素时,本章采取积极主动、努力寻求的态度。

纯粹的运气

纯粹的运气完全不以人的意志为转移,它指的是企业外部的因素,在企业没有任何意识、控制和操纵的情况下,完全自发地使企业拥有竞争优势。比如,在尊重私有产权的国度,一个农夫的幸运可以表现在他的土地比别人的更肥沃,因此更具有竞争优势。他可能发现他的土地上有丰富的自然资源储藏,比如油田或稀有金属。这种纯粹的运气,为个人或企业带来以稀缺或供给有限的资源为基础的、李嘉图式的"经济组金",不可能被企业主动地创造出来(Rumelt,1984,1987)。基于资源本位企业观,巴尼(1986a)认为,运气或用更正规的术语"路径依赖",为企业带来独特的资源禀赋,并以之为基础来制定和实施对手不可能模仿的竞争战略,创造可持续的竞争优势。

> 一方的损失,可能是另一方的运气。
>
> ——俗语

在商业竞争中,突发事件会给企业带来意想不到的获得。比如"9·11"事件后,美国人民爱国热情空前高涨,对美国国旗的需求亦随之猛增。制造和供应各类美国国旗的台湾厂商们本来很多生意不景气,突然订单如潮、生意兴隆,超乎想象。眼疾手快者伺机迅速扩张,兼并收购对手,巩固自己的市场地位。同样,在纽约曼哈顿的街头商铺或小贩,更是机会良多。原先他们那些印有"我爱纽约"和"自由女神"图样的旅游纪念 T 恤不过两美元一件,"9·11"事件后,同样质量的T恤,印上"上帝保佑美国"、"我们团结相助"等字样,立马要价5美元,顿时购销两旺。

显然,纯粹运气不可造就,但可利用。这种运气的战略含意大概应该是战略管理者在运气出现的时候,应该抓住时机、快速反应,而不是坐失良机、无动于衷。但是,更进一步的挑战可能是保持头脑清醒,在享有运气、适时利用的同时,不要自负自满。不能指望运气的持久或再次光顾;也不能认为运气带来的竞争优势是自己的功劳造就的。

有准备的运气

运气往往在某个独特的历史事件、社会文化趋势变化、技术创新、政府政策变迁和顾客喜好的变化中,悄然而至。这些事件和因素对不同的企业产生不同的影响,造成企业在某些关键竞争层面上的差距和不对称性,影响它们的行动和创造价值的能力。除了不可控制的、纯粹的运气外,上述的事件和因素通常也会以某种具体的机会或威胁的形式呈现在企业面前,而这些机会或威胁,在某种程度上,企业是可以粗略预见和有意应对的。而某一个特定的企业是否走运,则取决于它当时的特定位置、资源、能力和行为。

命运洗牌,我们玩牌。

——叔本华

微软被IBM选中为IBM PC操作系统开发供应商的故事曾被美国《财富》杂志奉为"十年内最有价值的交易"。IBM在1980年正在寻找能使之快速进入PC市场的伙伴。在操作系统方面,IBM首选当时生产最有影响的CP/M系统的厂家Digital Research公司。有趣的是,该公司老总因不喜欢IBM的老大作风,拒绝与IBM合作。这才有了微软的运气。恰巧当时微软正在与一个濒临破产的名为西雅图计算机公司的企业谈判购买它开发的Q-DOS操作系统。微软并不确切知道IBM在找操作系统,可怜的西雅图计算机公司就更无从得知。而当IBM叩响微软的大门时,对创业伊始、仍在小打小闹的微软来说,可谓雪中送炭;由于有即将到手的Q-DOS作为进一步改进的原型,微软对IBM的探询满口答应,可谓水到渠成。令人后怕的是,微软与西雅图计算机公司的购买其Q-DOS的合同是在微软与IBM正式签约48小时后才正式签订的。区区5万美金买到的D-DOS转眼间以MS-DOS之名闪亮登场,几乎无所不在地出现在IBM PC和各类兼容机上。自此,微软有幸借助 IBM 之势迅速发迹腾飞的故事已是尽人皆知。

微软能够碰到 IBM 的寻找和陷入困境的西雅图计算机公司是幸运的。Digital Research 公司对 IBM 的拒绝,对微软来说也是运气。但两个企业对同一事件本身的反应清楚地表明,运气跟当事者不同的反应是相关的。不同的企业发展阶段、经营哲学、决策者个人偏好导致不同的企业对同一事件的不同应对,因此某些企业走运,某些企业看不到机会,某些企业不愿行动也不后悔,某些企业事后惭愧。但就微软案例而言,如果微软没有软件开发的实力和名声,IBM 也不会轻易造访。如果盖茨和他的技术专家只把自己看成是应用软件开发企业,他们也不会很快就清楚地认识到操作系统在未来 PC 业的重要性。他们有实力,且时刻准备着。而似乎命运也注定他们在等待 IBM 这一助推火箭,送他们飞向成功。预见到 IBM 克隆的可能和潜在重要性,微软在与 IBM 的合同中坚持拥有向 IBM 克隆供应操作系统的权利。IBM 基于对自己品牌的信心,认为克隆可以扩大市场影响,快速吸引更多客户选用 PC,而客户最终会升级到"高质高价"的 IBM PC。同时出于快速建立产业标准的考虑,IBM 允许了克隆条款,使 IBM PC 成为一个开放标准。通过积极主动地鼓励诱导应用软件开发商为其 MS-DOS 操作系统提供软件,微软在一年左右便在美国 PC 操作系统市场拔得头筹。

如此看来,运气(至少是所谓有准备的运气)不过是机会有选择地出现在那些能够寻求机会、识别机会和利用机会者的面前。运气青睐有准备的人,在这个意义上,运气是被及时抓住并利用和实现的独特机会。对于战略管理制度者而言,不断练兵准备、完善自我,时刻留心观察,善于发现和捕捉机会,是提高走运概率的关键要素。

有用的杂草

一个企业也可以从企业内部的运气(带有偶然性的创新和发明)获得竞争优势。创造性的一个基本成分是自发性(自然不事雕琢)。为鼓励和保证自发性,企业必须保持某种水平的"组织裕度",容忍员工或群组的自发行为、实验和即兴发挥。这些活动有时可以为企业带来意想不到的收获,表现为具有商业价值的创造发明、过程革新或产品创新。毋庸讳言,这些活动通常也不可避免地造成浪费、重复、混乱或失败。对于组织的正规目标和任务而言,这些活动可能是闲荡的、无关的或分散精力的。

什么是杂草？一种尚待发现其美德的植物。

——拉尔夫·瓦尔多·爱默生

借用爱默生的妙语,这里将企业内部个人、小组或部门(不管出于任何原因)自发的行动和进取,比喻为"有用的杂草"。这种杂草可以通过新产品、新过程、新知识和新能力等形式为企业带来竞争优势。由这些自发的行动和进取产生的创新和发明,可能和企业现有的经营范围和经营战略不一致。战略管理者需要注意到它们,并主动适时地开发和利用它们的商业潜力。

比如,名为阿斯巴甜(NutraSweet)的人造糖,就是被 GD Searle 公司的一个药剂师在研制一种治疗胃溃疡药物的实验中,鬼使神差地违反操作规程(他尝了一下不小心溢出的实验液体)而偶然发现的。这个偶然事件不仅改变了该企业的业务重点,同时也创立了一个全新的产品和世界知名的品牌。同样,3M 制度化的创新环境也造就了像"报事贴"这样驰名世界的产品。支持这个产品的技术来自一个本来可以被判定为失败的项目。3M 的科学家本来要试图发明超强度的黏合剂,而实验的结果却恰恰相反,实验得出的黏合剂效果极差。按常规的逻辑,实验实际上是失败了。但既懂技术又通商业运作的 3M 管理者却将这种技术成功地应用到一系列的明星产品中。上述两个案例,以及当年盘尼西林的发现和杜邦公司铁富龙(不粘锅的材料)的发明等,甚至包括可口可乐的配方,都是从某种幸运的事件中产生的,这是非常"有用的杂草"。

对于战略管理者来说,关键的挑战是善于辨识这种内部运气带来的潜在商业机会,并将这些意外的创新推向市场,为企业赢得竞争优势。除非这种新的发明和创造可以被转化为改进了的工艺或组织过程,或者市场前景广阔的某种具体的产品,否则"杂草"终将是杂草,无人欣赏,毫无用处。当"有用的杂草"得到足够重视和有效利用时,它们可以对企业产生积极的影响,并产生意想不到的竞争优势。战略管理者应该适度保持开放的心态和对杂草和差错的容忍,这一基本理解似乎不言自明。

地下工作者

"地下工作者"指的是某个企业或组织内的某些个人或临时性、非正式的小组或部门，自发地、秘密地，依靠自己的主动性来解决企业或组织面临的某些技术、市场或管理组织方面的挑战。这种自发行动可能导致某些实践创新和对企业或组织整体比较有益的结果和影响。"地下工作者"现象和正式的管理举措相比，其功效的根本不同在于：后者通常是贯穿整个企业组织的、高层管理认可的、公开开展和提倡的；而前者则通常是囿于组织一隅，或在某个特定部门中进行，虽然大多数情况下也需要领导的认可或默许，但也可以是完全自发的、独立于组织的正规目标和既定规程之外的，有时甚至是违背领导意愿的。所以说，"地下工作者"可以被看做半官方的，或非官方的，是创新的"基层群众运动"，成则容光，败则灾难之举。

请看美国洛克希德公司当年"地下工作者"项目的例子。1943年，"地下工作者"项目创始人克拉伦斯·约翰逊（Clarence Johnson）亲自选拔了24位工程师和一个支持小组，开始了一个鲜为人知的秘密项目，研制能够灭德国空军威风的新型喷气式战斗机。"地下工作者"越过了当时洛克希德公司的官僚体系，也逃脱了为二战中联军提供战机的紧急公务，尽管这是洛克希德当时的生命线。"地下工作者"把工作的焦点集中在它的秘密使命上。为了保密，他们没有清洁工，也没有秘书。关于他们的工作，小组成员对工作之外的人，即使自己的家人，也守口如瓶。本尼斯和比德曼这样描述他们：人们愿意成为"地下工作者"的一员，并不是因为这个项目财大气粗、声名显赫，而是因为他们热爱着自己的工作。"地下工作者"的使命要求他们在180天内完成任务。"地下工作者"实际比预期提前37天拿出了P-80 Shooting Star 的模本。

自此以后，"地下工作者"研制了一系列最先进的军用飞机，包括F-104 Star-fighter——第一架超音速喷气式战斗机，以及具有高度隐蔽性的长距离侦察机U2等。"地下工作者"多年来为洛克希德公司在世界飞机制造业中取得竞争优势和骄人业绩立下了汗马功劳。后来，洛克希德与马丁马里亚塔公司合并成为洛克希德马丁公司。该公司在2001年11月份从美国国防部拿到了美国历史上最大的、价值2 000亿美元的合同——制造新一代战斗机 Joint Striker Fighter。从某种意义上说，是他们运气好，因为毕竟还存在激烈竞争机制;但是对于熟悉洛克希德公司实力的人来说,这是理所当然,因为他们堪当此任。

对于战略管理者而言,在对付"地下工作者"时,最大的挑战在于提倡企业内的创新精神,造就和保持一种鼓励创新的企业文化和相对宽松的组织环境,使员工敢于实验、敢于创造、敢于带来惊喜,当然,也敢于失败,并从中得到学习和锻炼。最近关于企业内部创新(Intrapreneurship)的研究,为"地下工作者"的运作模式和对企业竞争优势的贡献提供了有力的理论支持,并提供了企业如何主动寻求幸运机会进行创新的新鲜事例(Burgelman,1993a,b)。

准备走运:外部源头与内部机制

战略管理者对竞争优势和胜利梦寐以求。但是需要指出的是,运气应该被期待为内功优良的嘉赏,而不是理所当然的定份。守株待兔、坐盼运气,无异黄粱美梦、画饼充饥。如何预测运气呢?没有办法。但是我们可以系统地考察一些企业内外的因素和层面,从而分析一个企业什么时候和在哪些方面可能会因运气而获得竞争优势的概率相对比较高。扫描环境和分析未来趋势可以帮助企业更好地自我准备。保持开放、创新并激发员工热情和想象力的企业文化亦会有所助益。表5-1 列举了可能导致运气出现的外部环境源头和企业内部机制。这些外部和内部的因素将在下面两小节里分别加以详述。

表5-1 运气与竞争优势:外部环境源头和企业内部机制

外部环境源头	企业内部机制
准备提高走运的概率: 考察运气的外部环境源头:伺机捕捉利用	鼓励"有用的杂草"和"地下工作者": 了解走运的企业内部机制:诱引组织精英与鼓励自发行动
独家的或不对称的信息	
独特的历史事件	发现和鼓励自发实验者
社会文化趋势变迁	造就基层实验的代言人
技术变化或技术革命	培育创新的组织温床
顾客喜好和需求的改变	
政府管制或松管	
倒下的竞争者	
圆梦者	

依靠外部源头走运

本小节讨论运气可以自外部环境而生的不同种类,以及对企业竞争优势的影响。独家的或不对称的信息使走运的企业在谈判和行动中占上风,或享有先动优势,比如良好的顾客认知、优惠地获取资源、控制分销渠道,以及在对手大规模涌进市场之前,建立不可逾越的生产和营销规模与地位。独特的历史事件可以为企业带来资源和市场位置,后来者无法轻易获得,甚至花重金也不可得。社会文化趋势变迁也能使某些企业走运,使它们的产品成为时尚和流行。技术变化或技术革命可能会为某些胸怀远大的小企业带来运气,使之成功地挑战市场中现有的强势企业。顾客喜好和需求的改变可以在一夜之间改变企业的命运。政府管制或松管也会改变游戏规则,使某些企业受宠,或使某些企业出局。一个倒下的竞争者,会使濒临死亡的对手绝处逢生。而圆梦者(比如某个企业的互补者)的适时出现,则会增强该企业与其他实体的谈判实力。

独家的或不对称的信息

信息可以成就或毁灭一个企业。竞争对手间信息的不对称性能够为某些企业带来竞争优势,使它们能够获得其他对手不可知晓或获得的机会。经济学中有"柠檬"商品的例子,比如,二手车买卖就反映了信息不对称的情形之一。车行的人比顾客对二手车有更多的了解,尤其是对车的缺陷的了解,而顾客一般很难知晓,除非他花钱获得关于该车的真实信息。因此,二手车行在议价时具有信息优势。再来看尽人皆知的诸葛亮用空城计击退司马懿大兵的例子。魏军不知西城是实是空,诸葛亮借此弄险,大开城门,让老弱残兵打扫街道,强调空城之空,最终侥幸成功。当然,此次冒险成功,还有一个重要原因就是与诸葛亮从不冒险的名声。所以,信息本身的清楚以及有关过去行为和现在行为的信息的可比价性在这里是比较关键的。

> 知己知彼,百战不殆。
>
> ——孙子

显然,一个企业可以通过操纵竞争情报来制造信息不对称性,并从中获得竞争优势。前述微软的案例中,如果没有微软和西雅图计算机公司间的信息不对称,恐怕微软的运气会大打折扣。美国最大的自助式建材城连锁网家居货栈(Home Depot),早期从来不轻易抛弃用过的包装箱,而是把空箱摆在最高层的货架上,从而给顾客和对手造成一种货物储备非常充足的印象。此时,对手的轻信便会增强家居货栈的优势。

独特的历史事件

某些特定的历史事件可能为企业带来运气,尤其是政治、经济和军事等国际事件。比如,20世纪70年代石油危机时,美国汽油价格暴涨。一时间,省油的小型轿车备显优势。擅长制造小型轿车的日本公司伺机长驱直入美国市场,从一贯制造高油耗大轿车的美国公司手中夺走大量市场份额。20世纪90年代初,CNN(美国有线新闻网)初试锋芒,但当时其业绩堪忧。当时,谁会认为有24小时不间断报道新闻的必要?然而,一场海湾战争使CNN声名大振。CNN对战争的实时实地播报,使得全球的观众能像观看奥运会实况转播一样,耳闻目睹现代战争的真实进行。

索尼曾数次企图兼并美国哥伦比亚唱片公司——美国文化的一个重要象征,大牌明星约翰·苏泽(John Sousa)、杜克·埃林顿(Duke Ellington)、伦纳德·伯恩斯坦(Leonard Bernstein)、鲍勃·迪伦(Bob Dylan)和迈克尔·杰克逊(Michael Jackson)等的签约公司。几次兼并未果,一个主要原因在于当时的"反对日本入侵美国文化业"的舆论压力。索尼对哥伦比亚唱片公司垂涎三尺,因为它认为如果控制了一个大的软件(音像节目)企业,就更容易在市场上推出新的音像电器。1987年的股市大跌为索尼提供了绝好的机会。当时的哥伦比亚公司老板拉里·蒂施(Larry Tisch),认为经济衰退将是持久的,急于将哥伦比亚唱片公司出手。"黑色星期一"为索尼的第三次企图带来运气。索尼兼并哥伦比亚唱片之后,业务还算顺利。但其后来兼并哥伦比亚电影公司并进军好莱坞之举,则没有了运气的眷顾(至少在最初几年),远未达到成功。

对于驰骋于国际市场的企业,它们必须时常问自己如下问题:某个具体的国际大事对我们业务的长期影响是什么?机警地对宏观环境进行扫描和分析,能够帮助企业从似乎混杂的信号中发现规律,抓住机会。大的跨国企业通常也与各类专家保持积极的联系,它们利用各类专家帮助捕捉和解析世界动态和产业趋势,从国际政治、人权状况,到全球温室效应和太阳黑子运动。比如,美国运通和中国远洋石油开发公司等大公司,都定期咨询国际知名的美国资深外交家亨利·基辛格博士,听他预测和解释国际事务进程。通过向专家咨询,企业不仅能更好地预测和防范潜在的威胁,也能更好地增加自己走运的机会。

社会文化趋势变迁

人是社会动物,受社会文化趋势影响;社会文化趋势可以变迁。社会文化趋势的变迁可以导致某些企业拥有天时、地利、人和的优势,而不合时宜的企业则奄奄一息。前面章节中提到的"健康狂潮"便是很好的实例。它使得健怡可乐等低糖饮料和食品大行其道,好评如潮;也使得高脂肪和高胆固醇的食品乏人问津。驾驭"健康狂潮",上述"有用的杂草"阿斯巴甜人造糖也顿时身价倍增,从一种基本商品原料一跃成为知名品牌。同前所述,耐克和锐步等颇为走俏,而肯德基却被迫易名为 KFC,可以说是"健康狂潮"之类社会文化变迁使然。

识别和预测社会文化趋势可以帮助企业为未来的好运作准备。一些面向未来的消费者产品制造商经常不断地监控现在高中生的消费习惯和规律。这些即将步入成年的消费群体将是未来消费品市场的主力军。诚如俗语所言,搞清楚大家都往哪儿去,在大家没到之前,提前在那里等着,这可能是对积极走运的比较精彩的描绘了。这样的运气可以说是远见遇到机遇而变成现实。对于不知情者,赢者的胜利看似幸运,但其实,赢家取胜并不是一个完全随机的过程。

技术变化或技术革命

技术变化通常是不连续的和革命性的。它重新定义了企业知识和能力在下一轮竞争中的相关性。大英百科全书在数字时代到来之初的挫折,足以证明技术革命对某项企业的杀伤性。而在这个故事里走运的一方是《大英百科全书》的挑战者——那些内容并不如大英百科全书权威,但先行利用了在线搜索和 CD-ROM 技术的替代品供应者。技术革命为挑战者带来了更多的选择机会,使它们能够跳过或绕过那些保护现有强势企业的、不可逾越的产业进入壁垒或移动壁垒,比如,大英百科全书强大、复杂和多渠道的销售队伍。

正像 PC 时代的到来为英文打字机行业带来厄运和灭顶之灾，网景和万维网应用在 1995 年的迅速崛起几乎使微软大祸临门。太阳微系统公司（Sun Microsystem）的 CEO 斯科特·麦克尼利（Scott McNealy）甚至预言将来"网络就是计算机"。如果这一预言成为现实，那么微软以操作系统支持的 PC 王国就风雨飘摇了。幸运的是，微软的快速反应，使之全面拥抱 Internet，避免了一场浩劫。为了避免技术革命带来的冲击，或者更积极地说，为了更好地利用技术革命带来的机会，财大气粗的微软战略性地投资于多种技术领域和初创企业。为了增强在软件开发、网络应用以及家庭生活数字化等多方市场上的优势，微软曾有选择地对网络电视、有线电视、低纬度卫星等多种有关技术的公司投资。不管是谁，也不管用什么方式，只要能将数字化的信号传入客户家里，微软都希望参与其中，从而在将来至少不会被"锁在外面"。广泛撒网可能增加机会。当然，一个低树林里的高树，由于接触阳光和空气的优势（运气），可能由此越长越高；同时，它也可能在一场电闪雷鸣（比如一次彻底的技术变革）中，首先被击倒毙命。所以说，运气是一把双刃剑。

顾客喜好和需求的改变

顾客的喜好和需求会改变，企业的运气也会随之改变。20 世纪初，美国通用汽车公司由兼并组成了多种品牌的汽车帝国。它的汽车品种多、款式杂、质量差异大、价位档次复杂，难以有效地同一体化生产的、高效率的、当时占行业主导地位的福特汽车公司竞争。但是，当更多的消费者，尤其是二次和多次购车的、比较富裕的顾客进入汽车市场后，他们希望根据自己的喜好来购买适合自己的车型，比如外观设计、实用功能、颜色等。而固执己见、只做黑色 T 型车的福特声称："你可以选任何你喜欢的颜色，只要它是黑色的。"福特不可能也不愿意去满足这时顾客的多样化需要。顾客需求的改变和多样化也标志着市场的逐渐成熟。市场初期，福特由于强调标准化带来的优势已经逐渐失去相关性。而通用汽车的多样化产品战略恰巧适应了顾客的需求改变。通用汽车趁此机会抢占了美国汽车业的霸主地位，迄今为止 80 年左右，仍然把福特甩在后面。

国王的宠幸不可当遗产来继承。

——西方谚语

从另一方面说，顾客的喜好也会是刚性的。可口可乐在20世纪80年代曾经推出新配方的可口可乐来"更新"它沿用了百年的秘密配方，反对之声不绝于耳。不久，可口可乐不得不重新起用百年传统配方，称之为"可口可乐经典"，才平息众怨。幸运的是，由于客户对可口可乐的忠诚，这个事件并没有对可口可乐的品牌带来灾难性的打击。恢复传统配方后的可口可乐的销售也没有因此锐减，其市场领导地位照样保持。事后看，这个幸运的事故给了可口可乐一个营销的教训，并且再次引起公众对其品牌的极大关注，也使它的新（配方）可乐得到许多新老客户的接受。甚至有人怀疑，可乐配方的改变是可口可乐公司自导自演的一种炒作。对于这种猜测，可口可乐某经理不置可否，而是说他们没有那么聪明，但他们也不傻。看来，只有顾客才是上帝了。

一个积极主动的企业通常会深入研究和了解客户的喜好并从中寻求幸运的机会。比如，锐步20世纪80年代早期在美国市场上的快速上升，得益于当时女性中极为流行的有氧健美操。锐步的健美操鞋设计新颖、颜色艳丽，深受女性顾客，尤其是有氧操教练们的喜欢。教练们的推荐成了锐步最好的广告和促销手段。所以，锐步的竞争优势很大程度上来自它幸运地获得了一批义务推销员。海尔洗衣机被四川农民用来洗土豆的故事也说明了了解顾客习俗、喜好和需求的重要性。当海尔的维修服务人员了解到这种需求后，海尔就对其洗衣机稍作改装，以适用于农民的特殊用途。顾客帮你创新、扩大产品的用途，对企业来说，应该是一种运气，而不是麻烦。"理解客户"这样一个简单、显而易见的要求，对于希望走运的企业来说，怎么强调都不过分。

政府管制或松管

政府管制和政策可以影响企业的运气。20世纪90年代，在河南某大城市，一把大火将市中心最密集的商业区中的一座商厦烧成灰烬。由于街道拥挤，消防人员不能快速接近火灾现场，加之商场内部防火措施不够，救火器材不力，大火才猖狂肆虐，造成该市历史上最大的火灾。事发月余，省政府下文对楼堂馆所商家店铺强硬地规定了严格的防火规程和器材设备的要求。一场大火烧出了机会，一纸文件带来了运气。

恰恰有这么一个小规模的消防器材零售店，老板反应迅速，料定大灾之后，某些机构必定有大动作，以求防范、纠错。因为预期到各个单位对消防器材的大量需求，这家小店四处筹资并想尽各种办法大批购进消防器材。在省政府文件下来时，不等买主上门，它们的业务员已经坐在各大楼盘主管消防保安人员的办公室里了。自此，该小企业一跃跻身该行业全省十强。

同政府管制相仿，放松管制也会对企业产生不对称的影响。某些企业走运，某些企业遭灾。在1982年松管前，美国商业银行业非常稳定，大家画地为牢、相安无事，甚至很多大型的地方或地区性银行也满足于只服务本地区的客户。然而，不满于政府管制的、雄心勃勃的银行家，对政府不准跨地区（甚至跨县）经营的管制深恶痛绝，一直试图游说政府，打擦边球。而政府的松管无疑为这些银行家提供了施展才华的空间和运气。在其他对手尚未弄清松管的含义时，它们就已经通过兼并初步建立起了遍及全国的分行系统。

> 一场大风在吹，它要么赋予你想象力，要么使你头疼。
>
> ——凯瑟琳大帝二世

请看美洲银行（Bank of America）的案例。由休·麦科尔（Hugh McColl）领军的NCNB（一家北卡罗来纳的地区性银行），在松管后加速了其兼并进程，西进得克萨斯，北上伊利诺伊，东到华盛顿，并更名美国国家银行（Nations Bank），十年间进入美国银行前十名。该行后又与美洲银行合并，虽用美洲银行之名，但获得经营实权。2004年，它又成功兼并了FleetBoston银行，巩固了其业界前三甲的地位。没有政府松管，所有这些高规格的兼并都会受到联邦贸易总署的阻挠。但是，松管带来的机会很明显。有些企业越办越有起色，有些企业则倒下了。企业生存和成功当然需要机会，但也需要内生的紧迫感和冲击力。失败的企业之所以失败，不在于它们不走运，而在于它们对环境变化视而不见。

倒下的竞争者

运气也可能来自竞争对手无可奈何的倒下，从而给了幸运者机会。20世纪初，美国各大交响乐团的音乐总监或首席指挥清一色地由欧洲指挥家来担任。这些业界精英无不机警地把握着自己的领地，连自己的助理指挥也看成潜在竞争者，保持警惕。1943年11月14日，幸运之星垂青了25岁的青年音乐家伦纳德·伯恩斯坦——时任纽约爱乐助理指挥。常任指挥布鲁诺·瓦尔特因患重感冒卧床,不能指挥 14 日向全国实况转播的音乐会。只有一天的准备时间,并且无法与乐队排练,伯恩斯坦欣然受邀登台,不辱使命。《纽约时报》头版刊登了这一音乐界的盛事佳话。几经周折,伯恩斯坦后来终于入主纽约爱乐,成为第一位执掌美国主要乐团的美国本土出生和培养的指挥家和享誉世界的音乐大师。

在战争中,运气也往往打破两强之间的均衡,甚至决定战争的结果。弗里德里希大帝在一次征战中,曾经被 20 万敌兵包围,坐以待毙。不料,俄国沙皇突然暴死,反对弗里德里希大帝的敌军同盟也随之分崩离析。由此,弗里德里希大帝转败为胜。同样,在商业竞争中,对手创建者的猝死(尤其是随之而来的权力争斗)通常为企业攻击对手和收编降将提供良好契机。一个倒下的竞争者可以使企业轻而易举地获得竞争优势。比如,一个破产的零售商可以使长期意欲进入该市场而未能得逞的某个企业趁虚而入。蒙哥马利百货店 20 世纪 90 年代中期的破产,为对手西尔斯百货收编其散兵游勇大开方便之门。

圆梦者

一个企业可以从自己的圆梦者那里获得竞争优势,比如急需的某种资源供应被人送到眼前,互补产品在最需要的时候及时出现,或单兵作战孤立时,突然出现合作伙伴。可以说是正欲昏睡,就有人垫枕头。比如,当可口可乐与孟山都公司(Monsanto)之间关于阿斯巴甜人造糖的首期合同即将失效时,孟山都公司的议价能力较之当初大增,因为阿斯巴甜已经成为知名品牌。作为品牌中的品牌,阿斯巴甜和健怡可乐密不可分。幸运的是,欧洲厂家 Holland Sweetener 公司不请自到,主动提出要为可口可乐提供人造糖。由于 Holland Sweetener 公司的介入,面对潜在的竞争替代,孟山都公司的议价能力大降。有了当年更改配方的前车之鉴,可口可乐其实并不想轻易放弃阿斯巴甜已经被广为接受的品牌。但 Holland Sweetener 公司的出现无疑使可口可乐在与孟山都公司签约时,可以极力杀价、占尽便宜。

鹬蚌相争,渔翁得利。

——中国谚语

两条狗争夺一根骨头,骨头被第三条狗抢走。

——西方谚语

很多时候,在商业竞争中,一个企业的问题往往会是另外一个企业问题的解答。比如,当松下公司希望剥离常年赔本的 MCA 电影厂时,恰巧对好莱坞极感兴趣的加拿大酿酒商 Seagram 公司的老板小埃德加·布朗夫曼(Edgar Bronfman Jr.)正欲求购。可谓两相情愿,一拍即合。要知道,一个幸运的机会并不一定就为企业带来竞争优势。对于企业来说,更重要的是抓住机会,通过更好的位置、资源和获取来增进该企业为顾客提供价值的潜力。

索尼的成功在很大程度上归结于大贺典雄(Norio Ohga)的管理天资。大贺典雄与索尼的渊源可以追溯到数十年前他作为索尼产品的用户时,对索尼毫不客气的批评。对索尼来说,这确实是一件幸运的事。索尼创始人之一盛田昭夫(Akio Morita)对青年大贺典雄的批评非常赞赏,他立即邀请大贺典雄加盟索尼。作为男中音,大贺典雄当时的主要兴趣在声乐和歌剧。经过盛田昭夫的执著劝说和邀请,大贺典雄终于在完成了在欧洲的三年学业后,全职进入索尼。他从顾客角度所展现出的对技术的激情和他的管理资质,为当时技术人员一统天下的索尼提供了应有的市场导向和良好的管理秩序。

与之相似,本田公司的成功也在很大程度上归功于一个合作良好的搭档。本田先生很有幸找到藤泽(Fujisawa)。本田对发动机技术的投入和求胜的激情,加上藤泽在管理和财务方面的天才,可谓珠联璧合、天衣无缝。藤泽无疑是本田的圆梦人。

> 通达事理的人通过调整自己去适应世界;不通达事理的人总是试图调整世界来顺应自己。因此,所有的进步取决于不通达事理的人。
> ——萧伯纳

创新本身需要创新者火一般的激情。创新在企业和市场中的成功则需要理性的支撑,使之能够在矛盾冲突和纷繁复杂的现实环境中胜出并得以实施。没有节制的大火可能会将一切都烧为灰烬。

竞争优势的起因:"有用的杂草"和"地下工作者"

竞争优势可以产生于企业内自然的发现和自发的创造,这种发现和创造主要通过基层自发的活动、地下运作、非正式项目等方式。这些活动会在明确的、公开的和正式的管理行为之外,为企业提供某种额外的动力。企业是否能从"有用的杂草"和"地下工作者"活动中获得竞争优势取决于多层面不同因素的组合:(1)基层的主动性:自发活动的不断滋生;(2)中层管理人员的能力:发现和倡导有价值的自发项目,并有效地将它包装起来,使之容易被企业领导精英和更广泛的群体所接受,并且不与它们的日程和实务直接冲突;(3)高层管理者的远见和能力:胸怀开放的心态,重视自下而上的交流,允许企业战略受基层因素和自发活动的影响,适时在企业内承认和推广已经被自发活动证明行之有效的技术和组织管理方面的创新。本小节探讨这一游戏中不同人员所扮演的角色,以及利用"有用的杂草"与"地下工作者"获得竞争优势所必需的企业内部过程和机制。

诱引精英和鼓励自发活动

要从"有用的杂草"与"地下工作者"活动中获利,基层创新者和"内部企业家"需要知道如何从组织中获取正式的支持和必需的资源(Bower,1986);战略管理者需要知道如何更好地设计和操纵组织结构、体系、过程和企业文化,从而更有效地促进自发创新活动的产生(Burgelman,1993a,b)。简而言之,企业战略通常是自上而下制定和自下而上形成的互动过程。基层创新者必须懂得如何吸引企业中决定任务日程和分配资源的组织精英的目光。

精英指的是组织中的某些人士,他们已经通过组织"游戏规则"的考核,并具有掌管公司活动的权力(Kelly,1976)。精英往往是位居组织高层的人士,或在某些情况下,虽然不担任任何正式职务,但属于实际权力中心的人士。"地下工作者"需要尽量展示自己的自发活动对企业未来优势的巨大潜在贡献——虽然这些活动可能与现在的组织任务、目标和规程不尽相容——从而获取精英的同情和支持。最具有说服力的"地下工作者"往往强调这样一种可能性,即他们的成功就是高层战略管理者的成功,他们的成功为高层管理者增光,为之带来荣誉,为企业带来竞争优势。

> 3M创新与牛吃草有同样的原因——我们的DNA决定我们这样做。
> ——M.乔治·艾伦
> 3M公司前研发副总裁

对企业战略和竞争优势负最终责任的战略管理者应该积极地、有意识地创造一个宽松的组织环境,促使"有用的杂草"出台,帮助"地下工作者"获得动力。任何自发的活动最终必须通过组织阶梯和程序才能真正得到认可和实施。一个组织的现有结构通常是为执行现有的战略而设计制定的,并因此以现有的战略为准则过滤各种提案和活动;而地下工作者的活动通常具有新的战略指向。由此看来,一个有效地倡导"有用的杂草"和推进"地下工作者"的组织结构,将会对二者的潜在收益起到良好的作用。另外,位居高层的战略管理者,也应该经常主动地寻求值得提携的员工,从而实现在现有正规组织中不太现实或不可想象的某种创新。

大胆的实验者

　　大胆的实验者是在组织中走在潮流前面的人,他们主动采取某种姿态和行为,虽然在当时经常是独立于企业现有主导战略和标准操作规程之外的,与之不一致或不匹配,但这种行为以后很有可能对整个企业产生广泛影响。在过去的20年里,中国的改革大大提高了人民的生活水平。经济增长突飞猛进,辉煌成就有目共睹。国际观察家们大多将中国的经济发展成就归功于邓小平及其改革开放政策。小平同志是"总设计师",对改革在全国范围内的全面展开,可谓高瞻远瞩、坚定果断。但是,改革初试的实验却是来自基层的自发性活动和倡议。从村县到地区,改革的先行者摸索实验,在体制内打擦边球,跟着感觉走。部分省份第一把手敢为天下先,对基层的自发性改革活动或者默然应允,或者放手通行,甚至助一臂之力。小平同志顺应潮流,及时地承认、肯定和褒扬了部分先动起来的省份,并说服调动中央政府的核心和精英,以中央的名义,自上而下地将改革开放在全国推广。是勇敢的实验者首先自下而上地自发地掀起了改革春潮。一向以务实著称的小平同志对基层改革的同情和欣赏使全面改革迅速成为可能。

　　　　不管白猫黑猫,抓住老鼠就是好猫。

——邓小平

　　在四川、安徽和广东,省级政府率先允许承包制和乡镇企业的发展,这种类似"有用的杂草"和"地下工作者"的行为在当时公有制的铁饭碗上钻了个窟窿,为农民提供了各种发展和致富的契机,以及提高生产率的激励。这种大胆的自发创新得到了开明的中央政府的默认。后来,在这些省份成功经验的基础上,包产到户等改革措施被定为全国性的战略措施。当时,这些先动起来的省份在劳动致富、经济发展的竞赛中,具有明显的竞争优势。

王选与北大方正的故事同样证明了大胆的实验者对竞争优势贡献的重要性。20 世纪 80 年代,当激光照排技术处于早期商业运用阶段的时候,方正决定超越当时的产业标准,直接开发应用于中文的第四代激光照排技术。这种大胆的创新想法和努力曾被多方学者和业内人士批评和怀疑。克服了多种技术的、财务的、管理的困难,顶着压力和批评,王选和方正同仁坚信他们的远见,力争为中文激光照排的产业标准作出自己的技术贡献。到 20 世纪 90 年代末期,北大方正的技术已经应用于 90% 以上的中文排版印刷市场,并在中国台湾地区和日本也颇有市场。王选和方正的大胆实验,终于赢得了他们在汉语和其他图形文字(日语、韩语)激光照排市场上的绝对统治地位。

笃诚的代言人

要想成功,"有用的杂草"和"地下工作者"需要代言人来支持他们的自发活动,为他们提供相应的资源,并在他们生存和进程受到企业内外威胁时充当保护伞。这些代言人通常是介于基层和最高层管理者之间的中高层管理人士。自发的活动往往是秘密的、相对孤立的、独立于正式体系和常规之外的,这样的活动也会很自然地招致企业内其他部门或者来自外部的不必要的注意、嫉妒、愤怒,甚至憎恨。这时候,代言人的支持和保护可以维护基层自发活动的生存空间和它的合法性。本尼斯和比德曼(Bennis and Biederman, 1997)对洛克希德公司的"地下工作者"项目作了如下评说:

> 每一个优秀的群体都是一个岛,一个有桥与陆地相通的岛。"地下工作者"在洛克希德公司内部是一个独立运作的社区,它的秘密行动是在没有标志的门后进行的。试图改变世界的人们需要从各种噪音和打扰中隔离开来,同时仍然能够从岛外获取必需的资源。

这里所说的桥梁正是所谓的代言人角色。洛克希德公司"地下工作者"牵头人约翰逊就扮演着这样一个角色。在与外部有关部门(比如中央情报局、五角大楼)打交道时,约翰逊主动与各方搞好关系,寻求对"地下工作者"项目的理解和支持,并保护它不受官僚体制繁文缛节的困扰和反对势力的侵袭。在洛克希德公司这个"地下工作者"的直接工作环境中,他也尽了最大努力避免他的秘密项目遭受公司总部那些循规蹈矩、唯章是从的职业官僚的骚扰。

笃诚的代言人要对企业高层和外部的利益相关者解释和兜售"地下工作者"项目的重要性。而他们对"地下工作者"的业务本身却从不插手,让他们自由发挥,并随时提供资源和道义上的支持。约翰逊之后的接班人本·里奇(Ben Rich)这样评价:"我们鼓励我们的人富有想象力地去工作、临场发挥、随机应变,尝试非常规的方法去解决问题,然后给他们让路。"

创新的温床

一个企业可以通过有利于鼓励创新的组织结构和企业文化来获取竞争优势。松下公司曾经用"一个产品,一个事业部"的结构从制度上鼓励创新。这种结构促进企业内部的竞争和创新。任何一个个人、小组或项目,只要能开发出新的受市场认可和欢迎的产品,都可以申请创立自己独立的事业部。这对调动基层革新的积极性无疑是有益的。当一个新的产品项目分离出去成立自己的事业部时,原有的事业部必须不断创新,才能保持生存和较高的地位。这样使得竞争的意识更强,创新的激励和压力更大。这种结构造就了创新的温床,为"有用的杂草"和"地下工作者"大开方便之门。比如,当盒式录音机被从收音机事业部分离出去以后,收音机事业部利用研制盒式录音机的技术,制造出一种"有用的杂草",那就是后来风靡亚洲乃至世界的第一代卡拉OK机。

相似的是,日本企业早期的计算机行业竞争激烈,为了实现产业资源的有效利用,日本通产省决定限制企业一窝蜂地进入该行业,于是把夏普公司拒之门外。夏普不得不另谋出路,但它对离开计算机行业仍然不死心。它致力于计算机附件业务开发,尤其是LCD液晶显示技术,终于在LCD技术上达到世界领先地位。它首创的ViewCam在摄像机上加上一个液晶显示屏幕,在市场上大受欢迎,并成为新的产业标准。它首先推出的液晶屏幕电视正在日益为更多的消费者接受。这些基于技术领先的产品创新,无疑给夏普在相关家电产品中带来了竞争优势。

某些企业和组织甚至有意识地在主导、正规的组织体系之外创立类似"地下工作者"的项目。比如,通用汽车公司的Saturn品牌,故意从通用的大系统中独立出来,尝试全新的设计规程和营销模式。1963年由艾柯卡加盟的福特"野马"项目恰好也以"地下工作者"为名。还有施乐公司发明了PC

图形用户界面的 PARC 研究中心，也是制度化了的创新项目的一个典范。但是，这些项目是否为企业带来竞争优势，则要看它们的创新是否能够得到有效的利用，是否具有市场前景。容忍并鼓励"有用的杂草"和"地下工作者"在企业中的一席之地，使之与企业现有主导战略一起，共同获取竞争优势，为顾客提供良好的价值，这应该是战略管理者必须掌握的艺术。

本章结语

运气作为一个理论概念虽然难以把握、争论颇多，但作为一个经常出现和被观察到的实际现象，它自然吸引了很多关注者，尤其是战略管理的实践者。本章提供了一个关于运气的基本分类方法，并探讨了不同的运气对企业竞争优势的产生所起到的作用。它把运气理解为随机因素和人为努力两方面碰撞的结果，从完全不以人的意志为转移的、理想状态中的纯粹运气，到随机事件证实和褒奖某项企业远见与求索的"有准备的运气"，再到人为因素作用更强的"有用的杂草"和"地下工作者"。基于主动积极的视角和方法，本着帮助战略管理实践者获取竞争优势的目的，本章对各种可能影响企业运气的外部环境源头和内部过程机制的阐述，主要着眼于让企业做好自我准备。

总之，虽然纯粹的运气不受企业本身的控制，但企业战略管理者了解产生运气所需的条件和环境却是有必要的，这有助于企业提高自己走运的概率。很多幸运的事件对于旁观者来说似乎是偶然的，但至少在某些并不罕见的情况下，这些幸运事件往往是某种先见之明和系统努力得到的应有回报。为了提高企业走运的概率，战略管理者应该审时度势，抓住转瞬即逝的机会。他们也必须防范自己的傲气、短识、无知和忽视。不仅如此，他们还必须对企业内"有用的杂草"和"地下工作者"保持容忍和开放的态度。如果将积极主动的视角和方法推向极致的话，可以说，运气是被创造出来的。

第六章
管理举措、战略运作和拉拢

本章探讨管理举措、战略运作和拉拢等比较有意识地寻求和创造竞争优势的企业行为,它将整合国际管理和战略管理研究领域中有关竞争优势的文献,并提出一个关于国际竞争中企业竞争优势的综合框架。这个框架主要总结四个大类竞争优势的起因缘由:创新、竞争、合作和拉拢。本章主要阐述这四大类起因中的各种具体因素,并关注他们如何创造或实现第一章中提到的三种基本竞争优势:以占有为基础的、以获取为基础的和以能力为基础的。本章行文以国际竞争为基本背景。

20世纪后期以来,许多产业都经历了在速度和广度上渐次升级的国际化和全球化进程。新世纪伊始,世界经济中的全球化趋势有增无减,再掀波澜,国际竞争的触角正不断深入到原先人们以为纯粹是某国国内或本地市场的行业。这种强大的全球化进程毋庸置疑地迫使各国企业,尤其是国际经济中的主角跨国公司,去重新审视自己的竞争战略,以期在全球市场上创建、更新和保持它们的竞争优势。

国际竞争中的竞争优势从何而来?什么样的战略运作可以为企业带来竞争优势?迄今为止,我们对国境竞争中的战略优势起因的理解仍然有些片面、零碎和偏颇,缺乏一个相对完整的框架来帮助我们整合纷杂的文献,系统地分析国际竞争优势的各种起因缘由。

在国际管理领域里,一直存在着关于竞争优势起源相关理论的不同见解。某些推崇全球化的学者对全球性协调的战略行动(比如旨在利用规模经济效用的全球范围内统一的制造和营销部署),甚为欣赏(Levitt, 1993; Yip, 1995; Ohmae, 2000),另外一些学者则将注意力集中在那些在国际市场上享有竞争优势的企业的国家根源上(例如,Porter, 1990),还有一部分学者则主张,企业在寻求国际竞争优势时,应该把握好"全球一体整合"战略与"调整适应某特定国家市场"之间的平衡(Bartlett and Ghoshal, 1989; Gupta and Govindarajan, 2001; Prahalad and Lieberthal, 2003)。

在战略管理文献中,关于竞争优势的学说更是精彩纷呈(Porter, 1985; Barney, 1991; Peteraf, 1993; Powell, 2001),从产业结构分析法(Porter, 1980, 1985),到战略承诺说(Ghemawat, 1991; Caves and Ghemawat, 1992)、资源本位企业观(Wernerfelt, 1984; Barney, 1991; Peteraf, 1993)和动态能力的观点(Teece 等, 1997)。另外,竞争战略动态的研究(Smith, Grimm and Gannon, 1992; Chen, 1996)、熊彼特型创新(D'Aveni, 1994; Jacobson, 1992),以及合作战略等(Brandenburger and Nalebuff, 1996; Gulati, 1998; HBS, 2002)也为我们了解国际竞争优势打开了大门。

战略管理文献中对竞争优势的各种基本思路和视角,如果被引申到国际竞争的分析环境中,与国际管理的文献和方法相结合,将会更好地帮助我们理解国际竞争优势的实质和起因。事实上,整合战略管理和国际管理文献对竞争优势的论述的工作仍然处于非常初级的阶段。本章的主要目的就是为这两个领域的研究构建桥梁,从而提炼出一个关于国际竞争优势的分析框架,期望能够帮助研究者更好地画出关于国际竞争优势的完美画卷,为战略管理实践者在全球竞争中获取和保持竞争优势提供更多、更有力的武器。

根据对广泛的文献进行分析与综合,下面将选用四个主要支柱来构建国际竞争优势分析的整合框架。这四大支柱的名称在英文中均以 C 开头,分别为:**创新**(Creation)、**竞争**(Competition)、**合作**(Cooperation)、**拉拢**(Co-option)。为简略记,我们称之为"4C"框架。我将用上述四大类别来组织国际管理和战略管理的有关论述,阐述它们的理论基础和实际应用。

对上述"4C"的选择既非完满无缺,亦非随意随机,仅作为探求相关理论的起点。选择的主要准则有三点:第一,每一根支柱都必须有一个相对较长的、比较成熟的研究传统和坚实的理论基础。第二,存在实证研究得出的或其他形式得出的结果和证据,佐证该支柱所包括的因素与竞争优势的关系。第三,它们必须与国际竞争这个大格局相关。第四,作为第五章的姊妹篇,本章所陈述的4C框架,也是第五章中图5-1中所述的"竞争优势起因缘由纵览"总框架中的一个有机组成部分,具有良好的理论依据和实践结果的支持。创新主要指的是有意识的管理提高。竞争和合作是主要战略运作手段。拉拢主要针对第三方利益集团。

本章具体结构如下:它首先提供文献综述,解释选用4C的理由;然后分类阐述国际竞争优势的各种起因缘由;最后是结语。

4C框架的理论渊源

企业竞争优势的起因可以从环境、组织和管理者等多个层次考察。这些诱发因素(以企业为分析单元),可以是企业内部的,比如组织与管理者;也可以是企业外部的,比如政府干预。同时,这些因素可能是自生的,不受企业和其管理者的控制,比如运气;也可以是有意的行为,比如在组织结构、过程、文化、技术和人等方面的提高。

自发的或自然滋生的竞争优势已经在第五章中得到非常详尽的考察。这里,对全球竞争中竞争优势的考察主要集中在管理举措、战略运作和拉拢等具有明确意图的主动寻求和行为上。**管理举措**指的是企业内部改善的措施和行动,目的在于提高企业自身的经营管理水平和组织环境的有效性,从而在国际竞争中占有优势。作为本章分析框架的四大支柱之一的管理举措,具体表现在企业的创造和创新,统称为创新。这些创新主要在企业内部进行,并不一定要求与外部环境中竞争对手或业务生态系统中其他实体交锋。

战略运作(Strategic Maneuvers)涵盖了另外两大支柱,即竞争战略与合作战略。这里,下文中提到的"竞合"与其他形式的"竞争性的合作"、"合作性的竞争"、"与对手合作"以及任何形式的"竞争与合作的同时出现与组合"等派生出来的运作,可以看做合作的特例。在明显的战略运作之外,还有作为4C框架的最后一大支柱——拉拢和统一战线活动。

首先,谈到竞争,战略管理文献中,从概念到实例,无不充斥着与战争相关的术语和说法:从波特(1980)的"争抢"有利市场定位到达文尼(1994)的超级竞争;从不同的竞争动态(Chen, 1996)到赢者通吃(Hill, 1997);从单点交锋到多市场挑战(Ma, 1998, 1999);从国内角逐到争夺国际霸权(Gupta and Govindarajan, 2001)。所以,考察竞争战略对竞争优势的影响,无论在理论上还是在实践上都是很有必要的。

其次,在战略管理和国际管理的文献中,对合作战略的研究和评述也是比比皆是(例如,Contractor and Lorange, 1988;Hamel, Doz, and Prahalad, 1989;Brandenburger and Nalebuff, 1996;Gulati, 1998;HBS, 2002)。事实上,企业间的各种合作安排在国际竞争中可谓家常便饭,不鲜一见(Porter, 1986;Yip, 1995)。毫不奇怪,许多关于竞争战略的著述不可避免地凸显国际风味。值得一提的是,文献中关于利用合资经营和战略联盟等在国际竞争中创建竞争优势的著述更是尤为可观(例如,Kogut, 1988;Hamel, Doz, and Prahalad, 1989;Gomes-Casseres, 1994;Yan, 1998)。因此,系统地考察合作战略作为全球竞争优势的起因是理所当然、合乎情境的。

除了竞争和合作之外,企业通常也主动有意识地进行另外一类对外运作,那就是**拉拢**。拉拢可以帮助企业获取政府机构,以及游戏中第三方独立或中立的实体,或某些非常有势力的利益相关者的支持。将战略运作和拉拢区分开来有如下三种原因:第一,企业拉拢的对象并不与企业直接或明显地竞争或合作,比如在业务生态环境中与企业同时演化的第三方企业、互补者。第二,拉拢的对象通常可能是非经济实体或非市场中的实体,但此实体可以强烈地影响企业在全球竞争中的表现,比如国家政府。与这些实体打交道同与竞争市场上的对手的竞争或合作是大不相同的。第三,在拉拢中实际应用的策略和机制,由于政治、法律、文化等原因,通常是非直接的、非正式的和隐含不公开的。因此,这些拉拢措施与企业间的公开合作是有根本区别的。

在下面的小节里,我们将分别介绍4C框架的各个组成部分,并试图阐述它们如何影响和决定企业在全球市场上的竞争优势。

创新和竞争优势

在战略管理和企业创新文献中,"创新"无疑是最令人瞩目的核心概念。熊彼特断言"导致并维持资本主义引擎不停运动的脉冲,来自资本主义企业所创造的新的消费品、新的生产和管理方式、新的市场和新的产业组织形式"(Schumpeter, 1950:82—83)。当国际经济体系日益全球化,市场经济制度在全球范围内攻城略地、身价倍增的时候,企业对创新的需求也日趋强烈。

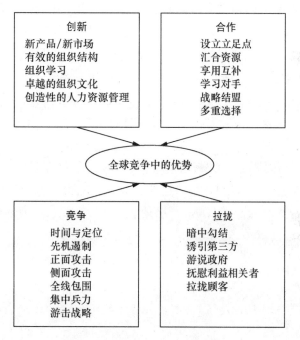

图 6-1　竞争优势的 4C 框架

企业可以通过管理举措来获取竞争优势。这些管理举措包括推进创新、提高效率、增进学习;培育能够以人为本、激人奋进的企业文化;造就能够广泛应用于多种产品市场的知识与能力,以及根据市场机会灵活应用这些知识和能力的动态能力;还有创造性地设计和改变组织结构与过程等来适应战略运作的管理举措。

值得一提的是,由于管理举措导致的创新为企业带来的竞争优势,可以是第一章中提到的三种基本竞争优势的任何一种,比如新产品或新材料(以占有为基础的)、新市场(以获取为基础的)、新生产和管理方式,以及新产业组织形式（以能力为基础的）。但一般来说，这些优势主要应该是以能力为基础的。之所以如此，是因为支持创新的管理举措主要集中在组织学习、知识创造和能力开发等领域，既包括技术层面的，也包括组织层面的。

创造新的产品/市场

《孙子兵法》有云："不战而屈人之兵，善之善者也。"一个企业可以在某些情况下，通过强势定位、抢占先机，形成竞争优势，使后来者难以攻击。也就是说，企业的竞争优势可以来自市场定位的创新。这种创新并不仅仅是技术意义上的，它同时也具有战略意义。对于一个企业而言，与其跟随现有产业中的主导企业并企图赶超，不如改变游戏规则或游戏本身。

如此说来，企业应该尽量避免硬碰硬的恶战，而是应该创造性地开发新的资源、能力、产品和市场，从而使企业从根本上与对手不同，并优于对手。这种创新旨在避免与强势对手打硬仗。但它更注重企业自身的行动，而不过于在意竞争与合作等针对其他外部实体的战略运作。比如，CNN 当初的定位就是全球性 24 小时全天候新闻提供者。这种独特的、当时唯一的、全球全天候的即时新闻服务，并没有直接挑战当时注重黄金时段效果的主要电视新闻网的强势市场。但 CNN 的这种服务为它赢得了观众的信任和忠诚。通过重塑新闻报道的游戏规则，严格地说，CNN 并没有和任何其他媒体竞争，它只是和自己竞争，通过创新开创了一个全新的市场。

合适的组织结构

组织结构是企业关于工作设计、部门界定、权力链条、信息渠道、管理跨度、协调机制等组织要素的基本架构和具体组合。它决定企业的工作流程、信息传递、人员交往与互动模式。使组织结构与经营战略相匹配，亦即保持战略与结构之间的契合，可以为企业带来竞争优势。从信息处理的视角来看，艾格豪夫（Egelhoff, 1988）指出，跨国公司的组织结构的设计应该能够使公司最大限度地实现协调与整合。巴特利特和高沙尔（Bartlett and Ghoshal, 1989）则强调"泛国"组织结构的重要性，即保持全球运作的协调整合与地方市场适应性之间的良好平衡，并以大量实际案例加以佐证。

组织学习

组织结构只不过为不同部门间的交流和信息流动打下了渠道等方面的

硬件基础。各类组织过程、程序、标准流程等组织软件实际引导企业的活动和运转，以及从战略计划到常规的功能。良好的组织程序可以通过对组织运转的效果和效率以及对组织学习的贡献为企业带来竞争优势。组织学习包括自下而上和自上而下的活动，是为提高组织有效性和创造性而发现、积累和应用知识的集体的过程。笈多和戈文达拉扬（Gupta and Govindarajan, 1991）认为，跨国公司的控制系统设计应该促进其不同子公司和部门间的知识的流动和共享。普拉哈拉德和利伯索尔（Prahalad and Lieberthal, 2003）则以实例展示了组织学习对全球竞争中企业竞争优势的贡献。某些跨国公司总部有意识地鼓励总部和整个公司向更富于创新精神和成果的国外子公司学习。而有些公司则坚持"大公司沙文主义"，认为国外的子公司必须听任总部的指挥。事实证明，崇尚和促进组织学习的企业将从它的创新中获得竞争优势。

卓越的组织文化

组织文化是组织内共享的一套信仰与价值体系，界定组织特有的规范和习俗，并指导和调控组织成员的行为。组织文化往往深入人心，在组织成员心灵深处刻上烙印。一个卓越的组织文化可以赋予组织某种价值，增加凝聚力，调动成员的积极性，为组织的大目标而忘我牺牲、无私奉献，提高组织的效率和创造性。一个卓越的组织文化恰如春风化雨、甘醇佳酿，浸润成员的身心，荡涤人们的灵魂；其作用和功效往往潜移默化，通常表现在对组织成员的人文关怀，对其作为人的尊重和欣赏，表现在员工对工作的喜悦和激情，以及对工作的意义与价值的认同上。组织文化形形色色，而每一个具体的组织文化往往是独特且难以模仿的。因此，一个卓越的组织文化，由于其不可能被轻易模仿，可以为企业带来可持续的竞争优势。比如，沃尔玛的以勤俭作风和为客户服务创造价值为主旨的公司文化为其长期的卓越经营绩效作出了巨大贡献。3M的以创新为核心的企业文化帮助它成功地发明了一大批在世界范围内深受欢迎的明星产品。

创造性的人力资源管理

在讨论竞争优势时，常常被遗忘的就是人。训练有素、技术高超、认真敬业并忠于企业的员工队伍乃企业可持续竞争优势的重要源泉之一。他们的价值体现在他们所拥有的智力资本和较高的生产力上。在20世纪80年代,通用汽车公司和福特汽车公司都在急于学习日本对手的质量秘诀和效率法宝。通用汽车把焦点集中在技术投资和设备更新,比如引进柔性制造系统;福特则选择了对人的关怀和增强职工参与。福特的Taurus车型,在20世纪80年代末和90年代初的美国中型家用轿车市场上,成为唯一能够对丰田佳美和本田雅阁构成直接威胁的美国本土公司的车型。这个成就的背后是人,是员工在面对危机时对企业的承诺与投入。

同样,一个善于保持员工队伍和管理团队的稳定性的跨国公司,尤其是在国外的分部或子公司,相对于一个不能稳定军心、留住人才的对手,将会具有人才优势。比如,摩托罗拉大学以及惠普商学院,不但定期培训自己公司的员工,而且系统地培训其合作伙伴和客户公司的队伍,提高受训人员的专业素质和技术水平,增强受训人员对组织运作规程的了解和组织文化的认同,提高了效率。这种做法,至少在早期其他公司鲜有效仿时,为摩托罗拉和惠普均带来了人力资源方面的优势。

竞争战略与竞争优势

竞争可以被定义为市场上对手之间的行动和反应序列,或者先机遏制、攻击和报复等与对手的实际交锋行动。竞争的目的往往在于抢占有利定位,遏制和限制对手行动,获取重要资源,保持与市场中各类实体的接触和从中获取利润的能力。通过竞争战略获得的竞争优势通常是以占有为基础的,例如,赢得一个强势位置;或者以获取为基础的,例如,在竞争激烈的某国市场上,比对手更快、更廉价地赢得一个强势的分销渠道。当然,企业也可以在竞争中提高其技术合作组织能力,以及应对市场、战胜对手的能力。因此,竞争和竞争的升级也会导致以能力为基础的竞争优势。

> 我们是通过刀剑的锋利而不是大脑的快速运转赢得我们的地位的。
>
> ——冯·德·戈尔茨(von der Goltz)
> 德国元帅

时间与定位:先动优势

如果某企业是第一个占领某个市场或细分市场,并获得较有优势的市场定位、资源组合、能力水准,以及由此获得的优先权,那么,该企业就获得了先动优势。先动者可以享受技术领先和经验曲线效应、独享与业务相关的资产和地位、提高客户替代和转换成本、增进客户忠诚度等典型的先动优势。先动者也有充裕的资金可供调度,有利于进一步根据反馈信息准确地投资于某市场,从而巩固和加强先动者的竞争优势。先动者可以通过技术领先而影响甚至决定产业标准,如微软的 PC 操作系统。先动者也可以与主要供应商或资源提供者签订优惠的甚至排他性的协议,从而大大降低或完全排除后来对手获取该资源供给的可能。在国际管理文献中,支持先动优势的论述和实例非常多。但需要指出的是,先动本身并不一定就带来竞争优势。

先机遏制

与先动优势相关的通常是先动企业的行为对后来者在以后的竞争中造成的遏制作用。先动者可以选择比较具有吸引力的、易于防御和持久的定位,并强迫对手就范,去开垦那些吸引力较差的区段。例如,耐克对高端和职业运动员所需运动鞋市场的占领。先动者也可以限制和打压对手挑战和扩张的能力。例如,宝洁公司的 Pampers Phase(帮宝适系列中的一种)一年内在世界上 90 个国家同时推出。索尼当年正确地估计了世界市场对 3.5 寸计算机软盘的需求;在 IBM 还没有决定是否为 3.5 寸软盘的生产做出承诺之前,索尼就已经宣布将产量增加 5 倍。这种打击对手兴趣、遏制对手行动的措施很快地奠定了索尼在该市场上的领先地位。由此可见,遏制和打压对手,通过缩小对手的选择空间,限制、降低和抵消对手为顾客创造价值的能力,可以为企业赢得竞争优势。

正面进攻

商业游戏的全球化增强了竞争的强度和广度,使得竞争者的类型趋于多样化,市场变化莫测,导致对手间的正面交锋在某些市场上无法回避。在这种不可能逃脱的死胡同里,企业唯一的生路就是拔剑出击、正面交战。

> 我太虚弱而无力防守,因此我选择主动进攻。
>
> ——罗伯特·E. 李(Robert E. Lee)
> 美国内战时期将军

> 在战争中,唯一可靠的防守就是进攻,而进攻的效率取决于进攻者的战争灵魂。
>
> ——小乔治·S. 巴顿
> 二战时期美国将军

吉列公司在1990年几乎同时在23个国家的市场上推出吉列Sensor剃须刀,这可以说是正面进攻的一个经典案例。它对全球所有的竞争对手大规模出击,全面宣战。这种攻击标志着吉列对称霸全球剃须刀市场作出的承诺。吉列之所以由此正面进攻而赢得优势地位,并不只在于其攻击的强度、广度和速度使对手难以招架,更在于它的产品设计和质量令对手难以匹敌。在美国市场上,吉列的某个对手曾向美国联邦贸易总署告状,声称吉列市场地位过于强大,侵犯了小企业生存和正当竞争的空间,因此请求联邦贸易总署引用反托拉斯法案的某些条款来迫使吉列公司公开它的技术诀窍。联邦贸易总署有求必应,吉列公司应命执行,吉列对手黯然无声。原来,吉列技术复杂得难以模仿,对手不得不放弃挑战。这也许是吉列敢于正面攻击对手的重要原因。

吉列公司前总裁阿尔·蔡恩(Al Zeien),作为主讲嘉宾,在1997年美国竞争力学会的年会上作了关于竞争力的主题发言,他说道:"谈到竞争力,就不能不说到竞争,而说到竞争,就不能不说到竞争对手。对于我们的竞争对手,我们的态度是这样的:问题的关键不是我们不喜欢我们的竞争对手,而是我们力求将它们斩尽杀绝。"通用电气也只不过坚持它的各个战略业务单元在自己的行业中领先;而在勇敢好斗的蔡恩任期内,吉列的目标是争取在它所参与的主要产品市场上占有50%以上的份额——绝对的领先地位。

值得一提的是,价格战也属于正面攻击。若是艺高人胆大,那就该出手时就出手。但是,一个企业在和对手相比没有绝对的成本优势时,最好不要打价格战,结果必是两败俱伤、得不偿失。

侧面进攻

与正面进攻的面对面交锋不同,侧面进攻往往避开对手的实力面,旁敲侧击，在对手的弱点上下工夫，尤其是那些对手不易察觉、不甚重视、疏于防守、懒得报复，或难以应对之处。比如，在 PC 微处理器市场上，Cyrix 公司就用侧面进攻来应对英特尔的霸权。它们并不与英特尔在主流市场上去争斗，而是开发可以与当年英特尔 386 芯片同时使用的共同微处理器，而且其产品速度比英特尔的快 20 倍。这种侧面进攻为该公司在细分市场上赢得了竞争优势。由于它并不直接挑战英特尔在总体市场上的霸权位置；因此，英特尔并不急于报复和打压。这样，侧面攻击者便有了喘息和生存的机会。

> 侧面进攻是整个战争史的精髓。
> ——艾尔弗雷德·冯·施里芬（Alfred von Schlieffen）
> 德国元帅

美国著名的西尔斯百货（Sears）曾是零售业的老大。但是，近三十年来，它遭到各类新兴零售商不断的侧面攻击。首先，折扣连锁店（如沃尔玛）在许多商品类别上，为顾客提供了更低的价格。其次，各类以单一产品类别为经营范围的"超级类别杀手"，比如卖建材的家居货栈、卖家电的百思买（Best Buy）连锁店等，用优惠的价格和更多样的商品吸引客户。还有，各类新潮的专业零售店等大受注重时尚的顾客，尤其是青年顾客的青睐。同时，更高档的百货商店也使得西尔斯从品位到档次都显得非常一般。虽然这些零售店都没有旗帜鲜明地与西尔斯为敌，但它们的行为效果却使西尔斯实际上腹背受敌。西尔斯既不高档，又不便宜；既不精专，更不时髦。波特（1980）曾将企图同时采用差异化和成本领袖战略，但一无所成的尴尬困境形象地称为"堵在中间"。西尔斯简直就是这一状况的标准注解。

全线包围

这种进攻战略将侧面进攻推向极端，形成对竞争对手的全线包围。全线包围的战略引导企业在对手强势阵地的周边市场（无论是产品意义上的还是地理位置意义上的）集结力量，伺机串联，形成包围。沃尔玛在由农村市场向当时凯玛特占先的城市市场迈进的时候，采用的就是全线包围战略。沃尔玛并不急于进城与凯玛特直接较量，而是在城市周边的高速公路附近安营扎寨，对城里的凯玛特形成环状包围圈，并等待城市的需求向外扩展，顾客全面进入沃尔玛的地盘。

一个新兴的新闻组织 Media News 在美国市场上拥有 140 种报纸，它们大多数为小报。该公司的战略就是将某个大城市的若干个郊区的小报集中起来,将运营和编辑工作进行整合。这样一来,一个管理和编辑队伍可以服务于多份报纸,形成规模经济效应,降低了成本,从而有更多的人力和财力来报道本社区的新闻和与居民息息相关的消息和故事。该新闻组织的领导者清楚这些报纸的定位与《纽约时报》或《华尔街日报》那样的国际大报不同。恰恰是这种关注社区的态度和服务,吸引了本地读者阅读的兴趣和本地商家在该报刊登广告的兴趣。它们的郊区战略往往对它们所包围的城市中的大报形成沉重的打击。

游击战略

小企业和新兴企业通常采取游击战的手法,打一枪换一个地方,以期获得小规模的胜利和成就,而又不至于引发那些强势企业大规模的报复和惩罚。游击战也可以用来骚扰、困惑、惹恼强大的主流派企业,降低它们的士气,并最终打败它们。

游击队只要不输就算赢了;正规军只要不赢就算输了。

——亨利·基辛格
美国前国务卿

游击战的特点是短平快、突然、小规模、零星不断。游击战者往往是隐藏在暗处的相对较弱的企业,它们的攻击对象则是身在明处,甚至是强光聚焦之下的大企业。对于游击战者而言,到处都是前线,任何阻力最小的地点都可以是前线。它在移动中生存,不断寻求机会。

敌进我退,敌驻我扰,敌疲我打,敌退我追。

——毛泽东

游击战者与正规军相比通常资源短缺、设施简陋,然而游击战者并不一定比正规军弱,甚至在许多独特的方面具有优势。具体而言,游击战者之所以能够存在,靠的是人——当地的老百姓和有特定需求的顾客。游击战者的独特优势就在于它能够为这些特定的老百姓服务。例如,在美国的啤酒市场,独秀一方的各地自酿啤酒和微型啤酒作坊曾经在20世纪90年代对主流派的啤酒商(比如百威)构成很大威胁。再如,某一特定类别产品(比如数码照相机)的专业邮购企业,也对正规渠道的大型零售业对手提出了挑战。

还有街头小餐馆门庭若市、邻居大饭店门可罗雀的现象等。

美国的西南航空公司便是三两架飞机起家,并在20世纪70年代初开始在达拉斯与休斯敦之间运行的游击队。这种短途路线,驾车则远,乘飞机则稍近,大的航空公司又很难非常经济地直飞。西南航空公司的初始使命就是与车竞争,而不是与其他航空公司竞争。他们想尽一切办法节约成本,比如避开大城市中最大最拥挤的机场而选用人相对少的小机场,全部使用同样的飞机(波音737),不中转行李,不供应食品等;降低票价,吸引更多原来开车的人改坐飞机出行。像西南航空公司一样,很多游击队都在努力中逐渐发展壮大,慢慢变成正规军。纵观迪士尼、沃尔玛、惠普、戴尔和苹果计算机公司等现在的主流企业,我们甚至可以说,每一个成功的大企业都是从不起眼的小单元发展而来的。

集中兵力

同军事战略相似,在商业竞争中,一个主要的原则就是集中兵力:在企业间的某个交锋点上,集中自己的资源与实力,打造在该点上的优势,包括在某个局部市场上建立自己的绝对优势,从而取胜。这个基本原则,与军事战略家李德·哈特(Liddell Hart)和克劳塞维茨等倡导的在交锋中倾注绝对力量的忠告,以及毛泽东的"集中优势兵力,各个击破,歼灭敌人"的理论,如出一辙。这种基本原则可以应用到上述多种竞争战略当中,比如正面攻击时必需的强度。同时,它还反映了波特(1980)所描述的专注或集中战略的精髓。

世界传媒大亨鲁珀特·默多克(Rupert Murdock)便是善于集中兵力的高手。从澳大利亚子承父业起家,默多克在欧洲、亚洲和美洲攻城略地,建立起自己的传媒王国。他常用的方法是花重金拿下某个报纸或电视网,然后以此为赌注,高额举债,再用得到的现金到另外一个地区或国家的市场,收购下一个目标,往往是本地市场上实力相对较弱的传媒企业和机构。面对默多克的重金和强大的攻势,收购对象往往乐于投诚,而当地市场的其他竞争者,不是手足无措,便是囿于自己眼前利益,无可奈何地接纳默多克这匹黑马,并随后任之扩张。

法国有一家名为Formule 1的汽车旅馆连锁企业,它们极力避免与提供全方位服务的大旅馆和酒店竞争,而更专注于汽车旅馆的基本功能,只提供那些节俭的旅游者所需要的服务,比如,床的质量、卫生和安静。其他任何大旅馆里设有的辅助设施和服务,比如衣物干洗、餐饮设施、环境装饰美观等一律减免,因为绝大多数住这种旅馆的人根本就不用,甚至干脆连想都不想。他们所需要的就是在便于上下高速公路的地方,找个相对清静的旅馆落脚,第二天起早赶路,其他任何设施和服务都是多余。把握住这种顾客的消费习惯和要求,Formule 1 集中精力和资源,把顾客需要和欣赏的服务项目做到最好,甚至超出顾客期望。这样,就避免了什么都有,但又不能各方面都尽如人意的困窘。通过这种策略,Formule 1 成功了。至少在汽车旅馆这个市场上,它们很独特,也很优秀。原因就在于,它们为某一特定类别的顾客服务,并且只专注于为这一类顾客提供他们所需要的服务。

合作战略与竞争优势

企业间合作的目的通常是以"关系租金"为主的:通过与合作对象的关系,来更好地接近顾客,获取互补资源,学习合作者的专长,以及从规模经济和范围经济中获益等。不仅如此,企业还可以通过以下的合作战略获取竞争优势,即与对手合力进行某个项目来增强实力,减少风险;与合作者结盟而共同攻击第三方对手;参与多种联盟以保持将来行动的灵活性等。

值得一提的是,虽然合作战略可以帮助企业获得以占有为基础的或者以能力为基础的竞争优势,但合作战略导致的最直接的结果往往是以获取为基础的竞争优势。这是因为,根据定义,如上所述,这种优势来自"关系"——与企业外部某些实体的关系,而不是来自企业内部。

设立足点

通过与某国本土市场上企业或其他实体的合作,一个跨国公司可以在该国目标市场上设置立足点,在全面正式向该市场作出承诺之前,进行内部准备和培育市场的努力,为获取未来的竞争优势打下良好的基础。这种立足点非常有助于了解本地市场、建立关系网络,增进客户的了解和社区的信任。当该跨国公司在时机成熟而全面进入该国市场时,这些先于对手的努力和铺垫会为它带来作为先动者的竞争优势,并使它容易为该国本地市场所接受。

多哈(Doh，2000)指出，跨国公司进入某国市场时与本地企业的合作，会增强它在该国的先动优势，在私有化和朝着市场经济迈进的国家市场中尤其如此。在实践中，确实有许多有远见的跨国公司积极主动地在潜在国外市场上确定立足点，培育公司在该市场上的顾客好感和认同感。20世纪80年代初，惠普初入中国市场时，与中国政府合作，建立合资企业。惠普当年在中关村的门市看起来非常平实，与蓝波洗衣店和某朝鲜冷面馆为邻，堪称入乡随俗的典范。惠普门顶书法幽雅的汉字牌匾，看起来像一家丝绸铺。这种与中国市场一起成长的魄力与远见，为惠普在中国立足和发展奠定了坚实的信誉基础和后来者难以企及的人脉关系。

汇合资源，共担风险

合作者之间的资源共享使那些单个企业无力承担的项目成为可能，这种方式降低了风险和阻碍，增强了企业的实力和成功的可能。善于与其他企业合作的企业，相对于那些孤军奋战的对手而言，将会享有速度、效率、顾客认知度和信任度等多方面的竞争优势。这种资源共享式的合作一般都是通过将同类企业的力量进行集中和放大，从而在某些产品市场上占据主导地位。比如，在全球原油采炼业，超大型的跨国公司也往往与其他公司合作，共同开发某些重大项目，实现全球内的规模经济和最适当的技术与服务支持。

美国很多非常大的公司，在为其员工购买医疗保险或其他保险业务时，也会结成联盟，集中它们的客户总量，从而在与保险公司谈判的时候增强自己的议价能力。这种做法带来的成本优势，是每个雇员单独购买和每个企业自己与保险公司谈判根本无法实现的。

资源与技术互补

企业间合作战略的另外一大诱因是促进企业间资源与能力的互补与共享。这种互补战略可以采取多种模式，比如，不同企业间研究与开发能力的互补、研究开发与生产制造的互补、制造与营销的互补、OEM制造实力与强势品牌之间的互补、软件与硬件的互补、跨国公司与本地企业的互补、营利性企业与非经济实体之间的互补等等。广而言之，任何同一产业链上或不同产业链上的不同企业间的关系安排，不管是纵向供给还是横向联合，如果最终的结果能够提高自己对客户所提供的价值,都可以看做互补优势的存在和应用。

美国通用汽车公司和日本丰田汽车公司始于20世纪80年代的合作项目(NUMMI)应该说是资源互补的一个典型案例。通用想从丰田迅速学到高质量生产制造的技术诀窍,尤其是小型轿车的制造工艺;丰田则希望从通用学到在美国市场营销的"最佳实践"和与员工、工会打交道等在美国本土生产汽车所必须掌握的基本技巧。许多在市场营销方面堪称高手的企业也经常互相合作、取长补短。比如,可口可乐与雀巢公司合作经营的罐装咖啡饮料,既利用了雀巢在咖啡产品上的工艺和品牌,也应用了可口可乐的罐装网络和营销渠道,可谓强强联手、相得益彰。

向对手学习

从根本上说,所有的合作项目和安排都是一个比赛学习的过程,比赛合作对象(或更准确地说是对手)之间互相学习、快速提高的意识和能力。合作战略的核心在于向对手学习,以及与对手一起学习那些有助于创造顾客价值的操作过程、运行机制,以及知识与能力。索尼与松下都从与飞利浦的合作中学习和掌握了收音机与录音机的技术,也都从早期与美国公司的合作中学习和掌握了录像机的关键技术。这些专业技术使它们成为市场上的强者。

在高科技领域,向对手学习也非常重要。在日新月异的计算机市场,没有一家企业能够完全凭自己的技术和产品来独霸市场。这个市场(或称业务生态系统)是一个由多种企业共同构成、交相影响、互动发展的一个既竞争又合作的动态系统。在这种环境中,合作是必需的,学习能力较弱的企业不可能长期生存下去。硅谷的企业对于企业间互相指责"偷窃发明"、"盗用技术"的游戏已经司空见惯。它们在互相竞争和打击的同时,还保持密切合作,包括原、被告之间的合作。在这种类似丛林游戏的情况下,学习能力强的企业,往往是在某一阶段的游戏中最先到达目的地的企业。

建立联盟

企业也可以通过与另外一个企业结盟而打击共同的对手或其他第三方企业。由于企业间兴趣的多变,这种联盟一般都是比较短暂的。

第六章 管理举措、战略运作和拉拢

> 您看,合约就像少女和玫瑰花,她们在她们风光的时候风光。
>
> ——夏尔·戴高乐
> 法国将军总统

比如,当美国公司卡特彼勒公司在进军日本挖地机市场的时候,曾与三菱重工合作,对付它们共同的对手小松制作所(Komatsu)。虽然小松制作所在国际市场上日益扩张,但当时其现金流的80%来自日本国内市场。卡特彼勒公司与三菱合作的实际目的是,在小松制作所的本土市场,也是它最大的市场,利用其当地的对手来牵制它的行动,从而削弱小松制作所在国际市场上对卡特彼勒公司地盘逐渐形成的攻击压力和威胁。小松制作所在全球市场上的口号极为清晰和富有挑战性——围攻卡特彼勒公司。而卡特彼勒公司与三菱的合作不过是应一时之需。

建立多重联盟

在外交战略上,冷战时期中、美、苏的三角关系可以说是多重联盟战略的经典应用。尤其是在中、苏交恶之际,美国同时积极与苏联与中国维持正常的交往关系。美国从自身国家利益出发,目的很明显,可以斡旋于中、苏之间,随时联手一方而打压遏制另外一方,从而在三方关系中占据主动地位。

> 我们没有永恒的盟友,我们没有永恒的敌人。我们的利益是永恒历久的,我们的利益是我们要尽职恪守的。
>
> ——亨利·约翰·天普
> 19世纪英国首相

> 如果我们看到德国将赢得战争的胜利,我们应该支持俄国;如果俄国将胜,我们应该帮助德国。这样做会使它们尽量地互相残杀。
>
> ——哈里·S.杜鲁门
> 二战时期美国总统

在商业竞争中,一个企业通常也会同时与多个企业分别进行双边合作,或者同时参与多个合作联盟,以期在产业未来的发展中占有一席之地。比如,美国休闲服装连锁店 Limited 和丽诗加邦(Liz Claiborne)等都拥有20家以上散布于多个国家的原材料加工和制衣企业联盟,以保证及时供货和质量标准,并减少对任何单个合作者的依赖。在时尚快速多变的时装市场上,拥有多家合作联盟的企业相对于单一供货来源的企业,至少在市场反应速度上拥有极为重要的竞争优势。

在技术变化迅猛的高科技产业,一个企业往往会同时参与多个相互争斗的企业联盟,甚至直接参与主要对手的阵营,来保证自己不会被拒于将来主流市场的门外。不管是哪家企业或企业联盟的技术成了产业标准,脚踩多只船的企业都将会在市场上获得一个立足点。微软对有线电视和卫星技术的同时投资可以说是一个很好的案例。不管两者中谁进入客户的家,微软和它的软件都会随之堂而皇之地一起走进去。

拉拢和竞争优势

企业的拉拢行为试图将其业务生态系统中其他实体的利益与自己的利益结合,打开机会之门,扫清沿途障碍,消除不利威胁,从而赢得竞争优势。它通常通过第三方来影响企业与其对手的较量。当然,它也可以特指两个竞争对手间暗中勾结来对付其他企业或对付顾客的伎俩。比如,世界上最大的食品处理和相关原料厂家 ADM 和日本一家企业曾经联手操纵世界市场上赖氨酸的价格。该公司内部管理高层曾经流行的说法是:"我们的对手是我们的朋友,我们的客户是我们共同的敌人。"经过美国联邦调查局多次深入取证调查,该企业被判罚 1 亿美元,这是美国《反托拉斯法》执行史上最高金额的惩罚。拉拢与合作战略的根本区别在于拉拢往往更加非正式、含蓄、微妙,有时也违法,但大多数时候不具有明确规定,也不具有强大的约束力。一个企业也可以直接拉拢其顾客。

一般来说,以拉拢企业外部实体而获得的竞争优势,通常主要是以获取为基础的,比如,由于拉拢当地政府而获准进入其他跨国公司不能进入的产品和地区领域。有时拉拢所带来的竞争优势也可以是以占有为基础的,比如,通过游说获得某种特殊的地位。

暗中勾结

在国际市场上,企业间常常通过微妙隐含的信号进行勾结,以便稳定它们在多重市场中的总体关系,寻求相对于其他企业的竞争优势。比如,跨国公司之间潜在的互相忍让,"你容我一遭,我放你一马",可以软化它们之间的竞争,共同打击不守规矩的对手。它们也可以一方面在游戏的某个部分打得你死我活,而另一方面又保持暗中勾结,维持对竞争的基本框架和游戏规则的认同,更维持一个良好的利润空间。

试看耐克和锐步的争斗。作为死对头,它们在运动鞋、运动服装和运动器械市场上的竞争主要在形象与营销方面,价格战几乎无立锥之地。它们都很清楚,价格竞争会降低其产品的浮华效应和形象优势,从而不利于它们的长期发展。它们卖的是某种形象和精神,降价等于自掴脸面。可见,对手间的竞争常常诉诸拉拢对方就范、避免不必要的价格大战。

诱引第三方

两强相争,难分伯仲,尤其对于产业标准之争,这时第三方企业或其他实体(相对独立于两强之外的实体),往往对两强的成败起着意想不到的决定作用。第三方的支持可能是独家的资源供给、互补产品和服务的提供,也可能是道义上的支持。对第三方的拉拢符合企业利益,并可以为企业带来竞争优势。

需要指出,与前述合作战略稍有不同的是,这里的拉拢往往是非正式的,不一定具有约束性;往往是隐蔽私下地进行的;通常是非经济性和间接的。

在20世纪70年代的VCR录像机市场上,索尼的betamax系统与JVC公司的VHS系统争夺产业标准。索尼居高自傲,使潜在的合作者大为恼火,第三方企业冷漠视之。而谦逊平实的JVC公司则积极地奔走营销,说服各方相关者采用它们的VHS系统。这里的第三方,广义而言包括其他录像机制造商;狭义而言,包括拥有各类影像制品版权的好莱坞各电影厂家和录像带制造厂商等。它们的支持可以为产业标准的形成推波助澜。当更多的VHS录像机进入市场后,就会有更多的VHS制式的录像带投放市场,好莱坞各电影厂家也更愿意在日益受欢迎和被接受的制式上推出它们的电影收藏。这些第三方的支持为JVC公司的VHS系统在世界录像机市场独占鳌头可谓贡献卓越。

游说政府

企业可以通过游说政府获得竞争优势,这些竞争优势包括:获取优惠的贸易政策和待遇、税收方面的优惠和减免，获取某些特定市场的进入许可或专营特权，游说拉拢本国政府向外国政府和企业进行威胁，挟持拉拢外国政府对本国政府施加压力等。比如在产品出口和在海外投资建厂时，日本企业拉拢国外政府的能力与其惊人的制造实力可谓并驾齐驱。

美国的军火制造企业通常选择在主要国会议员选区落脚，并与该区国会议员保持良好的关系。这样，这些势力相对较大的选区的国会议员，在整个行业遭受国防开支骤减的压力时，能为该区的军火企业开脱并给予其帮助，保住它们的生存权利和优厚待遇。有些时候，这种对政府的拉拢设置也会近乎威胁。比如，在20世纪90年代，坐落在麻省的雷声公司（Raytheon）就强迫"建议"政府减免电费等其他市政费用，否则就迁到南方运营成本和生活费用较低的州去。这就意味着麻省丧失一大批高收入的就业机会，于是麻省政府不得不就范。

1993年，克林顿政府有条件地延续了中国的最惠国待遇，但将最惠国待遇与人权状况挂钩。美国人权组织大喜过望，美国一些大公司，摩托罗拉、通用电气、IBM和施乐等，则心急火燎。它们联合游说美国政府，使当局知晓它们在快速发展的中国市场上将遇到的集体困境。无独有偶，迪士尼和微软曾在1995年请求美国政府对中国政府就知识产权等问题施加压力，加之其他外交摩擦，中国政府采取了取消从波音公司购买飞机订单的报复性措施。波音不得不为自身利益，从另一方面游说美国政府，自然地消除了微软和迪士尼的游说后果。

安抚利益相关者

除政府之外，许多其他的正式和非正式的组织和机构（包括政治的、社会的、文化的、宗教的，等等），都会对跨国公司的生存和成功产生不可忽视的影响。举例而言，一个善于与社会利益集团（比如绿色和平组织）打交道的跨国公司，在环保组织势力强大的国家和地区，就会比一个环境意识相对薄弱的企业享有竞争优势，更容易被当地社区接受。与当地官方的和民间的各类有影响力的利益集团保持良好的关系和沟通渠道，可以为跨国公司在市场中以及市场之外领域的成功作出贡献。

20世纪80年代，索尼前董事长盛田昭夫曾经为其国人写过一本《日本可以说不》的书，号召日本在对美关系上采取强硬的姿态。这本显然不是写给美国读者的书,很快被五角大楼翻译成英文,其主题使美国朝野震怒,美国知识分子与企业界亦反应强烈。反日之声,空前高涨。为了安抚美国公众和商界精英的情绪,维护其利益,更为了日本企业界在美国市场的利益,老辣的盛田昭夫后来在《哈佛商业评论》上撰文,大肆宣扬日美合作的重要性和现实意义。

拉拢顾客

一个企业可以通过非传统的营销手段和非经济手段拉拢客户和公众来获得竞争优势。比如,经营护肤保健用品的英国企业美体小铺(Body Shop),在产品开发、包装设计和经营理念上都给顾客以"环保"、"天然"的良好印象。它们对环境保护的重视和社会责任感,大大增强了全世界范围内顾客的同情、好感和支持。

有时,企业也会用经济激励手段拉拢顾客以保持长期关系。比如,通用电气最先在汽车制造业推出的通用公司信用卡,用该卡消费,客户可以得到累积消费金额的一定比例(比如5%)的奖励金,用来支付购买通用汽车的部分购车款。这种措施实际上对竞争对手也是一种拉拢信号——劝其避开价格竞争,注重与客户建立长期关系。

美国零售业盛行的一个促销措施就是保证"全城最低价"。顾客只要在购买某种产品30天之内在本地别家商铺发现同一产品价格低于本店价格,就可返回原购货店要求退还差价。但通常消费者需要提供低价的证据,比如其他商铺的广告。新英格兰地区有一家精品电器连锁店则更甚,它们专门雇人检索当地的报纸和其他刊登广告的媒体,如果发现同一产品比自己卖的价钱低,它们会主动给30天内在本店购买了该产品的顾客邮寄一张支票,退还价差,并再加返差价10%的现金。说到底,价值是为顾客提供的。一个能够成功地拉拢顾客并保持长期关系的企业,终将享有竞争优势。

本章结语

本章旨在综合考察关于全球竞争中竞争优势起因缘由的文献,并在此基础上提出了一个综合分析框架——4C框架:创新(Creation)、竞争(Competition)、合作(Cooperation)、拉拢(Co-option)。本章的贡献在于它能够帮助战略管理者在全球竞争的大视角下,更全面系统地了解竞争优势的各种决定因素。

需要指出的是,这些竞争优势的起因缘由涵盖了一系列广泛的因素,并且是与具体的环境条件密不可分的。其中一些因素在某些境况下会非常突出和重要,另外一些因素可能在别的时间段更为重要。比如,在国家之间限制和壁垒颇多的国际市场中,拉拢可能会显得比在公平竞争的公开市场上重要得多。在超大型的和高风险的跨国经营项目中,与同行对手合作的胸怀和技巧可能比置人于死地的殊死搏斗更加有效。

进而言之,不同起因缘由的相关性不仅因环境不同而变化,而且也与企业的具体不同类型息息相关。比如,至少在美国国内市场上,一个强势主导企业在拉拢政府时可能会遭遇困境,因为政府和公众往往倾向于同情小企业和弱势企业。在创新游戏中,小企业由于缺乏像大企业那样参与效率较高、市场前景看好的合作联盟和研发共同体的机会,往往不得不主要依靠自己的主动性和创造性。

总而言之,在日益全球化的国际竞争中,战略管理者不仅要全面清楚地了解竞争优势的各类起因缘由,更应该学会把握各类起因之间的复杂互动关系以及保持它们之间的必要平衡,比如,竞争与合作之间的平衡、跨国公司与本地企业之间的平衡、公平竞争与暗中拉拢之间的平衡,以及创新和自我提高与先机遏制对手之间的平衡。这样,企业就可能会由于多种起因缘由的作用而享有多种不同的竞争优势。

第七章
竞争优势可持久性的挑战

  持久竞争优势特指时间跨度长,并不可能被对手轻易赶上或破坏的竞争优势。竞争优势可持久性的挑战也就是对破坏和削弱竞争优势的各种势力和因素的防范和打击。本章试图系统地考量这些破坏性的势力和因素,包括企业内部的和外部的、自生的或有意的。无知、忽视、傲慢、自我膨胀、过分自信等是主要内部因素;环境变化、竞争模仿、竞争替代、对手破坏、运气不佳等为主要外部势力。对上述因素和势力的单独作用和共同作用的考察,可以帮助战略管理者更好地应对竞争优势可持久性的挑战。

  从20世纪80年代风靡一时的《追求卓越》(*In Search of Excellence*),到20世纪90年代声名鹊起的《基业常青》(*Built to Last*),直至当今极为流行的《从优秀到卓越》(*Good to Great*)等,商业领域畅销书为各个时代引领潮流、尽显风骚的企业大唱赞歌,帮助造就了无数成功神话,为企业家朝圣竞争优势的虔诚之旅不断提供最新、最权威版本的必备地图和捷径指南。然而,不过十年,当年那些备受景仰的企业中,很多都在挣扎,常青者的竞争优势也会消耗殆尽。究竟是环境变化作祟,还是不幸厄运为怪?是否这些企业的自身行为和举措导致它们作别辉煌、风光不再?是什么力量和因素摧毁了原来强势企业的竞争优势？或者说,这些企业如何失去了它们昔日的竞争优势？对于这些问题,畅销书往往三缄其口、避而不谈。

同样,在战略管理文献中,竞争优势的获取和起因已经从多个视角被研究考察。而竞争优势的破灭衰亡则鲜有问津,缺乏理论框架和实证工作。这种不足正是本章期望有所贡献之处。由于这一重要课题的研究尚为有限,因此,本章的探讨和努力应该具有一定的理论意义和实践价值。

战略管理者对持久竞争优势有着近乎疯狂的渴望和憧憬。而研究竞争优势的持久性,就必须研究竞争优势是如何衰败消亡的。

尤其值得一提的是,虽然竞争优势的起因在很大程度上决定其可持久性,但影响竞争优势产生的起因缘由和导致竞争优势衰败消亡的因素和势力并不完全相同,甚至非常不同。比如,由自己**创新**获得的竞争优势可能会由于对手的迅速**模仿**而很快消失。因此,在应对竞争优势可持久性的挑战时,战略管理者必须对导致竞争优势衰败消亡的势力和因素进行专门的探讨和考量。

多种势力和因素,或单独作用,或共同影响,可以导致强势企业竞争优势的丧失和消亡。正如企业竞争优势的起因有企业内部的,也有企业外部的,促使竞争有时衰败消亡的因素和势力可以是企业外部的,也可以是企业内部的。同样,这些势力和因素可以是随机的,也可以是有预谋的(参看表7-1)。出于分析方便的考虑,本章将首先对这些因素和势力逐类进行单独和深入的讨论,然后探讨这些因素与势力之间可能的关系和互动模式,从而对竞争优势衰退消亡的整体现象,作更全面清晰的考察和把握。

表7-1 对持久性的挑战:导致竞争优势衰退消亡的因素和势力

内部因素和势力	外部因素和势力
管理者的无知:概不知情	竞争者的模仿
管理者的疏忽:视而不见	竞争者的替代
管理者的自傲:漠不关心	对手的破坏
管理者的失算:拒绝欣赏和轻易放弃	环境的变化

竞争优势可持久性的内部挑战

管理者的无知

企业往往由于对自己竞争优势的无知而导致其丧失优势。也就是说，一个企业的管理者很可能并不明白自己的竞争优势所在，从而任其自然流失衰亡。企业中的某些资源与能力之所以独特和有价值，恰恰在于它们的社会复杂性和成因模糊性，比如企业文化。所以有时候，有些企业虽然拥有这些可持久竞争优势的资源与能力，但连它们自己的管理者也很难说清楚企业的优势到底在哪里。这样，它们很可能对这些独特的资源一无所知，甚至错误地把这些资源带来的竞争优势和优良绩效当做管理者自己的经营之功。

比如，雇用个人素质较高但与本企业文化不相融合或与同仁关系僵化的人员，会对公司的氛围产生不利影响，挫伤员工的积极性。再比如，一个精工制造企业为了降低成本，把工厂迁到费用较低的边远地区，可是这样就造成了主要技术人员的流失。后来企业才发现，一个稳定、高效、敬业的技术员工队伍才是企业真正的竞争优势。著名的霍桑实验早就表明，员工之间的关系和所在团队的士气对生产率的影响，通常要大于工作环境和技术因素的影响。

在进行企业并购时，大多数企业只考虑兼并对象在经济上和技术上的潜在协同作用或范围经济，而往往忽略了两个企业间文化契合与否。AT&T在20世纪90年代对NCR的收购，就由于两个企业的文化冲突导致双方最终不欢而散。NCR固有的保守、等级森严的做派和AT&T开明轻松的工作气氛，可谓水火难容。

管理者的无知也会导致企业对潜在滋生的外部威胁视而不见，或者使企业盲目行动，招致意想不到的负面影响和后果，比如对手的严厉反击、第三方利益集团的反对、顾客的法律诉讼和同社区的反目等。

知己知彼，百战不殆。在现代商业竞争中，企业往往容易把眼光盯在对手身上，去琢磨对手，去"对标"学习对手，反而不容易清醒地审视自身的优劣势。因此，毋庸讳言，管理者在知彼的同时，也要注重知己，时常进行内部资源与能力审计，明确自己的长处与缺失。简而言之，要清楚地知道企业的竞争优势，因为，无知是要付出沉重代价的。

管理者的疏忽

管理者的疏忽可以导致企业运行中错误和偏差的积累以及相应措施的延误和执行不力，从而造成企业竞争优势的丧失。比如，几年前，英国著名投资银行巴林银行的一名投资业务员，采用自欺欺人的交易手段来增进自己的账面工作绩效，由于管理者的疏忽和监督不力，该业务员的错误行径长期未被发觉，致使该银行巨量亏损、元气大伤。这种内部的失误往往比竞争对手的威胁更具有破坏力，因为在竞争中企业往往对竞争对手的言行比较警觉和在意，而对于自身的偏差往往估计过低。

上帝为我防备我的朋友，我自己能够防备我的敌人。

——17 世纪西方谚语

后院失火，家贼难防。

——俗语

一个企业的高层管理团队可能大概知晓企业自身的竞争优势及其背后的资源与要素，但是它们可能并没有足够的警觉和能动意识来促使其将这些优势资源与要素迅速准确地应用到多变的市场机会中去。最大的疏忽莫过于将这些优势背后的资源拱手送人。对于那些具有较强创新能力的企业来说，对"有用的杂草"和"地下工作者"等基层创新行为缺乏理解、支持和鼓励的管理者会导致企业竞争优势的丧失。我们可以回顾一下在第二章讨论潜在竞争优势时讲到的施乐公司的案例。施乐下属帕洛阿尔托（PARC）研究中心发明了后来在 PC 中广为应用的图形界面系统。施乐总部管理者不顾 PARC 研究中心研发主管的强烈反对和忠告，仍然决定让苹果计算机的创始人乔布斯和他的几位同事到 PARC 研究中心参观图形界面技术的演示。这是乔布斯第二次登门求教。以后的故事无须赘述。施乐的发明被苹果"学"到手并首次应用于其 PC 产品，后来微软的 Windows 将此技术发扬光大，代替其 DOS 系统成为产业标准。而当年慷慨的施乐则与 PC 市场无缘。

管理者的自傲

傲慢对于成功的管理者，应该说是不鲜一见。当某些企业家或管理者

第七章 | 竞争优势可持久性的挑战

稍有成就之后,他们往往会认为自己的成功完全是靠自己的努力得来的,即使在另一个完全不同的领域也一样会成功。于是,在他们的言谈中,祈使句的应用逐渐频繁,以"我"开头的句式不断增多。管理者的自满与傲慢导致企业管理的"盲区",使管理层对环境中的某些威胁视而不见或者置若罔闻。而这些盲区使得企业在应对攻击之时显得极为被动和不力。

> 成功并不招致成功。成功招致失败,因为你对某种成功之道知道得越多,你就越不会去想它失败的可能。当你长期持续胜利之时,你很难预见自己的弱点。
> ——莱斯利·威克斯纳(Leslie Wexner)
> Limited 服装公司 CEO

成功的企业往往尊崇自己特定的行为范式。而这种范式所产生的盲区只有在危机时刻才会暴露出来,得到重视。20 世纪 70 年代,IBM 在大型计算机市场的绝对领先地位曾使它对 PC 的威胁不屑一顾,直到它意识到 PC 对其大型计算机的威胁之大。曾经为企业带来辉煌的核心竞争力和主导竞争优势很可能变成核心包袱或核心束缚力,导致企业僵化和短视。当年福特对 T 型车的疯狂迷恋和对生产该车的技术和组织设计的宗教般的推崇,便是因为胜利而故步自封的例证。

强势企业的成功及其管理者的傲慢常常使它们产生无往不胜的幻觉。它们认为过去可行的将来肯定可行。因此,它们蔑视对手,嘲笑它们的存在,无形中给小的对手和未来挑战者创造了发展和试验的空间,直到这些挑战者发展壮大到无法控制。当年本田摩托车进入美国市场时,哈利-戴维森(Harley Davidsons)等一些老牌劲旅根本不把它放在眼里。事实证明,对挑战者的轻视通常是强势企业最大的傲慢与偏见。傲慢与偏见是要付出代价的——轻则引狼入室,重则被扫地出门。

在成就巨大的企业中,管理者的傲慢与自大还表现为以牺牲企业利益为代价来安抚管理者的自尊。最近屡遭股东质疑和多方发难的迪士尼老板迈克尔·艾斯纳(Michael Eisner),曾经一直被奉为经营圣人,多年在美国 CEO 薪酬榜上独占鳌头,堪与韦尔奇齐名。自 1984 年上任,他的成就在于重塑迪士尼卡通电影的辉煌和增强迪士尼游乐场的吸引力等。然而,在过去的十年,艾斯纳令人近乎窒息的、唯我独尊的强硬管理风格,在培养和确定接班人方面的懈怠和失职,以及在迪士尼股市价格大跌之际仍然领取天价薪酬之举,最终导致了股东和投资商的不信任。曾经几度辉煌的迪士尼盛名、艺术创造性、服务质量、顾客忠诚度等竞争优势惨遭打击,损失甚重。

艾斯纳临危受命,作为一位负有远见和决断果敢的领袖,他可以靠铁腕之功,集众力于一处,挽救企业于崩溃边缘。具有讽刺意味的是,同样的决断和果敢,最终却发展为专横与武断,曾经创造昔日盛景,今日只能成为他人指责"管理暴君"的把柄。当一个战功卓著的 CEO 的自尊需要以企业长期生存和发展为代价来维持的时候,该企业与它的 CEO 实际上已经两败俱伤。正所谓"成也萧何,败也萧何"。

管理者的判断失误

企业的竞争优势也可以由于自身有意的行为或深思熟虑的行动而被破坏和消失。至少两种行为可以这样破坏竞争优势:企业不完全欣赏现有竞争优势,或者不想要某种竞争优势,或者两者兼而有之。

一个企业可能无法正确地估量和欣赏某种竞争优势并因此轻易放弃。与完全的无知和疏忽不同,这种放弃通常是经过分析和考虑的,但管理判断的困难恰恰在于无法在事前获取完全的信息,从而排除所有的不确定性。比如,上海美加净曾是中国轻工业的一面旗帜,品牌知名度覆盖大江南北。在洋品牌抢滩中国市场之初,生产美加净的企业被外资收购。外资管理层并没有认识到美加净的品牌优势,而是全面推出洋品牌,将其作为主打产品。事实是,洋品牌并没有想象中的那么具有号召力,反倒是被转让到某个小企业生产的美加净在中低端市场风采不减当年。该外资企业不得不以重金购回美加净商标的使用权。

同样,对自身品牌的缺乏欣赏或者定位失误也会导致企业竞争优势的丧失。比如,丽诗加邦,曾经是美国职业妇女所钟爱的靓丽时尚服装品牌,这一准确定位使之在该细分市场风头尽展、人气旺盛。为了快速发展,该企业采用多样化的战略,将产品延展至包括男装在内的形形色色服装细分市场,原来精细的设计和准确定位已因被稀释而变得模糊。当人们看到加大号的丽诗加邦服装在沃尔玛等折扣店廉价出售时,该品牌的形象与"时尚靓丽"早已相去甚远。还好,塞翁失马,焉知非福。舍精求大,此消彼长。丽诗加邦最终放弃了专营细分市场战略,转而求取全面快速增长,成为一个拥有多种品牌和客户对象的大型服装企业。

主动地放弃某些优势（尤其是递减的或正在消亡的优势），创造更大的优势，是一个企业在发展过程中某一阶段必须面临的挑战。有所取，必有所舍弃。请看英特尔从存储芯片到 CPU 芯片的战略转移；特德·藤纳（Ted Tuner）从卖掉赢利颇丰的家族生意（公路广告招牌），到全面进军电视产业（以创建 CNN 为代表）的转变；做减法的万科从多种经营到专营房地产的自律，等等。所有这些都足以说明，一个企业必须知道什么时候应该主动及时放弃某些优势而去争取未来更大的优势。

正确的取舍和平衡是管理企业竞争优势集合的一大挑战（本书第八章将作更详细的阐述）。但由于管理失算而贸然放弃的某些优势（比如不喜欢某种资产），可能对企业打击沉重，难以弥补。IDG 集团，作为早期进入中国市场的专业读物发行商和创业投资企业，在中国的信息和出版领域成就卓著，在创业投资领域亦有建树，但 IDG 的严重判断失误导致它在搜狐股价最低时抛出它所拥有的所有搜狐股权，损失巨大。

竞争优势可持久性的外部挑战

竞争者的模仿

竞争对手的模仿是降低先锋企业竞争优势的一大杀手。模仿可以降低先锋企业和后动模仿企业之间在技术、产品和成本等方面的差距，从而削弱先锋企业的竞争优势。虽然英特尔发明了 PC 记忆储存装置，但日本企业的快速模仿使英特尔的竞争优势消失殆尽，不得不主动出局、另谋生路。苹果计算机的用户界面亲和力来自对施乐图形用户界面技术的模仿，而微软的进一步模仿使图形界面终于成为公认的产业标准，大大抵消了苹果在该领域的先动优势。

当然，模仿也可能成为战略性自杀，因为模仿者通常在被模仿者的强项和主场作战，被模仿者的资源优势和位置优势（至少在某些情况下），可能完全不可抗拒。然而，创造性地模仿却可以使后来者居上，享有后发优势。比如，三星在很多技术和产品领域已经赶超索尼，成为世界公认的先锋创新企业。在其掌门人陈东升的"找最好的葫芦，比着画瓢"的口号感召下，泰康人寿保险公司的"快速模仿"战略（比国内对手更快地学习西方成功企业经验），正帮助泰康攻城略地、赶优超强。

千万不要小看谦逊的模仿者。模仿是最好的恭维。模仿也是最具杀伤力的糖衣炮弹。当年IBM怂恿IBM PC克隆,希望这些克隆模仿者的客户终将成为高端IBM PC的客户。结果是,克隆厂商(如戴尔)大行其道,IBM的这一梦想破灭。

竞争者的替代

竞争对手的替代行为可以发生在产品层面,也可以发生在技术层面。首先,对手可以通过提供替代产品来抵消某个企业的产品优势。这些替代产品足以达到或超过现有产品的质量和功能,或者能够使现有产品的独特性消失殆尽。其次,一个新兴企业可以通过技术替代来超越或绕过那些保护现有强势企业的技术优势和进入壁垒,而这些现有企业享有的技术优势和进入壁垒,在没有革命性的技术创新出现(从而使技术替代成为可能)时,新兴企业无论怎样努力都是很难突破的。

网络时代使电子商务成为可能。亚马逊(Amazon)网上书城对传统的图书零售企业的替代性竞争,无论从技术支持、书目总数、客户界面等多方面都更具有竞争优势。通过先动为主和不断改善提高电子商务的经营和操作能力,亚马逊后来居上,成为时尚,在很大程度上改变了美国和英国等国家民众的购书习惯,成为他们购书的首选途径。传统的以店面为基础的图书零售企业,如果没有足够的规模,很难在现实中生存。

竞争性替代通常比直接的竞争性模仿更加难以察觉。模仿一般发生在强势企业的家门口和主导市场;而替代则通常发生于强势企业的相邻业务和相近市场,并不在强势企业的正常监测范围之内。现有强势企业很难在早期清楚地甄别那些潜在威胁较大的竞争性替代者,因为这些替代者的初始姿态可能并不具有很大威胁性,尤其是当它们在竞争图景中比较倾向于首先进入现有强势企业的监测盲区时。直接的竞争性模仿减小现有强势企业的活动空间,侵蚀它们的竞争优势;而替代性竞争则可能在不动声色中移山填海、改天换地。

对手的破坏

对手的破坏指的是竞争对手为摧毁和削弱某个强势企业的竞争优势而进行的蓄意刁难、野蛮攻讦和恶意中伤。这些活动通常超出了正常公平竞争的范围，可能具有道德嫌疑，甚至游走于法律边缘。更有甚者，由对手破坏而引发的法律纠纷和公关灾难，足以使被破坏企业的竞争优势大打折扣。被美国政府和欧盟以反垄断为名屡遭整肃的微软，就曾以捆绑销售的"破坏"手段大举进攻网景（Netscape）主导的互联网浏览器市场，从而摧毁了单一产品的网景近乎垄断的强势地位。

知识密集型企业，比如制药厂家和软件开发公司等，每天都面临专利侵权和其他知识产权受侵犯的威胁。"魔高一尺，道高一丈。"身在明处的强势先锋企业可以想尽办法保护其知识产权，而躲在暗中的破坏者则有更多的办法火中取栗、伺机侵犯。不难想象，一个备受欢迎的名牌产品可以在很短时期因被恶意假冒者的破坏而迅速变得人气凋零。同样，违反行业规范的恶性竞争，不管道德与否，都会对强势企业的竞争优势构成威胁。比如，印度制药企业 Cipla 公司推出了有助于治疗艾滋病的非品牌基础药物，并以每年每位患者 350 美元的价格出售，而发明这种药物的先锋强势企业（如百时美施贵宝公司）的同等功效的品牌药品则要花费 15 000 美元。对于贫穷国家的艾滋病患者而言，这种小企业的"破坏"活动无疑是一大福音；而对那些斥巨资进行前期研发的大厂商而言，这种破坏行为的颠覆无异于釜底抽薪。

为保护自身的竞争优势，强势企业应该对对手的破坏行为采取主动防范和解决的姿态。这就要求准确可靠地遇见对手可能采取的所有行动，包括正常的竞争手段和暗中的破坏措施。与对手的积极合作和互不侵犯约定，可以降低恶意竞争和破坏的可能性。为了增加在异国市场的亲和力，跨国公司在印度和中国等大市场与当地企业和对手主动合作、增进了解、加强沟通、促进本土化进程，减少了破坏，增进了融合。

环境的变化

环境的变化可以使得某些企业的竞争优势突然消失。具体而言，社会文化趋势的改变、技术突飞猛进的发展、政府法规与管制政策的松紧都会削弱甚至使某些企业的竞争优势完全消失。

首先，文化环境的变化可以改变消费者的喜好和对不同企业产品的认知及心理定位。比如，在健康风潮席卷下的中国消费品市场上，由于生活水平的提高，人们更加青睐"绿色"、"环保"、"纯天然"的产品。这就给制造新品牌带来无限商机，比如当年的央视广告标王秦池酒。那些质量优异但不善于贴"新文化"标签的企业,面对变化则茫然不知所措,导致顾客稀疏、品牌飘忽。殊不知,大米可以"染"成绿色,环保更看重的是对人有益而不仅仅强调天然,要知道很多毒药也是纯天然的。潮流之所以成为潮流,就在于它到来之时,锐不可当。一个反潮流的企业需要大勇气和大耐心。一个经历多种社会文化趋势变迁而竞争优势无损的企业,才是真正有实力的企业。

还有,政府规章的制定和改变也会对某些企业的竞争优势造成冲击。美国烟草业的巨头自20世纪60年代以来,屡屡遭受政府管制的打压。同样,自20世纪80年代以来,美国政府对商业银行放松管制导致了大规模的兼并风潮,使得原来独霸一方的地区性银行优势锐减,既缺乏全国性银行的规模和品牌,又缺乏地方小银行的灵活和亲和力。

再有,技术的发展与更新,比如信息技术的长足进步,对企业的影响也会是非对称性的,从而导致某些企业优势的增长,另外一些企业的优势丧失。在数码技术时代到来之前,很难想象美国所有电话号码的总目录能够编辑出版。因为这个目录如果用一般出版物纸张印出来的话,可能厚达若干层楼那么高。而各地的电话公司对客户号码信息则是严格保密,号码查询收费甚高,成为一大利润来源。因此,电话公司也没有激励去使号码查询变得更公开、容易。数码时代的到来,使得高容量的信息储存和检索成为可能。美国一位企业家创建了Pro CD,到中国的北京航空航天大学廉价雇用学生将美国各地的电话号码人工敲进计算机中,进行处理,编制出美国最早之一的具有检索功能的全国电话号码册,以CD-ROM形式出版销售,大受欢迎。此后,各种在线电话号码查询也风起云涌。传统的电话公司在此业务的垄断地位已是日薄西山。

环境的变化通常会重新界定一个产业或市场中不同企业的资源与能力在新一轮竞争中的相关性和有效性,这种变化可以在现有强势企业最意想不到的地方形成威胁。一般或宏观环境中的因素和势力,比如政治运动、文化变迁、技术革命等,可以从根本上动摇和颠覆现有强势企业的竞争优势基础。而这些因素和势力,并不是由竞争性模仿者和替代者发起的,因此,它们更难以预测和把握,对战略管理者的挑战也更大。

当然,环境的变化也可能使某些企业惨遭厄运,甚至灭顶之灾。禽流感给了"我们做鸡最正宗"的肯德基当头一棒,口蹄疫使北美的牛肉生产加工出口基地深受打击。如何在意外事件(比如厄运和破坏)中避免企业竞争优势的丧失和削弱,应该是企业危机管理的一大功课。1982年,美国强生公司出品的泰诺(Tylenol)止痛药片由于含氢化物而导致患者死亡,该公司在查清事故原因和责任之前,就迅速决定全部召回现有货架和经销商库存的泰诺。这种对顾客负责的态度和表现,使得公众在此次危机过后对强生公司的信任有增无减。该公司的果断行动也成为危机管理的经典案例。迅速和创造性地应对危机与厄运,可以用出奇兵来反败为胜。对于依靠单一产品为生的企业,这个教训应该更有警示意义。

对竞争优势可持久性的多重挑战

强势优胜企业失身落马,在竞争优势可持久性的挑战中落败,这种现象在很多行业和市场中都出现过。昔日赢家基业常青者甚少,多数泯然如众,少数偃旗息鼓,某些垂死挣扎。

昔日王者逝去的辉煌

在一个多世纪的时间里,柯达公司一直是照相技术的领先者和成功典范。该公司在照相业的地位一如当初福特在汽车业的先锋地位。然而近年来,在数码成像技术迅猛发展的时代,柯达屡屡受挫。究竟是后来者技胜一筹,还是柯达居功自傲,拒绝接受新的产业潮流?

西尔斯百货是美国零售业多年的排头兵,尽管昨日业绩辉煌,但20世纪90年代初,它却濒临倒闭。至1999年,沃尔玛和家居货栈同时进入道·琼斯指数30家大企业榜;而风光不再的西尔斯,尽管从1924年便稳居该榜,但终究难免被从中摘除的厄运。是西尔斯不知道自己既无成本-价格优势又无差异化优势,还是陈旧的经营观念和官僚体制阻碍了西尔斯的创新?

极富新意和创建的经营理念和商业模式,使安然公司从一个天然气分销商和管道拥有者,一跃成为主导天然气市场交易的呼风唤雨之主。但曾经令人仰慕至极的业界巨擘,终究在顷刻间倒塌。这是由于几个贪婪的经理人想瞒天过海、掩耳盗铃,从而罪有应得,还是该企业膨胀过度,无人能够正常驾驭它并满足更大群体(华尔街)的集体贪婪,而终于自然解体崩溃?

想一想巨人集团的崛起和倒下,看一看三株企业的来去匆匆,遥想20世纪80年代的改革先锋马胜利和他的石家庄造纸厂,再看30年横刀立马的鲁冠球和他的万向集团。抖一时机灵、乘一时运气容易,修一世之功、领一世之先甚难。竞争优势的持久性要面对如此之多的挑战,缺乏的恰恰是管理者对各种挑战的关注和用心。与此同时,企业内外各种监测督导系统又往往如此薄弱和缺乏独立性,加之各种挑战因素的综合作用,使得战略管理者在执行保持企业持久竞争优势的任务时难上加难。

多重挑战的综合作用

2004年3月,柯达遗憾地无缘道·琼斯指数30家大企业榜,一个传统的美国象征和企业先锋黯然失色。柯达的处境可以说是一个强势企业,由于多方的威胁和挑战,竞争优势逐渐衰退和消亡的极好案例,尽管柯达也在多方努力应对挑战。

数码成像技术推出伊始,柯达不以为然,大大地忽视了它对传统照相技术的威胁和挑战。数码成像技术的迅速发展和蔓延,使得柯达后来不得不对它施以足够的重视。虽然柯达对数码成像技术大量投资进行研究与开发,但它却对数码成像产品市场的复杂性和实效性缺乏足够的认识。从2001年圣诞节开始,数码照相机陡然走俏,销售趋势表明数码照相机的销量将很快超过传统照相机的销量。

柯达在传统成像技术领域的领先也在很大程度上阻碍了它向数码技术的转变。过于自傲的柯达错误地高估了它在传统成像市场上的优势和市场发展潜力,决定在中国和印度等中低收入国家传统成像市场上赚尽利润后,再重点推出数码产品。这种判断失误延缓了柯达在数码产品开发和品牌培养上的进程。事实证明,在中国和印度这两个未来世界最大的消费品市场上,数码产品正在为越来越多的顾客接受和喜爱。

数码成像技术的飞速发展对柯达的财务状况和它在整个图像处理产业的地位带来严峻挑战。具体而言,数码成像技术使柯达赖以生存的看家业务——传统的胶卷成像和冲印——正在逐渐被数码成像所替代。柯达在传统市场上的极力降价促销和其他保护措施使它的利润率下降,直接威胁到其业界地位和经营绩效。这时候的柯达可谓腹背受敌:一方面,它要面对富士在传统市场上的挑战;另一方面,它要应对数码成像技术和在线图像分享技术等对整个传统成像技术系统(照相机、胶卷、冲印设备等)的蚕食。比如,佳能的照片打印机成像质量几乎与技术成熟的传统冲印质量难分伯仲。

柯达对数码成像技术最初的无动于衷,随后管理层的疏忽和错误判断,它的傲慢与自大,加之技术革命的迅猛声势,佳能、索尼等强势竞争对手的入局,以及消费者偏好的逐渐转移等,诸多挑战,使得柯达手忙脚乱,疲于应付。柯达对数码市场的反应迟钝和三心二意,为竞争对手抢占优势地位大开绿灯。佳能和索尼等家用电器和整个消费品市场上颇受青睐的品牌,已经在数码成像业务中深入人心,遥遥领先。这时的柯达才大梦初醒,赶紧抛出索尼侵犯其专利权等指控,但似乎已为时已晚、不合时宜。

本章结语

本章揭示了一系列导致竞争优势丧失和削弱的企业内部因素和外部势力,它系统阐述了为什么许多昔日的强势优胜企业不能够保持其竞争优势持久性的根本原因。本章所总结的对竞争优势持久性的各种挑战和它们的独立与综合作用,对成功的强势企业具有现实的和深远的警示意义。

在商业游戏中,企业有输有赢,领军者来去匆匆。这不像体育竞争,丙级队也能每年联赛一次。在商业游戏中,没有永远的丙级队——残酷的竞争难以容忍永远的平庸。这也不像好莱坞,80岁的演员也能有机会展示才华,赢取奥斯卡。CEO们通常不可能有那样奢侈的机会去尝试、去失败、去改善。对这些CEO和他们的企业来说,没有竞争优势的时候,他们梦想竞争优势;拥有竞争优势时,他们担心失去优势的风险,因此渴望更多的优势。

> 市场经济之所以令人窒息和恐惧的最重要原因就在于它永无休止。
>
> ——乔治·舒尔茨
> 美国前国务卿、芝加哥大学教授

英特尔前总裁安迪·格鲁夫(Andy Grove)曾声称:"只有惶惶不可终日者(或曰偏执狂)才能生存。"CNN老板特德·特纳(Ted Turner)则相信:"或许保持安全的唯一手段就是永远不要感到安全。"美国著名散文家爱默生(Ralph Waldo Emerson)的一句名言却道出了一个无可奈何但又令人信服的事实:"任何一个英雄最终都会变成令人厌烦的家伙。"当然,这些变化有些快一些,有些慢一些。也许要求成功的领袖去主动防范自满、时刻警觉威胁是违反人的自然本性的。对于沉浸在成功氛围中的企业家和管理者来说，傲慢与自满似乎是很自然的事。然而，只有对陷阱和挑战清楚明了，才可以使某些英雄做得更长久一些。

第八章
竞争优势和企业经营绩效

　　竞争优势在战略管理文献中的定义繁杂纷乱,可操作性和可测量性较不强,不利于实证研究。本章对竞争优势的概念作三个基本观察和把握,并从理论上探讨竞争优势和企业经营绩效各种可能的关系模式。首先,竞争优势不自动等同于卓越经营绩效。其次,竞争优势是一种相对的关系性的表述。最后,竞争优势取决于具体竞争环境。竞争优势和企业经营绩效关系的考察可按照以下三种思路进行:(1)竞争优势和卓越经营绩效并存;(2)有竞争优势但无卓越经营绩效;(3)有卓越经营绩效但无竞争优势。本章的探讨将有助于战略管理研究者和实践者对竞争优势概念有一个深入了解和认真反思。

　　在本书第一部分即将结束之际,让我们重新回顾并进一步深入阐释第一章中为竞争优势所给出的基本定义,并系统地探讨竞争优势对企业经营绩效的影响和相互关系。毕竟,持久的卓越经营绩效才是战略管理者所追求的终极目标。竞争优势是战略管理领域的基本概念,对竞争优势的研究理所当然地在战略管理文献中占有中心地位。然而,竞争优势作为一个理论概念,虽然被广泛应用,却很少被系统考察,其定义更是见仁见智,难以统一,不易操作与测量。竞争优势是参与竞争所需要的竞争力,是企业在竞争中展示出的某种特质,还是竞争的结果?竞争优势是因竞争环境变化而变化,还是特指企业的某些一般属性和要素?换言之,竞争优势与能力、竞争力、企业强项等概念有什么不同?竞争优势与卓越经营绩效有什么不同?

本章力图对上述问题进行解答,并就竞争优势提出三个基本论点。首先,竞争优势不等于(卓越)经营绩效。竞争优势和经营绩效是两个独立但又极为相关的概念和现象。其次,竞争优势是一个关系型的概念,存在于不同对手间的比较中。再次,竞争优势是特定于某个具体竞争环境而言的。在对上述三个论点的陈述中,本章对竞争优势概念的操作和测量提出了一些有益的建议。最后,本章系统地探讨竞争优势和经营绩效的三种可能的关系模式:竞争优势与卓越经营绩效共存、有竞争优势但无卓越经营绩效、有卓越经营绩效但无竞争优势。

竞争优势不等于经营绩效

产业结构分析法和资源本位企业观堪称战略管理文献中解释竞争优势,尤其是可持久竞争优势最重要的理论视角。然而,这两种视角似乎都没有对竞争优势和卓越经营绩效进行很好的区分。不仅如此,这两个概念通常被互换应用,难以区分。

竞争优势:产业结构分析法

产业结构分析法的理论基础来自产业组织经济学。这种方法和视角认为在一个具有吸引力的产业中建立可防御的市场定位和强权可以为企业带来持久的竞争优势(Porter, 1980, 1985)。这里,企业的产业定位选择对决定其竞争优势具有重要的影响。运用产业结构分析法,波特(1980)提出了产业分析五要素框架。这一框架的"终极功能就是要解释,相对于各类讨价还价者和直接与间接的竞争者,企业利润的**可持久性**"。(Porter, 1991:第100页,原文斜体着重强调)。要获得持久利润,一个企业需要可持久竞争优势,要么是成本优势,要么是差异化优势(Porter, 1980, 1985)。

从这种意义上讲,波特对竞争优势的定义非常具体,暗含着竞争优势与利润率的等同,以及持久竞争优势与持久利润率的等同。也就是说,竞争优势是被当做产业定位的结果来看待的,而竞争优势本身应该成为企业追求的目标。这里便出现一个重要问题:成本优势或者差异化优势,其中任何一个对于实现企业卓越经营绩效来说,可以是充分且必要条件吗? 如果答案是否定的,那么,我们可以得出初步结论:至少在波特的产业分析框架之内,竞争优势和经营绩效(在此以利润率为代表)是不能等同的。

比如,在某些行业,一个政府扶持的企业可能既没有成本优势又没有差异化优势,但仍然能够长期获取超额利润。同样,如果竞争对手在控制分销渠道方面(由于某种特定原因)占有绝对优势,那么一个全行业成本最低的企业并不一定比竞争对手享有更高的利润率。虽然在成本和差异化方面的竞争优势可以增加卓越经营绩效的可能性,但竞争优势本身并不一定就是卓越经营绩效。至少可以说,波特推崇的基本竞争优势——成本优势和差异化优势——不一定是经营绩效的终极决定因素。卓越的经营绩效也可以来自其他类型的竞争优势,比如,速度、灵活性,或者多种竞争优势的组合。

如此,也许我们不应该笼统地用竞争优势来代替卓越经营绩效,也不应该想当然地认为竞争优势(不管任何类型)会自动导致卓越经营绩效。竞争优势与经营绩效是两个不同的概念,它们之间的关系比表面上看去要复杂,值得进一步探讨和考察。

竞争优势:资源本位企业观

资源本位企业观提供了考察竞争优势,尤其是可持久竞争优势的另外一个重要视角。资源本位企业观的基本论点在于独特的资源与能力乃持久竞争优势之根本源泉(Barney, 1991)。要获得持久竞争优势,企业的资源与能力必须是稀缺的、不可模仿的,不可买卖,难以替代,牢固地镶嵌于企业复杂的技术和组织系统中,专属于本企业而缺乏流动性(Barney, 1986a, 1991; Dierickx and Cool, 1989; Grant, 1991)。

皮特瑞夫(Peteraf, 1993)对资源本位企业观作了比较全面的整合,并详细分析了持久竞争优势的四大基石。首先,竞争伊始,企业间资源分配的不同为某些企业提供了竞争优势(表现为垄断租金[1]或李嘉图租金[2])。其次,

---

[1] 可以简单地理解为由于垄断地位所攫取的超额报酬。
[2] 可以简单地理解为对稀缺资源的超额报酬。

事后对竞争的限制使上述租金得以持久。再次,资源的不完全流动性将持久竞争优势锁定在企业内部。最后,追溯到企业独特资源获取之时,对资源竞争的事前限制保证企业获取该资源的费用不会完全冲抵未来的经济租金。

显而易见,根据定义,资源本位企业观将企业的独特资源与卓越经营绩效内在地联系在一起,颇有循环定义和循环论证之嫌。那些独特的、难以模仿的、流动性低的资源之所以有价值,正是因为它们能够产生经济租金(Barney, 1991)。这里,竞争优势(独特资源)和经营绩效(经济租金)的连接比波特的处理来得更加直接,它甚至根本不需要具体地指出成本、差异化,或其他什么种类的竞争优势。如果一个企业拥有高价值的、罕见稀缺的和难以模仿的资源与能力,则卓越经营绩效(高利润率或经济租金)便自然产生了。换言之,这些资源与能力(作为竞争优势的实质和精髓)的定义已经与经营绩效有了不可分割的、内在的关系。

这里也产生了一些重要问题。资源本位企业观是否假设在某个特定竞争环境中,只有一种特定类型的、有价值的独特资源(从而只有一种可持续竞争优势)? 资源本位企业观是否排除多家企业同时拥有这种独特资源的可能性? 如果企业甲的资源 X 符合资源本位企业观对独特资源的定义,企业乙的资源 Y 同样也符合该定义,而 X 和 Y 又属于不同的资源类别,那么哪个企业更有竞争优势由什么决定呢? 这个问题是否无关痛痒? 再有,如果我们能够用资源本位企业观的理论指导来识别那些独特资源,并用它们直接预测经营绩效或利润率,那么我们为什么还要使用竞争优势或持久竞争优势的概念?

基于上述关于竞争优势的两种主要思路的讨论,可以初步印证如下一些基本结论(这些结论将在本章稍后作进一步的解释)。首先,竞争优势和经营绩效是两个不同的概念。其次,如果竞争优势(不管是基于产业定位或企业资源)被随便地用做卓越经营绩效的替代语的话,似有重复和循环论证之嫌。再次,竞争优势的存在,不管任何类型,都不能够保证必然产生卓越经营绩效。最后,若使竞争优势真正成为一个有用的理论概念,对它的实质和定义必须进行更深入的探讨,并有利于它的实际测量和操作化。

竞争优势的关系属性

本小节试图在最基本的分析层次和分析单元来考察竞争优势。本书认为,竞争优势应该是一个关系性的术语。就其实质而言,竞争优势不过是一个企业和另外一个企业(或者一组企业)之间,在某种竞争层面或维度上的比较。下面将首先讨论并强调特定的参照点对考察竞争优势的重要性,然后讨论如何分析竞争优势的大小和构成,最后探讨竞争优势的度量和可操作性。

竞争优势的参照点

作为一个关系类术语,竞争优势是由具体的参照点决定的。换言之,谈到竞争优势,必须考虑"相对于谁"和"在哪方面"这些相关问题。竞争优势是否意味着不管在某个竞争层面还是各个方面,一个企业必须比所有的对手都强?竞争优势是否仅限于两个竞争对手之间的捉对比较?波特对于成本领先优势的描述——成本领先者相对于所有竞争对手而言,成本都是最低的——似乎更接近于"比所有对手都强"的定义方法。这样,他将成本优势和高利润率等同对待的做法也就不足为奇了,能够自圆其说。

然而在现实中,竞争优势通常是某两个特定企业之间在某个竞争层面的较量,并不牵扯其他对手或整个产业与市场。也就是说,比某个具体的(可作为参照点的)对手领先,是竞争优势的一般状态;比所有对手都领先,则是一种特例。比如说,三个连锁店 A、B 和 C 在某个零售业竞争,该行业中每个连锁店的分店总数(亦即地域覆盖率)是一个关键的竞争层面。A 的总数最多,B 居中,C 最少。假设店铺总数对竞争的影响是线性的,那么我们可以作如下推断:(1) A 比 B 有竞争优势,A 比 C 有竞争优势,B 比 C 有竞争优势;(2) A 比 B 和 C 都有竞争优势。在这个例子中,我们可以把一个企业和其他两个企业同时进行比较,也可以把一个企业和另外两个企业中的一个分别作比较,或者说,我们可以挑出三个企业中的任何两个作比较。恰恰是任何两个企业之间,在某个具体的、特定的、单一的竞争层面的比较,代表了竞争优势的最基本的分析单元、层次和形式。

值得注意的是,对竞争优势的这种理解将竞争优势和企业经营绩效视为不同的概念。在上述例子中，A 比 B 的店铺总数多这个事实，应该说是 A 的一种竞争优势；但 B 可能由于在其他方面的竞争优势（比如灵活有效的货品选择与摆放，或者服务质量优异等），而单店平均销售额高于 A。这样，如果单店平均销售额比店铺总数对竞争的影响更大，不难想象，B 的经营绩效（利润率）完全有可能高于 A。

反之，我们不能只是因为 B 的经营绩效（利润率）高于 A，就否认在店铺总数这个竞争层面上 A 比 B 具有竞争优势。这个特定的竞争层面对整个竞争游戏的结果并不是起决定作用的首要因素；或者说，A 在店铺总数上的优势可能远远小于 B 在单店平均销售额上的优势。即使如此，我们也只简单地考察了两个竞争层面。事实上，在商业竞争中，企业的经营绩效通常是由企业在多种竞争层面和维度上的表现共同决定的。一个企业要想获得持久卓越的经营绩效，最可靠的办法就是拥有多种竞争优势。

如此而言，竞争优势并不是一个混沌不分、浑然一体的对经营绩效起决定作用的某种终极势力，它是一个企业在某个竞争层面上相对于某个对手的比较分值。虽然它能够为企业取得卓越经营绩效作出贡献，但在通常情况下，某一个竞争优势本身并不能完全决定企业的经营绩效。当然，也不可否认，在某种特定竞争环境中，某一个具体竞争层面确实可以完全决定或基本上决定竞争的结果，而企业在这个层面的竞争优势存在与否及其大小则完全决定其经营绩效的高低。但这种现象只是一般竞争情况中的一个特例。

竞争优势的大小

第一章中对竞争优势定义为企业间的不对称性或差异，这种差异导致不同企业为顾客提供的产品或服务的价值不同，从而影响它们相应的经营绩效。从力度和大小而言，这种不对称或差异可能有两种类型：不同等级和类别的区分，也就是质的不同，属于异质化的差异；在同一个线性连续指标上的差异，也就是量的不同，属于同质化的差异。资源本位企业观的核心锁定在资源的异质化差异上。不仅如此，巴尼（1991）更是将持久竞争优势定义为一个均衡状态的概念：对某个企业所拥有的独特资源所进行的所有模仿的尝试，都注定失败或无法存在。这时，拥有独特资源的企业可以被认为享有持久竞争优势。

从这个意义上说,某些独特资源在企业间的异质化分配得以持久,所以某些企业的竞争优势也得以持久。由此可见,根据资源本位企业观的定义,对于某个企业而言,独特的资源似乎是非此即彼的状态。从理论上而言,在理想(亦即均衡)状态下,拥有独特资源的企业和其他企业间的差距趋近于无限。拥有独特资源的企业享有持久竞争优势;没有独特资源的企业没有持久竞争优势。类似于波特对成本领先优势的解释(1980),这里,资源本位企业观的解释同样聚焦于"所有企业中最好"的状态,而不是任何两个企业之间简单的比较。

这种独特的资产和它所支持的持久竞争优势,使拥有它们的企业成为在它们各自行业中无以匹敌的、独一无二的企业。在现实生活中,如果将某个拥有这种持久竞争优势的企业与其对手相比较,我们也可能会发现,这些企业与它的竞争对手之间的差距(甚至是在所谓独特资源的拥有上的差距)并不一定真的大到无法想象。然而,可能就是那些足够细微的差距恰恰决定了质的变化和根本区别,决定了企业最终能不能成事,决定了冠军和其他选手的差别,以及常胜将军和偶胜将军的差别。戴比尔斯公司在世界原产钻石市场供应上的垄断地位、可口可乐在全世界深入人心的品牌等,都合乎上述持久竞争优势的定义和解释。

然而,在很多行业中,存在广袤的竞争空间,在那里,模仿战略被广泛采用,而且往往能够奏效。先动企业所创建的短期竞争优势,很快就会被竞争性模仿消耗无遗。如果企业或多或少能够模仿对手的资源与能力组合(或产品组合),那么,根据定义,这些企业采取的是同质化的竞争手段。在这种情况下,竞争优势的大小便很容易进行比较和测量。至少在共同的竞争维度和层面上,我们可以比较企业间的差别,从而判断某个企业相对于其他企业或者另外某个具体企业,在这些竞争维度和层面上竞争优势的大小。这种同质优势恐怕要算可以观察到的最常见的竞争优势状态,比如,不同企业在生产同一种产品时表现出的不同效率。

竞争优势的构成

当我们分析竞争优势的定义和可操作性时,竞争优势的构成也是一个值得探讨的重要问题。在第二章的 SELECT 框架中,曾提到单体优势与复合优势的区别和联系。一个竞争优势可以是单体的,基于企业与对手在某一个具体的竞争层面上的差异,比如产品在零售店货架上摆放位置的优劣。一个竞争优势也可以是复合的,由多种不同的竞争优势共同构成一个整合的竞争优势。在这种意义上,复合优势可以被看做比单体优势更高层次的竞争优势,比如沃尔玛的低成本(从而低价格)优势便是由包括店铺地点、信息技术、库存管理、企业文化等多方面的单体竞争优势或低一级的复合优势总体复合而成的。

虽然很多单体竞争优势可以直接对企业的经营绩效作出贡献(比如上述货架摆放上的优势),但单体优势往往也通过对复合优势的构成而更进一步为企业经营绩效作出贡献。典型的复合竞争优势包括组织和技术过程的有效性(成本优势)、产品的质量与创新(差异化优势),以及市场反应的速度和灵活性。一般而言,竞争优势的复合程度越高(需要非常多种单体优势),它对企业的经营绩效的贡献和影响也越强大、越直接,而且更难以被对手模仿,因为对手在某一方面模仿强势企业较容易,而在多方面同时模仿和赶超强势企业则相对较难。

竞争优势的度量和可操作性

在理论构建中,理论术语的定义和理解非常关键;在实证研究中,理论术语的可操作性则更为重要。因此,对于更深层次的理论和实证研究而言,竞争优势概念的可操作性和度量问题需要慎重对待。

虽然竞争优势被定义为对手间的差异,但差异的方向性本身,在对竞争优势的实际操作和测量中,也起着至关重要的作用。尤其是在"捉对对比"的前提被侵犯的时候,对差异的方向性的忽视会导致对竞争优势概念测量和理解中的根本错误。比如,在作大样本统计分析的时候,我们用一个企业在某个竞争维度上的分值(与对手的分值相比较)来度量它的竞争优势。让我们还用早先提到的连锁店为例子。店铺总数对竞争的结果和对顾客提供价值高低的影响并不一定是线性的。当店铺总数超过理想数目时,再增加店铺数目则会导致它们在很小的相对集中的竞争空间中自相残杀;或者过分扩张到客源稀疏的地域,也会造成公司总部对每个店铺的关心和指导不足。这样一来,店铺总数的增多就从开始时的竞争优势变成后来的竞争劣势。比如 A 有 160 家店铺,B 有 100 家店铺,C 有 40 家店铺。因为货物配送方面的规模经济和群聚效应等,B 比 C 有竞争优势。假设 B 在最佳规模,那么A则已经超过最佳规模。虽然A的店铺总数超过B,但它反倒没有B那么有竞争优势。因此虽然A与B之间以及B与C之间的差异都是60,但前两者之间的60代表竞争劣势,而后两者之间的60则代表竞争优势。所以,同样的差异并不一定代表相同的竞争优势。如果不加分析地盲目依靠企业间在某个竞争维度上的线性分值来测量竞争优势的大小,那将是不可靠的。如上所述,当企业在某个竞争维度的分值对竞争结果的影响是非线性的时候,这种测量方式不仅是极其不可靠的,也是非常危险的。

更值得注意的是,复合竞争优势的度量会带来更多的难题和挑战,这正是因为构成要素的繁多,而且复合竞争优势并非多个单体优势的简单相加。所以说,现有文献中常见的将企业在多种维度上的分值进行简单加总来度量复合优势的做法是难以令人信服的。同样,只考虑某个单体竞争优势本身的作用,而不考虑它在复合优势中作用的度量方法也是不准确的。由此看来,那些对某个竞争优势和经营绩效作简单的双边关系考察(相关分析或回归分析)的做法也是值得商榷的。更加复杂和先进的分析手段,比如数据包络分析(Data Envelopment Analysis),则有可能更有效地帮助战略管理研究者,更全面准确地同时把握和分析一个企业相对于对手在多个竞争维度上的竞争优势,以及这些优势对企业经营绩效的单独和总体效应。

竞争优势的环境特定性

竞争优势是对一个企业与对手在某种具体竞争环境中关系的一种表述。竞争优势不是一个万能的、普遍适用的概念,也不一定是对整个企业或企业某些方面的总体特征本身的描述。大家经常使用的,并且认为和"竞争优势"非常接近甚至相同的术语,包括企业实力、强势或竞争力。应该说,这些术语更倾向于特指企业本身的某种独立存在的特质。即使如此,实际上,这些表述仍然是有参照点的,只不过参照点可能是某种公认的和外在的指标,而不一定是某个(或某组)具体竞争对手。可见,竞争优势作为一个比较关系的术语,就更具有环境特定性了。

普拉哈拉德和哈默尔(Prahalad and Hamel, 1990)将核心竞争力的实质定义在企业的独特资源与能力组合上,包括技术的和组织的以及它们之间的融合。核心竞争力使企业在一系列广阔的终端产品市场上具有竞争优势,然而核心竞争力也可以变成核心束缚力、核心僵硬性或者核心包袱(Leonard-Barton, 1992)。比如,前文提到的《大英百科全书》的一对一和人盯人销售战略所必需的庞大销售队伍,在数码时代则基本上没有存在的必要,而且显得臃肿,阻碍其灵活应变。

同样,所谓企业的势力或强势,也常常被隐含地用来代替竞争优势。这一术语的含义其实也是因环境和视角而改变的。格兰特(Grant, 1998:13)作出如下评论:

> 对于迪士尼公司而言,它的总裁迈克尔·艾斯纳究竟是它的优势还是弱势?就他上任14年间设计并实现的迪士尼的复兴而言,他是一个绝对的优势。然而他的心脏搭桥手术以及他不能成功地实施其接班人计划则表明他同时也是企业的一个薄弱环节。

事实上,在原汁原味的SWOT分析框架中(Learned et al., 1965),所谓优势和弱势,是与企业外部环境中机会与威胁紧密连在一起的,而不是孤立存在的。道理很简单,企业的经营战略应该建立和保持企业自身与环境的契合。如此说来,对优势(以及它代表的背后的资源与能力)的理解也是取决于具体的环境状况的。同样,对于核心竞争力而言,并不是说企业的核心竞争力是独立于环境之外的灵丹妙药,更不能说核心竞争力或实力本身就自然带来竞争优势和卓越经营绩效。应该说,是优势与竞争环境的契合,即核心竞争力在适当的竞争空间充分地发挥和利用,造就了企业在具体产品市场上的竞争优势,从而为企业的总体经营绩效作出积极贡献。

在过去二十多年的战略管理研究中,这种"契合"的精神和主旨,不幸遭到稀释和淡化。以波特为首的产业分析学派使环境分析更加系统和严谨(Porter, 1980, 1985)。资源本位企业观在很大程度上作为反产业分析的先锋(Wernerfelt, 1984),使得企业内部资源与能力的分析更加系统和严谨(Rumelt, 1984; Barney, 1991)。竞争优势要么被理解成优越市场定位(Porter, 1980),要么被理解成独特资源组合(Wernerfelt, 1984)。也许现在是新一轮理论整合的最好契机,我们需要重新回到战略管理创始之初,再次欣赏和强调SWOT框架背后的精神,并相应地审视竞争优势这个既基本又核心的概念,因为市场定位和资源本身并不能够完全揭示竞争优势的最终源泉(Collis, 1994)。

最近的一些研究已经开始着力整合上述两种战略管理中的基本视角。

马奥尼和潘迪安(Mahoney and Pandian, 1992)鼓励产业分析学派与资源本位企业观的结合,并重点探讨了它们之间的相似性。阿密特和休梅克(Amit and Schoemaker, 1993)则提出了企业与产业两个层次之间折中的概念,比如战略产业要素(产业的要求)和战略资产(企业的质量),并指出它们二者之间的重叠造成了竞争优势的产生。蒂斯、皮萨诺和孙(Teece, Pisano, and Shuen, 1997),提倡动态能力分析法,呼吁战略管理者对"甄别新的市场机会并通过有效和高效率的组织来拥抱这些机会"的重要性有足够的认识。也就是说,由于竞争优势的时间特定性,不断地整合和配置企业的资源和能力,以利用不断变化的市场机会,是创造竞争优势时的根本任务(Collis, 1994)。

我们可以将中国古代田忌和齐王赛马的故事程式化,来说明竞争优势的环境特定性。A 和 B 两个队决定赛马,每个队有三匹马,按速度分快、中、慢三种来对阵。请看图 8-1 中的速度分布。比赛采用三局两胜制。根据两个队马匹资源的现有状况,因为在每一轮比赛中产生的竞争优势有所不同,不同的对阵战略和方案将会产生截然不同的比赛结果。很显然,具体某匹马是否享有竞争优势,很大程度上取决于具体的竞争环境(与谁对阵)。

	对阵战略1		对阵战略2	
比赛队	A	B	A	B
快马	10 →	9	10 ⤫	9
中马	8 →	7	8 ⤫	7
慢马	6 →	5	6	5

图 8-1 竞争环境与竞争优势

在对阵战略 1 中,B 队处于竞争劣势。在每一个比赛类别中,B 的马都比 A 的马慢,没有任何取胜机会。在对阵战略 2 中,B 队可以选择集中优势资源制造局部优势,从而取胜全局。虽然这个例子简单化了,但它确实有助于勾勒出竞争优势的如下特点:竞争优势不仅是关系性的比较属性,而且因环境变化而变化,具有环境特定性。

在战略管理文献中,除了前面提到的概念性讨论之外,也存在实证研究得出的证据,有力证明竞争优势以及它的作用是根据具体的竞争环境而变化的。沃纳菲尔特和蒙哥马利(1986)曾提出"什么是具有吸引力的产业"这样一个问题。他们的研究结果表明,对这个问题的回答,对于具有不同成本结构和效率的企业来说是不一样的。具有高增长率而发展迅猛的产业很容易掩盖那些低效率和高成本企业的不足,而具有低增长率而发展平稳的产业则很容易暴露低效率、高成本企业的弱点。因此,对于那些具有低成本、高效率的企业而言,它相对于对手在成本上的竞争优势,在低速发展产业要比在高速增长的产业大得多而且重要得多。

综上,本小节讨论了如下三个基本判断:**竞争优势不等于经营绩效,虽然它对卓越经营绩效有贡献;竞争优势是一个关系性的术语;企业的某种特质是否能成为企业的竞争优势还取决于具体的竞争环境**。不仅如此,竞争优势和企业经营绩效的关系,似乎可能比现在文献中描述的更加复杂。下面来考察两者之间可能的关系模式。

竞争优势和经营绩效

竞争优势和经营绩效可能有至少三种关系模式:(1)竞争优势导致卓越经营绩效;(2)有竞争优势,但企业没有获得卓越经营绩效;(3)企业享有卓越经营绩效,但没有竞争优势。

竞争优势导致卓越经营绩效

竞争优势导致卓越经营绩效,持久竞争优势导致持久卓越经营绩效。战略管理的主流文献(以产业分析法和资源本位企业观为代表),主要推崇和相信这种关系模式。我们可以这样推断:竞争优势帮助企业更好地创造顾客价值,因此可以为企业的经营绩效作出积极正面的贡献。某些单体竞争优势一方面可以直接为企业的经营绩效作出贡献,比如,沃尔玛的店址选择;另一方面可以为复合竞争优势的形成作出贡献,比如沃尔玛的成本优势,从而进一步为企业经营绩效作贡献。

如前所述,复合竞争优势主要包括成本优势和差异化优势,这些优势在产业结构变化相对较慢并对企业间的竞争具有长期的影响的产业,显得尤其重要。另外,复合竞争优势也可以表现在企业对市场动态反应的灵活性、速度以及企业的创新能力上。这些复合竞争优势在高科技产业和新兴产业的重要性十分凸显。

在一对一的双边关系中,竞争优势,不管是单体的还是复合的,不管是以资源为基础的还是以市场为基础的,都应该是与企业的经营绩效成正相关的。然而,对于在某个特定市场上竞争的两个企业,要预测哪个企业具有更好的经营绩效,仅靠多条单一的双边关系分析是不够的。在大多数情况下,卓越经营绩效的获取需要多种竞争优势。也就是说,一个企业是否比对手享有更卓越的经营绩效,通常是靠多种竞争优势的组合来决定的。如此就会产生如下可能,即一个企业可能有很多竞争优势,但并不享有卓越经营绩效。这种情况将在下文作详细探讨。

有竞争优势而没有卓越经营绩效

至少有四种情况下,我们可以观察到企业拥有竞争优势但并未享有卓越经营绩效的现象:(1) 一个企业可能只有某种单体竞争优势,而未能形成更强大的复合优势;(2) 一个企业可能拥有某一个特定的竞争优势(在某方面比所有对手都强),但未能发挥它的潜力;(3) 一个企业可能有多种竞争优势,但没有合适的组合,或者在某个关键竞争层面缺乏竞争优势;(4) 管理者故意牺牲某种竞争优势。

第一,除了那些少数能够对企业经营绩效作直接贡献的单体竞争优势(比如店铺地点),一般而言,单体优势通过与其他单体优势组合来构成复合竞争优势(比如价格低廉)。这样一来,单体优势在通向企业经营绩效的链条上通常属于相对比较遥远的环节。它在竞争优势与卓越经营绩效这条因果链条上的位置离绩效越遥远,它就越可能被噪音冲淡和削弱,从而降低它对经营绩效的贡献。

比如,一个企业可能拥有当代最先进的硬件设施,因此拥有一个潜在的单体优势来提高它的运作效率。然而,该企业缺乏训练有素、技术高超、忠诚可靠的员工队伍,则其硬件方面的单体竞争优势便不可能催生出更强大的复合优势,比如,能够为企业经营绩效作出更直接贡献的市场反应速度、灵活性和低成本等。如此,这个企业可能并不能享有卓越经营绩效。相反,一个在硬件上处于劣势的对手很可能通过员工的技术创新和勤俭奋斗而获得其他更关键的竞争优势,从而获得更好的经营绩效。同样,在前面提到的连锁店实例中,一个连锁店可能有最好的地点组合,但是,管理不善可以迅速瓦解该优势,并且使它无法建立任何高层次的复合优势,比如产品差异化,从而不能享有卓越经营绩效。

第二,那些对企业的经营绩效具有强大的潜在影响的竞争优势,可能并不能够完全清楚地被企业战略管理者所理解和欣赏,并有效地加以利用。虽然资源本位企业观清楚地勾勒出了能够导致持久竞争优势的资源的属性和特征,但对于企业战略管理者是否能够在事前系统地发现和识别这些资源在某个企业内部的具体表现,不同的学者仍有不同的观点(Barney, 1989; Dierickx and Cool, 1989)。由于企业在资源获得时的"因果模糊性"和该资源在企业特定资源组合中的"社会复杂性"(Barney, 1991),企业本身也难以认清自己竞争优势的可能是完全存在的。

不仅如此,这些能够为企业带来竞争优势的独特资源,还可能遭到战略管理者的有意忽视,或者由于不能在合适的环境中正常发挥作用,甚至被视为浪费和扰乱因素。这也从侧面表明并佐证了竞争优势的环境特定性。上一章提到的施乐公司抛弃自己发明的图形用户界面技术便是一个明证。苹果计算机在向施乐学习后,率先推出了自己简单易用的图形用户界面,为苹果在产品质量与亲和力方面创造了巨大的竞争优势。然而,由于缺乏打入商用计算机市场的关键竞争优势——令公司信任的品牌(一般比较保守稳定)和公司客户熟悉的销售渠道,苹果计算机只能拘泥于平面设计、桌面发行和教育市场等"利基"领域,而不能像 IBM 和后来的微软那样,取得长期稳定的超额利润。这个例子在某种程度上印证了上述第一点,也引出了下面的第三点。

第三,一个企业可能在多个竞争层面或维度上拥有竞争优势,但在某个关键竞争领域缺乏优势,或者整个企业缺乏一个适当的竞争优势组合。根据竞争环境的不同,企业的经营绩效可以完全由某一个具体的竞争层面上的交锋来决定,也可能由多种竞争因素的组合来决定。比如,在赢者通吃的产业,成功地推出并控制产业技术标准往往可以使胜利者一扫阴霾,从而一俊遮百丑。索尼作为录像机行业的先动优势者,却败阵于 JVC 公司的脚下从而失去产业标准的案例,对所有战略管理者来说,都应该是一个经典教训。只有技术先进是远远不够的。

很多情况下,卓越经营绩效的产生需要适当的竞争优势组合。第三章中提到的 EMI 公司发明 CT 扫描机的案例是比较典型的。EMI 公司的技术领先和产品开发是它的初始优势,但由于缺乏一个比较全面的优势组合,它并没有能够在全球市场上迅速攻城略地。由于它的生产规模相对较小、分销渠道并不完善等竞争劣势,它最终败在通用电气和东芝手下,而后者在大规模高效率生产制造方面的优势和复杂庞大的全球分销系统上的优势则令小企业难以望其项背。

第四,一个企业在某种领域的竞争优势可能会由于管理者的取舍决定而遭受故意牺牲或削减,这些竞争优势对企业经营绩效的贡献也因此逐渐削弱,使得企业不能够在该业务中享有卓越经营绩效。请看微软当年是如何对待自己的 MSN 的。相对于主要竞争对手美国在线(AOL),MSN 的竞争优势在于它是唯一与 Windows 95 捆绑在一起的网络服务站点,因此自动地与全世界 90% 以上的新 PC 共同进入市场,到达几乎每一个 PC 消费者手中。但是,为了迅速推出微软自己的 IE 浏览器从而打败网景,盖茨决定在微软的 Windows 95 上给予美国在线和 MSN 同等的待遇,以换取美国在线在自己网站上给予微软 IE 的优惠待遇。

这种做法大大地降低 MSN 的竞争优势和它的经营绩效。但对微软整个企业而言,这确实是一个明智的选择,它帮助 IE 迅速提升了市场地位。微软在此举中展示的速度和灵活性等方面的竞争优势,加之其在 PC 业务的成本优势(规模经济)和差异化优势(近乎垄断)对它的总体经营绩效贡献良多,虽然微软在其 MSN 业务上战绩平平。

有卓越经营绩效而没有竞争优势

一个企业可以没有竞争优势而享有卓越经营绩效吗?对这个问题的回答取决于我们对竞争优势的定义和我们分析的时间跨度。政府管制、运气和环境突变等都可能改变竞争优势与企业经营绩效的关系。

首先,政府法规和管制可以人为地提高某些企业的经营绩效(比如利润率),这通常可以通过限制竞争对手和给企业某种垄断或类似的地位来实现。这种政府造成的人为垄断地位是否可以被认为是竞争优势或"反竞争优势"?如果我们把政府法规和管制看做影响竞争环境的一个外部因素,那么严格地讲,这种垄断优势不能算是竞争优势,尤其是在这个企业除了有政府青睐之外,没有任何值得称道的竞争优势时。如果比该企业更有优势的企业,由于政府人为壁垒的阻挠,却不能进入竞争,那么这种情况可以被视为一个企业享有卓越经营绩效但没有竞争优势的情况。然而,如果我们将企业竞争优势宽泛地定义为包括市场(经济方面)的和非市场(政治方面)的优势,那么我们也可以认为企业得到政府的青睐本身就是竞争优势。这种优势来自企业的政治智慧和技巧,比如游说政客的能力。

政府通常对某些行业的企业给予补贴,从而使它们在成本方面更有竞争优势、更容易出口。假如,政府只对成本高于某个水准的企业进行补贴,那么至少在短期内会造成如下的局面:成本刚刚超过补贴水准的企业可能由于补贴获得卓越的经营绩效(高利润率),而成本补贴水准之下的企业则没有受到政府的任何资助。虽然这些企业比受补贴者有成本优势,可能会享有更卓越的经营绩效;但长期而言,得到补贴的企业,也可能由于补贴而建立新的竞争优势,从而使卓越经营绩效名副其实。

其次,运气和环境突变也可以用上述逻辑来解释。一个企业由于运气而获得了对经营绩效的某种一次性的正面刺激,其经营绩效可以很快超过本来比它更具有竞争优势的对手。就长期影响而言,这种运气也可能影响企业的资源组合,导致可持久竞争优势。这种情况在资源本位企业观的文献中早有提及(Rumelt,1984;Barney,1986a,1991)。

同样,某种环境突变也会改变一个企业的竞争优势。比如医院 A 可能比在一个同地区的医院 B 更享有竞争优势和卓越经营绩效。但是,医院 A 的罢工可以导致该医院运作暂停,严重影响它的经营绩效。可以想见,在短期内,医院 B 的经营绩效可能会高于医院 A,虽然医院 A 相对于 B 的竞争优势仍然存在。长期而言,如果医院 A 在组织方面没有足够韧性的话,它可能会由于员工士气低落、主要人员出走、服务质量下降、声誉降低、顾客稀少等因素而丧失其初始优势和卓越经营绩效。

最后,时间滞后也可以造成虽然实际竞争优势在丧失,但企业仍然享有卓越经营绩效的短暂情况。比如,一个企业的产品质量优势已经近乎消失,但由于储存剩余的顾客忠诚度,它仍然能够在短期内为企业带来卓越经营绩效。这种情况也应该给我们一个警示:战略管理者在分析竞争优势与经营绩效的关系时,需要注意时滞现象。也就是说,在某些情况下,同时度量和把握竞争优势和经营绩效,对研究它们之间的关系,并非准确的做法。比如,今年的研发投资力度并不能够精确地代表企业在创造性和当年技术创新方面的竞争优势。所以,一个较大的研发投资力度并不必然意味着较强的竞争优势,也不一定在当年就会影响企业的经营绩效。由此看来,对于流量(每年投资力度)和存量(研发实力)之间的关系,以及它们对企业经营绩效的不同作用模式的全面了解，会有助于战略管理者更好地理解竞争优势和企业经营绩效的关系。

本章结语

本章首先考察竞争优势的概念特点，并对它的关系属性和环境特定性作了深入探讨，然后对竞争优势与经营绩效之间关系的各种可能模式进行具体阐述。显然，本章提出的问题要比它所能回答的多得多。

战略管理面临的一个最重要的任务便是决定什么是这一领域研究的终极问题，或者最终的"因变量"。如果竞争优势和经营绩效在实质上是完全等同的，那么，我们可以用两者中的任何一个概念，因为二者是可以互换的。本章则有不同的主张。竞争优势和经营绩效是两个独立的概念和现象。如果我们的终极因变量是经营绩效，我们的终极问题是"为什么企业的经营绩效有差异"，那么我们必须清楚地解释并辩护，为什么我们还需要将竞争优势作为一个中间变量？如果我们的终极因变量就是竞争优势，而不去进一步探究其影响和作用（不管它是否导致卓越经营绩效），那么，我们应该用什么准则来衡量竞争优势？换言之，当你看到竞争优势时，你怎么知道它就是竞争优势？

本章所进行的文献搜索与评述至少得出一个基本结论，那就是竞争优势如果要成为一个战略管理研究中有用的理论概念，它的定义就必须更为清楚和严谨，它的度量必须更为准确和可操作化；不然，竞争优势只能作为一个内涵复杂而又因人而变的宽泛用语。

第二部分

竞争优势集合

第九章
STAR：一个整合框架

要获得持久卓越的经营绩效，企业需要拥有竞争优势，并且要有多种竞争优势的集合。有卓越经营绩效的企业通常不只是在一方面有其过人之处而通常在多方面出色。培育和管理一个动态演化的竞争优势集合或体系，并及时调整、增强和更新集合中的优势，将会帮助企业在商业竞争中常胜不衰。要保持企业竞争优势集合的健康演化，战略管理者必须关注如下重要任务：奠定基础，建立和发展企业的主导优势，明确地定义企业的使命（核心目标和核心价值）和认知（企业形象）；善于搭配、积聚和调配辅助优势，与主导优势形成有机互动，建立比较圆满的竞争优势集合；增强功效，放大竞争优势的作用和效果，尤其是通过获取和增强互补优势来放大现有优势；及时补充，根据企业自身、竞争对手、外部环境的变化，更新主导优势和辅助优势；从长计议，妥善处理不同竞争优势之间的取舍和交替；锲而不舍，延长持久单个竞争优势的时间跨度，从而最大限度地发挥现有竞争优势的效用。对不同竞争优势的了解和对上述重要任务以及它们之间关系的了解和把握，对于培育和管理企业竞争优势集合的战略管理者而言，将会助益斐然、嘉惠良多。

优胜企业之所以优胜,原因往往在于它们知道如何培育和管理企业的优势集合:如何同时在企业经营运作的多方面表现出色并与时俱进、适度调整。这样,以竞争优势为本位的企业观,将企业看做一个有机的、动态演化的优势集合。也就是说,企业是一个取胜的载体。

> 企业乃取胜的载体。
>
> ——本书作者

为帮助企业系统地了解如何驾驭竞争优势并取胜,本章将提出一个分析框架,力图比较具体地描述和捕捉企业竞争优势集合的主要构成部分及其发展动态。竞争优势变化不定,形式多样。纵向分析企业竞争优势集合的演化能使我们观察到竞争优势的行踪和走势,竞争优势如何产生、持续和消失,竞争优势之间如何互动,比如互补和替代,竞争优势集合本身如何更新、发展等,以及这些变化如何影响企业的经营绩效。

竞争优势集合可以被定义为这样一个竞争优势的积聚或体系,这个体系包括多种具有不同起因和可持久性的竞争优势:它是一个不断演化的、有机的动态体系;它的构成随时间而改变,旧有优势衰减,新发优势萌生。每一个企业的优势集合都有自己独特的结构和演化动态,但竞争优势集合的构成和演化也具有某些共性。所以,了解典型竞争优势集合的构成部分,熟悉竞争优势集合演化中的主要动态模式,这种一般性的把握,能够有效地帮助战略管理者应对自己企业的具体挑战。

优势集合:构成与动态

一个典型的竞争优势集合主要由主导优势和辅助优势构成,见图9-1。主导优势是竞争优势集合的中心部分,辅助部分的作用是使整个集合更加全面、完善、有效。某些竞争优势之间具有互补关系,可以相互放大;某些竞争优势互相冲突,需要取舍替代。努力使现有竞争优势延续持久固然重要,但不断创建添续新的竞争优势则更为必要。战略管理者的核心任务就在于保持不同竞争优势之间的健康互动和动态平衡,并根据环境、竞争对手、顾客和企业自身的变化,对整个竞争优势集合及时进行调整和更新。

下面,我们将首先分别讨论主导优势和辅助优势在竞争优势集合中的不同角色,然后阐释 STAR 分析框架,表述竞争优势集合的演化动态。

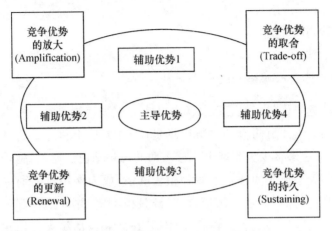

图 9-1 管理竞争优势集合的 STAR

主导优势与辅助优势

主导优势展示企业的核心目标和自我认知。"肯德基,我们做鸡最拿手。"这种企业宣传口号强烈地传递了一种信息:明确的市场定位和业务核心,清楚的自我认知和企业形象。它告诉消费者企业的主要优点和独特之处。有了明确定位和主导优势,肯德基又不断建立各类辅助优势(或者说支持优势)来支持企业的定位和主导优势,比如,方便的营业地点、清洁明亮的店面、快速高效率的服务等方面,都是辅助优势大做文章的地方。同样,佳能的主导优势是图像处理能力,它的辅助优势则表现在营销实力和制造工艺过程等方面。

主导优势一般而言可持久性较强,这样可以帮助企业巩固自我认知并强化核心目标;辅助优势则通常容易经历调整和变化。长期而言,主导优势也会衰退、削弱和消亡。比如,20 世纪 70 年代 IBM 以大型计算机业务为代表的主导优势(比如技术诀窍)并没有对它的 PC 业务有太大的帮助。所以,更新竞争优势,以成功应对当竞争变化,对当时的 IBM 来说势在必行。当 PC 成为主流业务时,IBM 的主导优势也随之转移。针对主导优势的一个主要问题是:"什么才是我们最重要的资产?"迪士尼的想象力、可口可乐的品牌、3M 的创新、耐克的形象,这些都是企业主导优势的最佳佐证。

STAR 分析框架

竞争优势的持久（Sustaining）

持久的竞争优势一般可以由两种基本方式来获得。第一种方式依赖独特的资源与能力或可防御的强势市场定位，全力禁止和惩罚竞争性模仿与替代，这种方法多多少少表现出一劳永逸的思想动机。比如，施乐早年在复印机行业培养了庞大的技术维修和租售队伍，成为保护自己霸主地位的产业进入壁垒；为打击竞争，它们的复印机只租不卖，并且用五百多种专利对其技术诀窍加以保护。数十年间，经历了 IBM 和柯达等大公司在大型复印机市场上的冲击，施乐仍然稳坐霸主地位。直到佳能的替代技术和中小型复印机的出现，它的这种竞争优势才遭到瓦解。

第二种方式则取决于不断创新，通过创造一系列前后交替继起的短期竞争优势，从而达到企业总体优势的长期持久，尤其是在你死我活的所谓超级竞争环境下。比如，英特尔在过去的二十多年间，通过不断的新产品开发，在 CPU 芯片领域造就了一系列的短期竞争优势。当竞争对手赶上之前，它已经在另一个新的技术高度上推出新一代产品，甚至不惜牺牲自己现有的、销路尚好的产品。这种超级竞争下的产品不断更新要求企业始终如一地保持创造性。这也可能是在这种竞争环境中取得持久竞争优势的唯一可行的手段。

竞争优势的取舍（Trade-off）

一个企业的竞争优势集合中可能同时存在互相矛盾和冲突的竞争优势，或存在现有优势和潜在优势的冲突、自有优势和外借虚拟优势的冲突。战略管理者需要从长计议，善断取舍。比如，锐步在 20 世纪 80 年代末期曾经收购了另外一家优质运动鞋品牌爱威亚（Avia）。在运动鞋市场上，相对于绝大多数竞争对手而言，锐步和爱威亚都具有品牌知名度的优势。锐步总部是让两个强势品牌独立运作，还是将两个品牌合并？这是一个重要的取舍决定。公司总部决定采用两个品牌齐头并进，使企业内部资源互相竞争，以期激发斗志。这种鼓励内部竞争的政策导致了爱威亚分部在电视广告中直接攻击、蔑视锐步旗舰品牌的事件。显然，这种攻击对企业整体的品牌形象和竞争优势有害无益。在某些时候,对不同优势的适当取舍可能会收到更好的效果。

在一个动态演化的竞争优势集合里,相互冲突的竞争优势通常也会争抢主导优势的地位,给战略管理者制造难题。我们可以回到第四章中提到的《大英百科全书》的案例。《大英百科全书》最初的主导优势应该说是其内容的权威性和可信性。但是,后来它的销售逐渐形成一对一的人盯人推销模式,销售人员以类似朋友的身份到顾客家中、工作单位和教堂等地展示和推销《大英百科全书》。这样一来,《大英百科全书》就形成了一个庞大而有效的销售队伍。该组织的主导竞争优势也从内容转移到销售领域。《大英百科全书》的内容编纂和审订费用只占到总成本的5%,而绝大部分成本都花在销售上。《大英百科全书》的销售队伍到底是一个向人们提供知识的组织,还是一个真正的销售组织?什么应该是它的主导优势呢?当时看起来,似乎销售成了主导优势。然而,当 CD-ROM 和在线信息查询技术突然到来之时,信息的搜索更加迅速,知识的传递更加便利。技术创新也为新进入该行业的对手和小的竞争对手提供了成功的契机。印刷版的《大英百科全书》的销售额在 20 世纪 90 年代初曾经一度暴跌 50%。面对如此危机,《大英百科全书》不得不在产品数码化方面全面出击,迎头赶上。

如果《大英百科全书》把主导优势牢牢锁定在权威内容和知识传递上,它是否可能不把传播手段本身奉为至宝,而对最先进的传播手段更加敏感一些呢?它是否能成为网络时代的先锋,而不是被动进入者呢?它会主动舍弃以销售为基础的主导优势吗?当然,如果《大英百科全书》决计继续维持其销售实力并以此为主导优势,那么它可以把自己定位于销售公司,在卖书的同时卖其他东西(当然是这种销售方式下最能让客户接受的货物或服务),正如《北京青年报》的小红帽不仅送报而且送牛奶和饮用水一样。

但是,《大英百科全书》又回归到知识产权业务。这样,以销售队伍为代表的主导优势已经失去意义。但是,这种调整似乎已经为时过晚。它的销售主导优势在 20 世纪 90 年代初就已经不合时宜。由此看来,主导竞争优势被不加分析而僵硬地制度化,尤其是在该优势的存在理由已经消失或不充分的情况下仍然大行其道,显然是一种悲哀。

竞争优势的放大(Amplification)

一个主导竞争优势可以通过一个互补优势,甚至是通过借来的虚拟优势得到放大。大家可以回顾本书前面曾经提到的 Direc TV 的例子。美国休斯卫星公司的主导竞争优势是其领先世界的卫星通信技术,然而这个惯于与国防部打交道的军工企业在民用产品市场上几乎没有任何优势,尤其是在成本控制方面。如果休斯卫星公司要将它的主导竞争优势扩展到民用产品市场上,那么它就需要借助其他企业的成本优势和营销优势来弥补自身的不足。因此,休斯卫星公司与电器企业 RCA 公司和索尼联手推出 Direc TV 卫星电视项目,受到用户的广泛欢迎。这种做法的核心是优势互补和优势的增强放大。

众所周知,微软的主导优势(位置优势)表现为它在 PC 操作系统上的垄断地位。对 IE 浏览器和 PC 操作系统的捆绑,则使微软的主导优势在 Internet 上的竞争中得到延展、放大。与此同时,IE 浏览器也逐渐蚕食了网景的市场份额,最终微软取得在浏览器市场的主导地位,增进了它在该市场的竞争优势。同样,在与 IBM 签订的为其供应 PC 操作系统的初始合同中,微软对 IBM 克隆条款的坚持也是优势放大的例证。这一招棋,意在迅速获得最多的客户资源,为 MS-DOS 操作系统成为产业标准奠定了良好基础。通过借用与克隆厂商的关系,微软将其竞争优势扩展放大到了整个 PC 产业。

竞争优势的更新(Renewal)

一个企业的竞争优势集合需要不断更新,才能保证连续的有效性,并使持久卓越经营绩效成为可能。例如,由于没有能力及时更新它们的竞争优势,在受到计算机文字处理的替代威胁时,很多打字机厂商只能缩减生产来适应日益缩小的市场,挣扎以求生存。这些企业的单一产品性质在很大程度上加速了它们退出舞台的速度,因为它们通常既没有优势更新,又没有其他主导优势来拯救企业于水火之中。像 IBM 这样的大企业,由于多重竞争优势的存在,在应对威胁时就显得相对从容。20 世纪 80 年代初,当 IBM 在大型机的主导优势受到 PC 的冲击之时,它就能够比较迅速地整合各方资源,借助其品牌和在商务客户中的卓著声誉,大举进入 PC 市场,从而为 IBM 整个企业的竞争优势组合添续了新的竞争优势(虽然后来 IBM 在 PC 市场的虚拟优势由于微软和英特尔的不断壮大而被逐渐削弱)。

面对越来越严峻和不利的大环境,自 20 世纪 60 年代以来,美国主要的烟草企业,借助于它们雄厚的资本,大都成功地更新了它们的业务组合和竞争优势集合,使烟草产品的比重逐渐减少。比如,菲利浦-莫里斯烟草公司(Philip Morris,现改称奥驰亚集团)拥有万宝路等世界驰名品牌,它的主导优势曾经是烟草营销和它的知名香烟品牌,由于公众对吸烟有害健康的认识日益增强,以及政府对其广告和促销手段的严格限制,香烟市场前景暗淡。菲利浦-莫里斯烟草公司不得不去寻求新的市场空间和收入/利润来源,比如食品、啤酒等相近行业。如今,奥驰亚集团高居美国《财富》500强前列,它的主导竞争优势并不是某个具体产品业务或品牌,而是大规模制造、配送和推销一系列与大众生活息息相关的食品、饮料、烟酒等的能力,尤其是打造和管理强势品牌的能力。同样,3M已经经历了多次自我更新:从采矿到制造,再到高科技服务;从砂纸到涂料,再到报事贴。它在某个具体业务中的特定竞争优势可能经常更新,而它最为主导的竞争优势却始终如一地体现在它不断创新的能力中。

行动中的优势集合:沃尔玛案例回访

地点定位作为主导优势

前方已简述了沃尔玛的成功经历。现在,我们可以重新审视和欣赏沃尔玛成功背后的竞争优势集合及其演化过程。造就沃尔玛早年成功最重要的一个因素应当是它的地点定位。以大型零售企业形迹罕至的农村和乡镇市场为主要服务区域是沃尔玛辉煌成功的起点,为其日后著名的低价战略和高速增长奠定了良好的基础。这种市场定位战略在执行初期是极其容易被对手模仿的,但同时也很容易被对手忽略。一旦这种地点选择战略被有效地付诸实施,它就很难再被对手成功地模仿。那时,沃尔玛的初始运作空间已经形成牢固的垄断地位,在每个乡镇市场中都达到了规模经济,从而对后来潜在进入者制造了障碍和壁垒。沃尔玛在不断扩张中学到的经验和技巧,也使得它们的店址选择和店铺开发能力成为它们的一大竞争优势,更使得它们能够快速占领美国大陆几乎所有适合进入的乡镇市场。

地点定位战略的实施主要依靠对某一个区域市场的饱和发展,同时向外拓展边界、向内填充补位。比如在某个区域中间建立仓储和配送中心,以货运车一天行程可以到达的距离为半径,划出该市场区域的圆形边界,这样,边界以内的店铺便可以很容易地落在该区域市场经理的掌控之中。然后,它们进一步在边界内的稀疏薄弱地带建立店铺,以填补空白,饱和市场。这种市场饱和战略有效地放大了规模效应,也使其地点定位战略得到增强和持久,因为沃尔玛没有给对手留下任何可乘之机,在它的势力范围内,其防线可以说是密不透风、无懈可击。同时,这种饱和状态也有效地向消费者和竞争对手显示了沃尔玛对该市场的承诺和投入。凯玛特曾经试图以三家店铺为先锋,攻打密苏里州春田地区市场。沃尔玛在该市场方圆100英里之内拥有40家店铺,凯玛特之举无异于以卵击石,其惨败之状可想而知。

以能力为代表的主导优势

随着时间的推移,曾经作为沃尔玛主导优势的地点定位已经逐渐削弱,因为适合沃尔玛发展的乡镇正逐步减少,而沃尔玛也开始逐步进入城郊甚至城市市场。价格竞争相对于沃尔玛在垄断地位较强的乡镇和农村市场,显得更加激烈。沃尔玛不愧为一个健康发展的竞争优势集合。如果沃尔玛被胜利冲昏了头脑而仅仅依靠它的初始地点定位优势,那么它肯定没有今日的辉煌。在它的发展过程中,它培育和建立了多种竞争优势。这些优势最终共同造就了沃尔玛的超级复合优势:低价优势。这一优势是沃尔玛"每天低价"战略的根本基础。低价优势的核心是沃尔玛的理货能力和高效率的运作模式——以最快的速度和最低廉的价格在生产厂家和消费者之间转移最大规模的货物。

沃尔玛现在的主导优势主要在于它全球领先的卓越理货知识和能力。这种主导优势的转变对沃尔玛竞争优势集合的构成部分、组合模式、形状大小和演化动态都会产生影响。它的竞争优势集合现在更加具有多样性,也更加全面。当然,很多与地点定位相似的竞争优势也能够作用持久,直至今日。

发展辅助优势

在创业初期,沃尔玛主要致力于增强它的地点定位优势,并使之持久。与此同时,其他服务于这一主导优势的辅助竞争优势也应运而生。比如,市场饱和战略使得沃尔玛在乡镇市场中和它整个服务区域内声名远扬。这种效果主要是靠它在这些区域随处可见的分店和使顾客满意的良好口碑来实现的。这种效果是一般企业花大力气、支付高额广告费也难以轻易达到的。

与竞争对手经常促销和令人眼花缭乱的各类广告不同,沃尔玛的广告手段也只不过是大概每月一次的随报纸发送的印刷品广告,它们著名的每天低价战略,并不需要经常地降价促销宣传,就能够吸引顾客进店购物。

沃尔玛的辅助优势还包括以上提到的它卓越的店址选择和店铺设计能力:用不同的店铺设计满足不同市场的特殊要求。至少在早期,沃尔玛的仓储配送中心和物流管理系统也是其重要的辅助优势之一。它们拥有自己的运输队伍以保证控制和灵活性。运输车司机同时身兼配送中心、店铺间的业务联络人和信息传递者数职,极大地增进了两方面的协调和效率,为地点定位和市场饱和战略的顺利实施提供了有效的支持。这些辅助优势,加之后来沃尔玛在零售业率先应用的卫星通信技术和其他先进的信息技术所带来的优势,使沃尔玛能够在店铺总数达到2 000多家时,仍然能够在48小时内从仓储配送中心向每个店铺送货,并能够在一周内两次更新每个店铺全店的货物。

更新多种竞争优势

当沃尔玛在20世纪80年代开始向城市市场进军的时候,它们已经大大更新了原有的竞争优势集合。比如,加强了对制造商的议价能力,同时也增进了和它们之间的合作关系;广泛应用信息技术;完善和改进库存管理等。

沃尔玛的强大规模,使任何生产厂家都不得不对它们的要求言听计从。美国第二大玩具厂家孩之宝公司(Hasbro)就曾经因为其产品包装尺寸过大,而被沃尔玛全部退货。宝洁公司每年销售总额的15%左右来自沃尔玛。该公司在沃尔玛总部附近的常驻业务人员多达150人。沃尔玛与供应商联系业务时,仍然使用对方付费电话。

在先进信息技术的武装下,沃尔玛可以很容易地记录和查询每个店铺和整个企业的销售数据,并预测库存需要和变化趋势。信息技术,尤其是它的电子数据交换系统,使沃尔玛和它的供应商之间能够即时共享信息,帮助供应商计划未来生产和送货的日程。这种合作关系甚至比大多数企业内部生产部门和销售部门之间的合作还要默契和有效率,这也使得沃尔玛能够比对手更迅速地向生产厂家和供应商支付货款。通过引进新的竞争优势,沃尔玛再一次把对手甩在后面。

放大和增强现有竞争优势

在物流管理方面,沃尔玛高效率的仓储管理、运输系统、仓储与店铺的沟通和库存管理等,早已使沃尔玛走在了对手的前面。而上述先进信息技术的应用,则更是为沃尔玛锦上添花,使它原有的竞争优势得到发扬光大。

沃尔玛并不只靠零售店的数量增长来迅速扩张,它也积极探索通过大宗批发店和会员店等形式来放大其现有竞争优势的可能性。山姆会员店便是一个很好的例子。山姆会员店通常建在沃尔玛隔壁,它为沃尔玛在店址选择、房地产交易、店铺设计等方面能力的进一步发挥利用提供了良好的机会,尤其是山姆会员店的存在,使得沃尔玛整个庞大的仓储配送系统得到了更加充分的应用,从而放大了它的优势。同时,山姆会员店的存在还增强了沃尔玛公司的总体购买实力,从而增强了它在规模经济和议价实力方面的竞争优势。

因此,将现有竞争优势应用于多种市场机会可以将这些优势放大。对于沃尔玛而言,这种优势放大也为它的总体低价优势作出了贡献。最近,沃尔玛也将它在货物配送、库存管理和规模经营等方面的竞争优势拓展到食品类超市业务,推出零售和超市相结合的超级沃尔玛店,成为沃尔玛销售增长和利润增长的一大亮点。

善于对待优势的取舍

不同的竞争优势可能相互冲突。有些时候,它们可以得到整合;有些时候,它们必须有所取舍。尤其是取舍成为必要之时,它就要求企业具有全局和长远的眼光并果敢自律。在沃顿早年经营杂货铺的时候,它所拥有的店铺的销售和利润在所有本·富兰克林连锁店中名列前茅。那时,折扣店的趋势只是"小荷才露尖尖角",而在乡镇市场推出折扣店更是冒了很大的风险。是舒服平稳地在杂货店体系中享受优势和成功,还是在折扣店的新兴潮流中搏击冒险?

在经营方向这个重要问题上,必须有一个明确的决策。如果离开杂货店的业务,就意味着对某些通过苦心经营所建立的竞争优势的自愿舍弃。最终,未来辉煌的召唤战胜了现时已有的荣光,折扣店和低价经营成了沃顿勇敢而又明智的选择。他渴望的是去影响和塑造未来——放弃短期优势,关注长期优势；完全放弃杂货店的经营理念，全面拥抱新的潮流。

抓住机会并且知道何时放弃优势。

——无名氏

沃尔玛对其竞争优势集合动态演化的管理可谓成功，然而，更大的挑战还在后面。沃尔玛的市场饱和战略已经成功地在美国各地建立了3000多家店铺。它如何进一步发展？如何应对业界新的挑战（比如网上购物）？沃尔玛现有的竞争优势集合可以帮助它在未来竞争中领先吗？它应该如何调整更新以迎接未来的挑战呢？

沃尔玛不断寻求新的发展空间，在20世纪90年代大举进入世界市场，从加拿大到墨西哥，从巴西到中国，开始向全球扩展。沃尔玛有哪些现有优势可以适用于全球市场？面对发展中国家相对落后的基础设施和生活水准，沃尔玛还可以继续打它的低价牌么？它在国际市场上的主导竞争优势应该是什么呢？它在美国国内市场和全球市场上的优势可以互相兼容吗？它的优势集合需要什么新的替代、取舍和整合呢？

胜者往往是那些朝前看的企业，或者说比对手更早朝前看的企业。沃尔玛竞争优势集合中的任何一个优势都可能衰退消亡，但优势集合不会轻易崩溃。展望未来，能够使企业以最快的速度和最低的价格销售最大数量货物的知识和能力，仍将是零售业竞争中立于不败之地的法宝——不管是国内市场，还是全球市场。而基于这种知识和能力的竞争优势，以及创造这些知识和能力的诀窍和经验，应该在它的竞争优势集合中占有至关重要的地位。

本章结语

要想在商业游戏中取胜，一个企业需要拥有一个竞争优势集合。正如耐克、通用电气和沃尔玛等案例所展示的，多种竞争优势使卓越经营绩效成为可能。培育动态演化、不断更新的竞争优势集合，将会帮助企业在不同时期的竞争中取胜。

企业战略管理者应该着力保持其优势集合的健康发展，保持主导优势与辅助优势的平衡，增强和放大现有竞争优势并使之得以持久；对冲突的优势进行整合或取舍；不断更新、及时填续新的优势。对于竞争优势集合演化动态的了解，将为战略管理者取得长期卓越经营绩效打下良好的基础。

第十章
优势本位企业观

本章系统阐述优势本位企业观的基本论点和框架,并对现有关于竞争优势的理论进行整合。优势本位企业观认为,企业是取胜的载体,是不同竞争优势的集合。这种优势集合不断演化、发展,其发展动态受企业的市场定位、资源与能力,以及企业行动的影响,它们所包括的具体要素在战略管理文献中论述颇多,但往往失于琐碎和分离,尚未形成体系。本章将对这些文献和它们所代表的理论视角和思想流派进行梳理整合,并探讨它们对企业竞争优势集合的作用和影响。相对于那些只注重某个单一环节或要素的理论而言,这种理论整合可以使理论表述更接近竞争现实。本章采用综合考量的方法,在结尾勾勒并简述企业战略管理者在保持其竞争优势集合健康演化时所面临的实际挑战和必须保有的重视与警觉。

在战略管理和相关的文献中,关于竞争优势的理论和学说可谓浩如烟海。这些理论和学说,从产业定位分析到企业资源本位观,从企业的核心竞争力到企业的动态能力,从以时间为基础的竞争到以知识为焦点的竞争,从企业文化到人才管理,从战略承诺到持续创新,从企业的战略意图到企业愿

第十章 优势本位企业观

景和远见,从超级竞争到竞合互动,从战略的设计到实施和执行力,可谓林林总总、众论不一。

我们如何考量和理解这些不同的理论和学说呢?虽然它们在学科根源、分析聚焦和注重点等方面有很多相似之处,但这些有关竞争优势的理论和学说,尤其是最近的一些文献,通常倾向于强调其分析的独特性和观点的新颖性,其倡导者无不声称自己的理论是最新的(对某些不加思考的读者来说也就意味着是最好的),是针对新的竞争现实的。而仔细推敲不难发现,这些理论和学说中的大多数,可以被归类于单一因素理论。

也就是说,这些理论往往只强调战略管理的某一个因素和层面,可能是产业定位、资源禀赋、企业文化、竞争或合作。在畅销书市场上,这种单一因素理论更是屡见不鲜。比如,"员工的忠诚最重要"、"企业文化最重要"、"品牌就是生命线"、"六西格玛最先进"、"平衡计分卡最科学"、"核心竞争力是关键"、"执行力万岁"、"赢在战略"、"细节决定一切",等等。似乎企业只要做好这些理论所推崇的那一件事就可高枕无忧了,似乎这个单一因素既是成功的必要条件,又是充分条件。其实事情远非如此简单。

问题的关键是,这些单一因素理论对了解某些特定的竞争优势会很有助益,但又都不能够全面地解释成功企业取得卓越经营绩效的原因;而且对单一因素的过分关注,容易导致企业管理者忽视其他重要因素甚至更重要的因素。当一个人手中只拥有一把锤子的时候,他满眼看到的都是钉子;当一个人拥有一个配备完整的工具箱时,他才更有可能根据实际需要选用不同的工具。

本章旨在对现有关于竞争优势的庞杂文献进行梳理和评判,提供一个基本的理论整合。通过这种努力,我们可以增强理论的解释能力,提高对企业卓越经营绩效决定因素的理解和把握。本章仍然使用第九章提出的竞争优势集合作为主体框架,并对竞争优势集合提出另外一种理解方法。这种方法,更注重竞争优势集合以及其构成要素的理论背景和学术基础,可以看做对第九章中比较注重实践的 STAR 框架的补充和完善。

下面首先举例讨论单一因素理论的局限性和理论整合的必要性,并阐述优势本位企业观的基本思想,然后评述有关竞争优势的主要理论和学说,并用影响企业竞争优势集合的企业市场定位、资源与能力、企业行动三个基本类别,来将它们进行分类组合。最后,简要地阐述企业在竞争优势集合的管理中所面临的主要挑战。

单一因素理论的局限性:本田案例探幽

　　现实世界商业竞争复杂多样,自有其自然规律可遵循,并不以理论界定为线索来规划自己。我们通过理论概括和简化来描述的事实,不管如何精确,都只能是对事实某一部分的归纳和解释。正如盲人摸象的启示,一个丰富多彩、复杂多变的战略现象,往往需要从不同视角和切入点来观察,才能得出相对比较全面的了解。这也正是为什么我们需要采用综合的视角来考量企业卓越经营绩效的主要原因。

　　我们可以用战略管理文献中著名的"本田效应"来看不同理论解释的有效性和局限性。"本田效应"曾被战略管理学名家亨利·明茨伯格(Henry Mintzberg)夸大地称为"整个管理文献中唯一被验证的事实"(Mintzberg,1996)。下面让我们来看一看不同学派的学者们对"本田效应"是如何解释的。本田公司在20世纪60年代开始相继进入美国和欧洲摩托车市场并逐步发展扩张的现象,首先是在波士顿咨询公司为英国政府提供的研究报告中得到正式分析的。该报告的研究主题是:为什么日本摩托车厂商能够在欧美市场长驱直入,而本地厂商则节节败退?波士顿咨询公司的报告使用了很多规范的分析(主要是经济学方面的),并得出结论:本田从大规模生产中获得的经验曲线效应使本田在成本上比西方老牌企业享有竞争优势、成本优势和后来创建的其他优势(比如良好品牌形象、新的销售渠道等),为本田在世界摩托车市场上的成功奠定了基础。波士顿咨询公司的报告充分展示了对战略现象背后的逻辑关系进行系统和规范分析的力量。后来,这种理性分析遭到斯坦福大学管理学者理查德·帕斯卡尔(Richard Pascale)的质疑。帕斯卡尔(1984)提出的"本田效应"轰动一时,至今仍被奉为战略经典。帕斯卡尔对负责当年本田公司进入美国的几位高级主管的访问调查表明,本田进入美国市场的实际故事与波士顿咨询公司报告中展示的逻辑清晰的图景相去甚远。在这个渐进演化的过程中,出现了许多失误、短视和惨败,也有许多学习、改善、调整和提高,当然也少不了运气。真实的现象似乎就是本田跌跌撞撞、歪打正着的走运历程。这就是理性背后的"本田效应"。

　　根据帕斯卡尔对本田故事的描述,明茨伯格认为本田摩托车进入美国市场的案例是"自生战略"的经典代表。也就是说,战略不是提前设计出来而后付诸实施的。恰恰相反,战略制定和战略实施是密不可分的。战略的制定、修改、实施和完善,都是在同一个过程中同时进行的,靠的是战略管理者的思考和计划、学习和调整,更靠他们的即兴发挥。虽然明茨伯格(1996)大肆宣扬"本田效应"的战略意义,理查德·鲁梅尔特(Richard Rumelt,1996)却认为"本田效应"的战略含义不应该被无限夸大。根据资源本位企业观,他指出本田老板本人的独特才能以及公司在技术操作领域的资源和能力,才是本田制胜的法宝。

同样,普拉哈拉德和哈默尔(1990)对本田成功的解释是:本田通过建立、使用和放大它的核心竞争力(小型发动机的设计和制造),来实现它的战略意图——它对统占全球市场的疯狂迷恋。乔治·斯托克(George Stalk)和他在波士顿咨询公司的同事对于核心竞争力的解释作了进一步的提升。核心竞争力虽然使本田能够同时参与看起来互不相关的业务市场,比如汽车和家用割草机,但是,使本田和对手区分开来的还有企业能力和企业的动态管理能力,比如,管理4S店、广告商关系、供应商关系的能力,以及迅速实现新产品开发和产品转型的能力。核心竞争力和动态管理能力代表了两种不同但又互补的战略要素。

熊彼特创新理论(Schumpeter,1934)把本田摩托车进入欧美市场初期成功的关键归结于创新——在小型发动机方面的创新,以及对小型摩托车市场的创造和占领。它所创造的小摩托车市场一方面增大了整个摩托车市场的范围,也给生产大型摩托车的企业一个警示。这样,本田摧毁了旧有的产业均衡,它也建立了新的细分市场,并在新的细分市场中建立自己所控制的生产、销售和服务的产业技术标准。

从产业结构分析的角度来看(Porter,1980;Caves and Ghemawat,1992),本田在设计和制造小型发动机方面卓越的技术素质,以及它在小型摩托车市场上的强势地位,对后来者构成了强大的进入壁垒和流动壁垒,有效地阻碍和屏蔽了其他新老对手在该市场上对本田的威胁。当然,我们永远不能低估日本企业征服全球市场的决心。在进入美国摩托车市场之初时,本田似乎显得有些短视和准备不足。但是,我们也要清楚地认识到本田对美国市场作出战略承诺的事实。日本政府和本田的出口商均建议本田先在东南亚市场练兵,然后进军美国市场。本田对此置之不理,本田本人的远见使他的公司决计要强攻美国市场。正像在影视圈,不在好莱坞走红,就很难成为世界级的电影明星一样,在摩托车或汽车业,不在美国市场立足,很难自称是业界大腕儿。

纵观本田效应,是哪一个最重要的单一因素导致了本田在美国摩托车市场上的成功呢?是战略还是运气?是核心竞争力,还是动态能力?是效率、资源,还是市场定位?是它们创造了什么全新的东西,还是只比原来更好、更便宜?事实上,没有一个因素能够完全解释本田的成功故事,但是每一个因素又都是多少有用的。本田效应至少能给我们两个启示:首先,成功的企业,无论是有意的还是自然而然的,通常在多方面都很优秀,它们往往拥有一个比较全面多样的竞争优势集合。其次,采用多个理论视角来观察和考量某个战略现象,可能会有助于我们对该现象从不同侧面进行详尽的分析,从而得到更加全面和深入的认识。

优势本位企业观:总体的把握

一个企业之所以存在,就在于它有某种竞争优势,至少对优胜企业来说是这样。优胜企业之所以成功,就在于它们知道如何更好地为顾客服务,如何获得和更新它们的竞争优势。从优胜者的角度出发,一个企业并不只是一个产品和市场的组合、一个资源与能力组合、一组核心竞争力或动态能力。它应该被看成是一个不断演化的竞争优势集合。这种对待企业的根本看法就是优势本位企业观,它把企业看成是取胜的载体。胜利——赢得卓越经营绩效,这是战略的终极目标。所有单一因素理论所强调的重要因素只不过是为实现目标所采用的手段而已,它们本身并不是也不应该是目的。优势本位企业观的主要论点是,有多种方法可以获取竞争优势,企业需要多种竞争优势来获得和保持卓越经营绩效。

优势本位企业观的使命是什么?优势本位企业观与现有关于竞争优势理论(尤其是单一因素理论)的关系如何?简而言之,优势本位企业观以现有理论为基石,但并不替代它们;它整合现有理论,而不是补充它们;它是以问题(竞争优势现象)为核心的总体把握,而不是拘泥于某个狭窄研究领域的专业探究。单一因素理论强调的是某些特例,比如以时间为基础的竞争;优势本位企业观对问题的探讨则在更一般和通用的层次,它萃取战略管理和相关领域研究之精华,并将它们归纳在竞争优势集合这样一个统一的逻辑框架之中。在用偏重理论研究和学术特色的方法来解释竞争优势集合之前,首先需要考察的是竞争优势集合的基本组成素材,也就是各种单一因素理论所强调的那些不同的战略因素。

关于竞争优势的主要理论

表10-1对现有关于竞争优势的主要理论进行了精炼的总结。总结主要从三个基本方面进行:第一,每个理论的企业观,即该理论如何看待企业和企业存在的理由;第二,每个理论的核心概念和核心目标;第三,每个理论对战略管理首要任务的看法。现有理论在这三个方面的论述集中反映了这些理论的特色和贡献。

表10-1 关于竞争优势的主要理论和学说的总结

	企业观	核心概念	战略的任务
产业定位分析法	产品市场活动组合	产业结构 市场定位 议价能力 进入和流动壁垒 垄断利润	产业定位 将企业定位于具有吸引力的产业中最易防守的强势位置
资源本位企业观	独特的资源与能力组合	独特资源 核心竞争力 动态能力 知识 李嘉图租金	资源差异化 攫取和利用独特的资源与能力,从而实施难以被对手模仿的战略
战略承诺	一系列不可逆转的投资决策的设计者和执行者	承诺(献身投入) 战略的持久性 进入壁垒 流动壁垒 持久竞争优势	选择承诺 通过一系列的资源投入来建立和加强企业可持久的市场定位
熊彼特创新理论	创造性破坏的实施者	创新 创造性地破坏 资源的新组合 企业家 企业家租金	创新 打破现有市场均衡,并开拓自己领先的新市场和新游戏

(续表)

	企业观	核心概念	战略的任务
效率学说	降低生产成本和交易成本的一个替代市场的运行机制	交易成本 操作成本 经济化 效率租金或准租金	经营活动经济化 力求最有效率地经营运作,从而实现企业总体价值链上所有活动的最高效率
生态系统学说	业务生态系统中的物种之一	进化 共同进化 环境选择 业务生态系统 主导性(基石) 物种	共同演化 追求企业在业务生态系统中的主导地位和系统本身的健康演化
超级竞争学说	警觉不安的斗士	超级竞争 竞争升级 新的"7S"分析 短期优势	奋力打斗 通过不断的竞争行为制造短期竞争优势,从而在永无休止的竞争中与时俱进
竞合学说	一个力求行为结果最优化的理性决策者	竞争与合作 替代与互补 游戏的PSTAR 双赢	竞合 追求竞争与合作间的平衡;改变游戏规则或游戏本身,实现双赢

产业组织经济学

20世纪80年代,波特(1980,1985)对产业结构分析正规化所作的贡献,在战略管理领域里可以称为划时代的成就。以产业组织经济学中的"产业结构—企业行为—经营绩效"为基本理论范式(Porter, 1981),产业结构分析法将企业看成是一个产品和市场组合。企业所在产业的结构决定企业的行为和战略,后者决定企业的经营绩效(Bain, 1956)。根据这种分析方法,在具有吸引力的产业建立可以防御的市场定位,使得持久竞争优势成为可能。产业的吸引力则取决于影响和改变产业结构的五种基本力量的具体组合,包括供应商和购买商、现有竞争对手、潜在竞争对手和竞争性替代者。

波特将其产业分析框架(五因素说)的终极目的定位在解释企业相对于直接和潜在对手的超额利润率的可持久性上。根据产业结构分析学派的解释,战略的实质在于企业如何进行产业定位选择。一旦进入一个具有吸引力的产业并建立了可以防御的市场定位,企业的战略任务便是筑起和操纵进入壁垒,打击和阻挠潜在竞争者的进入,从而保护企业的市场定位,使竞争优势得以持久。

工业组织经济学中的芝加哥学派,与上述强调市场强权的产业分析学派不同,他们坚持认为企业之所以发展壮大,主要靠它们的效率(Demsetz, 1973; Stigler, 1968)。虽然芝加哥学派并不否认垄断利润的存在,但德姆塞茨(Demsetz, 1973)认为企业的卓越经营绩效所反映的主要是效率租金,而不是垄断强权本身。从这个意义上讲,当一个企业可以更有效率地服务整个市场时,自然垄断是完全可能的。而该企业所享有的卓越经营绩效可以被看做对其效率的奖赏。

资源本位企业观

彭罗斯(Penrose, 1959)的企业增长理论将企业资源,尤其是管理资源奉为决定企业盛衰成败的王牌。她认为管理资源在企业的增长和发展中,既可能是油门,也可能是刹车。在战略管理领域,资源本位企业观继承了彭罗斯的衣钵,强调企业资源和能力是企业可持久竞争优势的主要来源(Wernerfelt, 1984)。具体而言,某些企业资源是有价值的、稀缺的、难以被模仿的,并且流动性低、企业特定性强,不可能在公开市场上买到,也没有被替代的可能。这样的独特资源将为企业带来可持久竞争优势和长期卓越经营绩效(Barney, 1986b, 1991; Rumelt, 1984; Cool and Dierickx, 1989; Grant, 1991)。产业分析学派强调的是产品市场结构的不完善(或非完全竞争),而资源本位企业观强调的则主要是资源和能力获取市场的非竞争性特点。这种不完全竞争导致企业间战略资源分配的差异性极其持久(Barney, 1986a; Zajac, 1992)。

根据资源本位企业观的解释,企业经营战略的首要任务在于发现和寻求独特的资源并以之为基础构建其他企业不可能模仿和替代的战略。与产业结构分析学派的进入壁垒概念相似,资源本位企业观依靠资源实力壁垒——限制和阻止对手模仿某个企业资源与能力组合的机制——来解释可持久竞争优势(Lippman and Rumelt, 1982; Wernerfelt, 1984; Rumelt, 1987; Grant, 1991)。20世纪90年代初,普拉哈拉德和哈默尔(1990)基于塞尔兹尼克(Selznick, 1957)独特竞争力概念而提出的核心竞争力,以及后来以能力和动态能力为主题的研究(Stalk et al.,1992;Teece et al.,1997)都可以宽泛地归结为广义的资源本位企业观。

战略承诺学说

产业组织经济学在经历了数十年实证研究的积淀之后,正日益被博弈论的分析传统所侵袭甚至替代。其中一支带有博弈论色彩的理论发展就是所谓的战略承诺学说。凯夫斯(Caves,1984)为这一学说作出了奠基性的贡献,盖莫沃特(1991)的工作使得该理论更具体和正规化。凯夫斯(1984)认为,企业的许多战略行动之所以可以被称为战略行动,就在于它们牵涉到大规模的、不可取消的资源投入。这种一旦投入就不可轻易撤出的资源(沉没成本极高),决定了企业行为的不可逆转性和企业战略的相对稳定性。盖莫沃特(1991)断言,承诺或献身投入对于持久竞争优势而言,既是充分的又是必要的。战略承诺可以导致强势产业定位,阻止潜在竞争者的进入,实现持久竞争优势。没有这种承诺,大家都企图永远"灵活多变",就不会产生企业间战略的持久差异性,从而就没有企业间经营绩效的差异性。换言之,如果企业的定位选择对企业没有相对持久的影响和约束的话,那么,预测未来,并对某种想象的未来作出相应的承诺,也就没有什么意义可言。

由于战略往往取决于并体现于企业的一系列不可逆转的投资决策,在环境不确定性和复杂性面前,善于预测未来,并坚定不移地朝着某个战略方向不断加强承诺,这是企业战略的首要任务。在战略承诺的研究中,沿袭产业组织经济学的传统,大家对进入壁垒和流动壁垒也非常关注。可持久竞争优势得以实现的前提就是,那些不可逆转的投资决策造就实实在在的进入壁垒(或流动壁垒),来阻止潜在进入者(或产业内其他对手,尤其是来自不同战略群组的对手)的威胁。像其他博弈论模型一样,在这里,竞争环境通常被假定为比较稳定的(虽然不确定)。这样,战略承诺才可能有长期意义,才能对持久竞争优势产生影响。

熊彼特创新经济学

对于战略管理学研究者而言,整个20世纪最伟大的经济学家,对市场经济运行机制理解最深刻、最透彻的学者,应当首推约瑟夫·熊彼特(Schumpeter,1934,1950)。他对企业家角色的贴切描述、对创新机制的精辟论断,至今仍被奉为学术经典和理论高峰。熊彼特认为,追逐利润的企业家将不断地通过创新来打破经济发展中现有的均衡。创新是市场经济自我促动的引擎。根据定义,由于创新性破坏的特质,熊彼特型竞争不可能稳定,而且更难预测。然而,正是不确定性才使战略成为必需。在以不确定性、复杂性、革命性和快速性为特色的熊彼特型竞争中,正是企业家在战略运作中的远见、判断和冒险,使一批又一批的新兴企业后来者居上,推动着经济的不断发展。

受熊彼特经济学精神的鼓舞,哈默尔和普拉哈拉德在倡导战略意图和核心竞争力等概念,以及为未来而竞争的思路时,曾大力强调企业家远见和雄心的重要性。创新是战略成功的一大法宝。无论是产品的创新、新市场的开发、新原材料的发现、新型企业组织管理制度的创立,还是各类企业活动的重新组合,都会帮助企业更好地为顾客提供价值(Schumpeter,1934,1950)。按照熊彼特经济学的思路,战略管理的主要任务应该是不断创造新的游戏,或改变现有游戏规则,并在创新中取胜。这也正是熊彼特所谓"创造性破坏"的精彩之处。

交易费用经济学和效率学派

交易费用经济学分析的焦点是不同交易模式和机制的经济性,即应用这些机制的费用,包括搜寻、谈判、签约和履行合同等环节所发生的费用。交易通常是经济活动的最基本单元。交易费用经济学将企业看做能够促进生产、组织和交易活动效率的一种交易模式(Coase,1937;Williamson,1975,1991)。威廉森(1975)指出,企业以管理命令链条来组织和监管生产和交易活动,是相对于市场机制的另外一种制度安排。能够为企业存在的原因辩护并帮助划定企业边界的,就是企业某些时候在降低交易费用时比市场更有效率这一事实。威廉森进一步强调了效率在企业经营活动中的重要性和对经营绩效的影响。有关效率、战略运作和竞争优势,威廉森(1991:第75页)作出了如下评述:

> 经济性(意即效率,后同。——笔者注)是最好的战略。这么说,并不意味着通过巧计和定位等手段等打压和击败对手的战略运作不重要。但是长期而言,最好的战略就是有效率地进行组织和操作……增

强经济性才是更根本的。换言之,战略谋算主要是对那些总体企业中的极少数具有市场强权的企业来说才有可能(如果我们忽略短期市场优势的话)……所有的巧计和定位,所有的文武诸侯、能人高士、皇骠御驹、金鞍银蹬,也很难拯救一个在第一阶经济性方面漏洞百出的项目于穷途末路。

威廉森将"第一阶经济性"定义为有效的适时调整和消除浪费。关于如何解释日本企业在全球竞争中的成功,威廉森(1991:第8页)进一步评论道:

> 通常流行的解释,至少在畅销商务书市场,都是战略方面的。但是,我认为日本人长期以来就清楚地知晓,经济性是最好的战略。对它们成功的主要解释应该是其对第一阶经济性孜孜不倦的追求。

显然,根据威廉森的观点,前面提到的本田的成功也主要是归功于它在大规模生产制造中的效率优势。所以,与芝加哥学派的观点不谋而合,交易费用经济学对企业战略管理的启示是,不要总想靠战略运作投机取巧,追求效率才是更重要的基本功。

生态系统学说

业务生态系统学说将企业看做属于某一个特定物种的实体,它试图在生态系统中调整自己去适应变化、攫取资源,并接受系统和更大外部环境的选择(或淘汰)(Hannan and Freeman, 1977)。生态系统学说的一个重要研究焦点就是不同生态系统之间的竞争,而不仅仅是同一个生态系统内不同物种之间的竞争。这样,环境选择不仅发生在个体物种层面,而且发生在多个生态系统之间(Moore, 1996)。不难想象,一个物种可能在一个具体的业务生态系统中是主导(或基石)物种,但整个生态系统可能游走于分崩离析的边缘。可见,任何一个渴望在生态系统中占有主导地位的物种,它的进化模式必须使其在自己的生态系统中脱颖而出,而且同时使它所在的整个生态系统在与其他生态系统未来的争斗中保持强劲的战斗力和韧性。

基于生态学说的观点,摩尔(Moore, 1996)声称,我们所熟悉的传统意义上的竞争,即一个产品市场或一个产业内的竞争,已经死亡,取而代之的是新的竞争风景和新的描述语言。战略管理者应该把企业间的关系看成是不同的物种或有机体在生态系统中共同进化的过程。这种关于竞争的新思维可以为企业竞争优势的持久性提供新的思路。也就是说,要获取和保持竞争优势,一个企业需要推动它的产品和技术成为其业务生态系统中的主导物种,从而控制行业标准;它也需要保持警觉,防范和打击其他业务生态系统的挑战,从而在更大的生态系统中成为主导系统。

超级竞争学说

由达文尼(1994)所提出的超级竞争学说,描述了一种狂争恶斗的竞争场景,在这个场景中,企业竞争不断升级,从价格质量到时间和诀窍,从争夺势力范围到打造丰裕资源储备,步步推进。超级竞争的一大特点就是竞争优势难以持久。毫不奇怪,这种学说将企业看成是一个超级竞争者,无时无刻不在与对手过招较量,总是试图不断地创造短期竞争优势。这一学说融入了战略管理文献中关于战略动态(进攻与反击)研究的一系列成果(Porter, 1984; Smith, Grimm and Gannon, 1992; Chen and MacMillan, 1992; Chen and Miller, 1994)。在此基础上,达文尼(1994)提出了所谓新"7S"战略武器,来帮助企业打破现状、获取胜利。

超级竞争,就其实质而言,可以说是熊彼特型竞争的极端表现形式,亦即破坏性创新不仅时间跨度缩短了,而且发生频率增强了。达文尼(1994)还认为合作战略并不能使企业走出超级竞争的困境。在超级竞争中取胜的唯一手段就是毫不犹豫、无所畏惧、全面拥抱、拔剑而战。只有适应不断打硬仗的挑战,企业才有可能在超级竞争中获得竞争优势,虽然这种优势往往是非常短暂的。不断获取短期竞争优势,大概应该算是超级竞争中企业战略管理的最高境界了。

博弈论和竞合学说

博弈论通常视企业为单一决策者,富有理性(或超级理性)的企业,在给定的信息和对手可能的行动空间时,试图达到企业利益的最大化。博弈论是一种处世哲学和世界观,它帮助决策者将相关的问题整理、表述成对手间互动的选择序列。博弈论是一种关于冲突和竞争的具体分析方法,主要依靠数学模型和一些基本准则来解决问题,它将复杂的决策情况通过一些典型的博弈游戏进行简化并求证每个游戏的均衡状态(Camerer, 1991; Saloner,

1991)。最近,布兰登博格和内尔巴夫(1996),根据博弈论的基本精神,提出了一个名为竞合的分析框架,将竞争和合作并存的事实和应对战略渲染得淋漓尽致。它鼓励企业按自身的需求主动去改变所面临的游戏,从而增加取胜的机会。

竞合意指一个企业与对手同时展开竞争与合作,强调互补者和竞争性替代者在游戏中共同的重要角色。布兰登博格和内尔巴夫(1996)认为,常规分析中经常被遗忘的就是对互补者的考虑,这与传统分析对竞争的过分强调不无关系。竞合学说是对上述以超级竞争学说为代表的传统观点的一种强烈反动。竞合学说认为,把互补者的角色放回到分析图景中,能够帮助企业思考和寻求合作的机会以及双赢的可能。竞合学说的核心主题是,企业可以通过改变游戏而获取竞争优势。具体而言,一个企业可以改变游戏的构成部分——PSTAR,即参赛的企业选手(Players)、每个选手所能增加的价值(Added-value)、各种游戏规则(Rules)、游戏中的策略(Tactics)和游戏的范围(Scope)。

理论整合的必要

管理理论通常是时髦买卖,或买卖时髦的买卖(Abrahamson,1996)。每当一个"新理论"或"最新卓越实践法"出炉的时候,炮制者无不刻意强调它们如此之"新",强调只有这一种新理论能够摧枯拉朽,将所有"老理论"、"旧思路"、"过时的胡言乱语"扫荡殆尽,而取代之成为新的正统(Eccles and Nohria,1992)。事实上,所有的理论都有缺陷,需要接受质疑和证伪。与此同时,我们还是能够通过探索不同理论之间的联系和整合的可能,来增进我们的知识。不同理论的有机整合可能会比任何一个单一因素理论更好地解释持久竞争优势和企业的长期卓越经营绩效。

阳光下面没有新生事物。

——《圣经》

以上论述的单一因素理论,不管多么优美和强大,都是管中窥豹,失之一隅。依靠单一的竞争优势来获得企业卓越经营绩效的持久,亦是岌岌可危。通常的情况是,最具有战略性的东西总是在不断变化的。市场强权、效率、创新、战略承诺和独特资源,无论多么有价值,都只不过是手段而已,最终的目标是取胜。为了实现这个目标,一个企业需要多种竞争优势,它的竞争优势集合必须随环境变化而调整。为了帮助企业实现这个目标,任何有关竞争优势的理论和视角都应该受到考察,并在各种互补和替代关系中进行比较。

> 水因地而制流,兵因敌而制胜。故兵无常势,水无定形。能因敌变化而取胜者,谓之神。
>
> ——《孙子兵法》

一个好的理论整合可以放大单一因素理论的效果(而不是替代它),并可以增加战略管理者的选择余地和空间。优势本位企业观就是这样一个立足于理论整合的总体视角。作为对单一理论的整合,优势本位企业观将会更加全面地拥抱当代商业竞争的现实。

请看索尼的案例。几乎所有现有的理论都可以用来描述它,但又都不能完全地描述它。作为世界上最大的家用电器厂家之一,由于它在全球市场的强势地位(虽然其地位日益受到三星等后起之秀的挑战),索尼理所当然地享有**市场强权**,比如它在 Walkman 系列产品中的霸主地位。索尼高效的生产能力和管理外包生产的经验为它提供了操作层面的竞争优势。索尼是一个以先锋者著称的企业,而不是一个追随者。**创新**是企业的核心和灵魂,它一直不断地推出新产品和型号,使模仿者们疲于应付、措手不及。

索尼非常愿意在某些领先技术的市场上最早进行**战略承诺**,虽然当时技术的不确定性可能导致它后来的失利。索尼在录像机市场上对其 β 技术的承诺并没有使其获得产业标准,使索尼损失惨重。从**业务生态系统**的角度来看,索尼孤军奋战、不善联盟,没能成功地将自己放在主导物种的地位。其他选手,不管是竞争者还是合作者,没有与其一起在它的技术轨道上共同演化。索尼在 Mini-Disc(微型光碟)和 DAT(Digital Audio Tape,数字音频磁带)市场上的一意孤行,同样使之蒙受了损失。但是,我们不能不感叹索尼在执行其创新战略时的自律和惊人的一致性:做技术先锋和市场先锋,坚持从独家技术创新中获利。

索尼的产品微型化技术实力通常被引用为**核心竞争力**的经典例证,使之能够在便携式和袋装式微型电子产品中遥遥领先。它快速抢占所有细分市场和全方位市场饱和的**独特能力**帮助它对其对手进行了强有力的打击。

在这种意义上,索尼毫无疑问是在**以时间为基础的竞争**中跑在最前面的选手。

虽然索尼欣赏和追求独家技术,但它对**合作战略**和以学习为目的的战略联盟并不陌生。为了共同应对技术挑战和降低风险,索尼在20世纪70年代末和80年代初曾与欧洲老牌劲旅飞利浦联手开发CD技术。基于与对手的合作和向对手的学习,当索尼对CD技术的信心达到某种程度之后,它先于飞利浦一步,作出大规模投资承诺,生产CD机并建造CD生产设施,迅速抢占世界市场,收获甚丰。飞利浦将新的CD产品当做高端消费品,而索尼则锁定中产阶级消费群体,全力出击。CD机终于成为继彩电之后索尼又一个全球领先的明星产品。

虽然索尼经常参与各种合作项目和战略联盟,但它与达文尼(1994)所描述的**超级竞争者**其实也相差无几。索尼并没有把它的品牌塑造成高不可攀的奢侈品形象,相反,它的产品覆盖了所有细分市场。索尼也会依靠其规模和成本优势,毫不留情地以杀价来增进市场份额,在所有价位都不断推出和更新产品。大前研一(1988)曾经批评这种超级竞争战略过于短视,不必要地把竞争推向利润空间非常狭小的境地。尽管如此,索尼的领先地位及其大规模的制造和营销能力,使它能够很好地掌控市场,收益丰厚。

索尼的案例很难说是一个非常特殊的例子,相反,它很可能是二战后崛起的日本企业市场行为的一个典型写照。即锁定那些技术含量较高,研发实力要求较强,产品质量、可靠性和价格都很重要的消费品市场,将产品从原来的高端和奢侈品定位转移到西欧和北美的中产阶级可以接受的大众消费品定位上,迅速建立和发展大规模、高效率的生产制造能力,以低成本和高质量见长,积极地推销产品、促进市场份额、建立强权,最终统治世界市场。如果想考证这一逻辑在现实中的表现,且看日本企业成绩优异(或曾经优异但逐步放弃)的产业:从照相机到微波炉,从石英表到CD机,从摩托车到汽车,从各类家电到办公用具。

我们必须清楚地认识到,以索尼为例,日本企业的竞争模式是多视角的、全方位的和不遗余力的。对于它们而言,目标不是某个细分"利基",而是称霸全球市场。为此,它们可以是谦逊的小学生、残酷的超级竞争者、高效率和灵活的加工机器、具有独特资源和核心竞争力的强权势力、一个勇于承诺并且自律的先锋、一个不懈追求的创新者、一个力求统领全球的贪婪斗士。对于这些日本企业和其他国家类似的企业来说,竞争并不仅仅是以时间为基础、以能力为基础、以创新为基础、以合作为基础或以群组为基础的。

实际上,由于类似索尼公司的竞争模式的出现以及大家对这种模式的日益了解和重视,竞争的速度和强度都在增强,竞争的范围和种类也被不断拓宽。面对这样复杂多变的全球竞争对手,任何单一因素理论都会显得力不从心、黯然失色。我们需要的是一个综合的分析框架,来整合多种现有的单一因素理论,包容尽可能多的战略可能和备选方案。鉴于此,优势本位企业观的目的恰恰在于帮助战略管理者在全球竞争中从容应对这样的竞争对手。

竞争优势集合:一个整合框架

如前所述,优势本位企业观视企业为取胜的载体。这种企业观可以帮助企业准确地定位自己的使命和形象。作为管理哲学,优势本位企业观有助于企业将其战略定位在其核心价值和独特的资源与能力上。优势本位企业观敦促企业去做它最擅长的事情,去进行那些它有最强竞争优势的业务,去参与它最有可能取胜的游戏。比如,通用电气坚持它的各个战略业务单元都必须在该业务市场上保持前两名的要求,就体现了优势本位企业观所倡导的哲学精神。

优势本位企业观的主要特点就是将企业看做一个多维的、动态演化的竞争优势集合。这种集合包括不同类型的竞争优势,这些优势同时作用、交互促动。一个健康平衡的竞争优势集合对于企业的卓越经营绩效至关关键。战略管理的中心任务就是创造和保持一个健康演化的竞争优势集合。

一个企业的竞争优势集合通常包括前述单一因素理论所信奉和强调的制胜因素。优势本位企业观和单一因素理论的根本区别,在于它们对卓越经营绩效的解释。单一因素理论无不强调某一个具体的因素,以整合为特色的优势本位企业观则推崇多种竞争优势的集合。请参看图 10-1 和图 10-2。

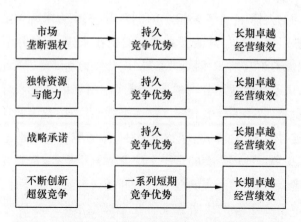

图 10-1　长期卓越经营绩效：某些单一因素理论的解释

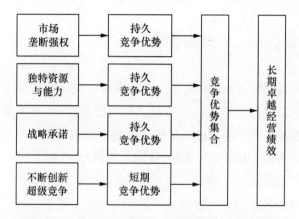

图 10-2　长期卓越经营绩效：优势本位企业观的解释

显然，在优势本位企业观的框架内，不同的单一因素理论对经营绩效的解释也成立。也就是说，单一因素理论中所描述的企业特质、竞争优势和经营绩效之间的关系是优势本位企业观总体框架中的一个子集和特例。而以优势本位企业观为基础的分析框架则是一个更一般、适用范围更广泛的框架。

以优势本位企业观为基础的关于企业竞争优势集合的分析框架包括三个主要组成部分：**企业资源与能力**、**市场定位**和**企业在经营游戏中的行动**。所有三个组成部分都是以前文所述的主要单一因素理论所提倡的制胜因素为基础的，它们对企业竞争优势集合的创建和发展具有不同的贡献。请参见图 10-3。

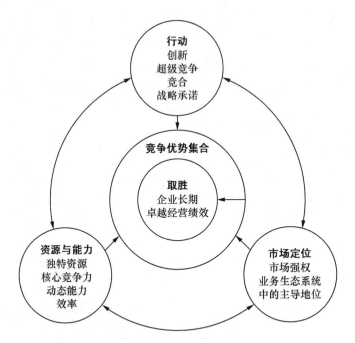

图 10-3　竞争优势集合与企业经营绩效

资源与能力

对于资源与能力等因素作为竞争优势的理论支持分别来自广义的资源本位企业观(Wernerfelt,1994)、对效率极端关注的交易费用经济学(Williamson,1991),以及产业经济学中的芝加哥学派(Demsetz,1973)。企业的独特资源,比如卡特彼勒公司在世界掘土机市场上的销售和维修队伍;核心竞争力,比如佳能的图像处理技术;以及动态能力,比如耐克对设计、制造、促销等多个环节中多方参与者的协调能力,都为相关的企业带来了竞争优势。就效率而言,如上一章所强调的,沃尔玛在货物配送、库存管理、销售服务等价值链条上表现出的惊人效率,为其低价战略提供了不可或缺的成本优势。

市场定位

市场强权和业务生态系统主导地位作为企业竞争优势的理论基础,来自产业结构分析法(Porter,1980)和生态系统学说(Moore,1996)。一个企业的市场强权作为竞争优势的例子可谓比比皆是,比如,家居货栈的店铺规模和强大的购买力,使它很容易在与供货商的谈判中占上风。同样,企业在业务生态系统中的主导地位也是竞争优势的源泉。比如,在20世纪90年代后期的全球手机市场上,曾有两大生态系统瓜分市场、争夺产业标准:爱立信和它的合作伙伴所倡导的TDMA和高通所倡导的CDMA。爱立信在TD-MA战略联盟(生态系统)的领袖地位和它当时在欧洲的市场强权,为它提供了当时所急需的竞争优势。

在技术更新迅速的市场上,无论优势有多大,强势市场定位都可能是非常短暂的。不断的技术创新或者经营理念创新,可能会将新的企业推向该业务生态系统的主导地位,比如,依靠控制手机本身制造和营销而后来居上的诺基亚。尤其是在快速多变的市场,我们不能只关注市场定位,更应注意自己和对手的行动。

企业行动

通过企业行动来创造竞争优势的理论基础来自于熊彼特创新经济学(Schumpeter, 1934, 1950)、超级竞争学说(D'Aveni, 1994)、竞合学说(Brandenburger and Nalebuff, 1996)与战略承诺学说(Caves, 1984; Ghemawat, 1991)。企业的创新、竞争、合作和战略承诺等行动都可能为企业的竞争优势集合作出重要贡献。第一,创新不但破坏现有的竞争平衡,更为创新者自身提供竞争优势。比如,3M制度化的创新保证它每年30%以上的销售额来自最近四年以来发明的技术和产品。第二,竞争行为会导致竞争优势的获取。耐克和锐步之间的超级竞争使双方都不得不使出浑身解数,用最大的努力去取悦顾客。这样一来,其他的对手则很难赶上它们的业界主导的地位,增进了它们对于其他对手共同的竞争优势。第三,以竞合的精神为指导,与竞争者合作,也会带来竞争优势。前面提到的索尼与飞利浦在CD技术方面的合作使之迅速占领CD机市场的案例,以及三大男高音的数度联手,便是明证。最后,在不断的战略承诺决策中,造就战略的一致性和持久性,也会帮助企业实现持久竞争优势。比如,沃尔玛对乡村市场的承诺,由农村包围城市,步步为营,实现了规模优势、垄断强权和各种阻止潜在对手模仿和威胁的进入与流动壁垒等。

能力、定位和行动之间的关系

企业的行动往往直接帮助企业获得竞争优势,同时也帮助企业强化市场定位,提高运作能力;在各类企业行动中,企业能力得以施展,帮助企业改善和巩固市场位置。通过行动,企业不断提高能力,增进"动态定型"。比如,美国国家银行在20世纪90年代,通过迅速的兼并和扩张,跻身十强。在这个过程中,该银行也积累了丰富的经验和能力:如何发现兼并对象,如何进行谈判出价,如何在兼并后对组织和其人力资源进行迅速整合等。

一个企业的市场定位通常也在很大程度上决定了该企业可以选择的行动空间,影响着企业能力在其行动中的发挥。这种市场强权使得微软在一系列软件和非软件市场上占有优势。微软的强势市场定位也能帮助它吸引和招募最新的优秀技术人才,增强其总体技术实力和新产品开发的能力。

一个企业的能力也对该企业的行动和市场定位起决定作用。比如,任天堂卓越的技术和市场营销实力,使它在世界各类游戏市场(尤其是电子游戏市场)长期称霸;吉列的产品创新能力和跨国营销能力使其能够在一年内将新产品推广到世界几乎每一个角落。这种市场行动是那些资源稀少、能力平平的对手所难以匹敌的。

行动中的竞争优势集合:英特尔的实例

以英特尔为例。英特尔是现实中竞争优势集合的典范,它在过去30年间的卓越经营绩效来自它锲而不舍的战略运作、技术创新和市场创新活动、强势市场定位、高效率的制造能力、卓越的品牌和企业形象,以及对主导产业标准的控制(Grove,1996)。[①]

行动:创新、超级竞争、承诺与竞合

英特尔是一个以行动著称的企业。在争取和保持业务生态环境主导地位的过程中,它采用了多种战略运作方式和具体的实施行动,这些行动包括不断创新,积极参与竞争,适时进行战略承诺,以及处理好业务生态系统中的竞合关系。

英特尔是一个创新者。它在计算机记忆装置领域的技术领先和早期的市场强权来自于其发明的革命性的新产品DRAM和EPROM。英特尔后来

---

① 以下评述的原始素材主要取自Grove(1996)。

在 PC 微处理器的霸主地位则得益于它发明的 8080 微处理器和后来的 8086 微处理器。它的 8080 微处理器是 8086 的一个 8-比特的变种,在 1981 年被 IBM 选中作为其 PC 的中央处理单元。英特尔在该市场的不断创新创造了它在 X86 系列和奔腾系列产品上的神话和英特尔的成功奇迹。

尽管在微处理器领域风头占尽,但英特尔并不居功自傲,完全以依赖的市场强权来打击对手。相反,英特尔是一个勇猛的竞争者、一个偏执狂型的斗士。通过从 286、386、486 到奔腾、奔腾多媒体、奔 III、奔 IV 的一系列产品创新,英特尔保证了在任何时候都比那些主要依靠廉价模仿的对手有足够的短期优势。在超级竞争的环境中,英特尔的真正优势在于它总是能够比对手先行一步。英特尔在挑战和拓展技术可能性极限的时候,面对的主要竞争对手正是它自己。

在任何一个产业获得持久的领先,企业都必须进行战略承诺。英特尔的战略承诺就是在微处理器市场赢得领先地位。英特尔的这种承诺在它的 CISC 技术上首次受到的重大挑战,是来自摩托罗拉的 RISC 处理器。但是,英特尔相信巨大的转换成本会有利于阻止现有 CISC 用户向 RISC 的转换,它更加坚定地增强了对 CISC 的原有承诺,致力于对以 486 为基础的计算机的支持。

这种承诺的背后也蕴含着竞合的战略思想。用英特尔老板格鲁夫本人的话说,大家都是某一个技术发展轨道上的"共同旅行者",需要重视企业之间的互补和支持关系。在英特尔的业务生态系统中,正是由于 PC 生产和营销厂家康柏对 486 的全力支持,才帮助英特尔下决心作出上述承诺。英特尔对互补者的作用和功效可以说是推崇备至,甚至有希望与 PC 标准的共同打造者微软携手到老的意思。在快速多变的高科技市场,微软和英特尔共掌江山三十年,实为奇迹。

虽然英特尔、微软和主要的 PC 制造商在分享 PC 产业的利润时互相竞争,但这些企业也积极合作,共同探索新的价值源泉,来保证整个业务生态系统的持久健康发展。比如,英特尔的"Intel Inside"广告攻势,不仅在终端市场有效地宣扬了它的品牌,而且增进了 PC 制造厂商产品的可信度和合法性。

能力:设计、制造和营销

英特尔在设计突破性和革命性产品方面具有超强的独特能力,这是英特尔取胜的一个关键。英特尔成功的另外两个关键点在于它的制造实力和营销实力。由于它的卓越研发和设计能力,英特尔能够不断推出新产品并代表产业标准。它的80386芯片曾经在出台的第一年内就获得两百多项设计奖。然而,在DRAM业务中,从日本竞争对手那里,英特尔清楚地感受到卓越的设计能力必须依靠卓越的制造能力,才能真正取得市场上的长期胜利。

设计与制造互为补充,可以相得益彰。为了加快设计速度,英特尔的设计师在设计早期就邀请制造方参与,从而保证设计的可加工性。英特尔的制造设施遍及世界。为了保证和提高制造质量和生产效率,英特尔采取了果断关闭低效率的设施和增强使用更多的全自动化设备等措施。这样,英特尔的制造实力和设计实力共同为一代又一代新产品的推出作出重要贡献。业界有名的"摩尔定律"声称芯片的速度每18个月翻一番,价格降低一半。事实已经证明这个定律是完全可信的。但是,要知道,所谓摩尔定律,并不是注定的自然规律,而是通过英特尔的努力人为创造出来的。

英特尔的卓越市场营销能力使它不仅在与PC厂商打交道时得心应手,而且在终端消费者那里也是口碑圆满。通过"Intel Inside"等一系列富有创意的广告宣传和促销措施,英特尔在公众中的形象已经不再是一个傲慢冷漠的技术型企业,而是一个产品颇受欢迎的大众消费品中的全球强势品牌。

定位:市场强权和业务生态系统中的主导地位

英特尔是一个意在称霸市场的企业,是力求取胜的企业。像通用电气一样,它只在具有竞争优势和潜在竞争优势的领域内活动。这就意味着要放弃和拒绝参与失败的产业和失势的业务。虽然在DRAM业务早期,英特尔一枝独秀,但在20世纪80年代,英特尔在全球市场中被效率和质量更高的日本企业大举赶超而沦为无关紧要的角色。1986年,英特尔果断地推出了它亲手创立的DRAM业务。这种果敢和决断展现了英特尔愿为胜者的决心和自律,以及调整自身适应环境的能力。

当英特尔聚焦微处理器时,它将视野定位于整个产业的需求。这就意味着英特尔必须首先确立自己作为产业标准代言人的地位。毫无疑问,与IBM在PC业务的合同给英特尔带来了初始的竞争优势和强势地位。在此之后,每一代新产品都帮助英特尔设立产业标准,作为其他企业模仿和赶超的对象。这种市场强权使英特尔能够有效地在制造中利用规模优势,并在与购买商(PC制造厂家)打交道中占上风。所有厂家必须参与英特尔指定的游戏,上述"Intel Inside"的故事即是经典例证。

与微软一起,英特尔在PC业务生态系统中扮演着主要角色。英特尔新一代的芯片使微软能够开发新的操作系统来利用新芯片更高的速度。微软在操作系统的绝对主导地位增强了英特尔芯片的价值。微软软件产品的不断开发和更新也对芯片的速度提出更高的要求,从而进一步激发英特尔产品创新的动力。二十多年过去了,英特尔和微软共同操纵的、世称Wintel典范的PC开放系统稳居PC产业标准的高位。在它们联手共同应对挑战者的同时,自己也在不断寻求新的发展空间和利润源泉。

总之,通过将企业的战略承诺从起初的记忆装置业务转移到后来的微处理器业务,英特尔在三十多年中不断地创造和更新它的竞争优势集合。诚如上述探讨所展示的,竞争优势集合的理论框架可以帮助战略管理者从不同的视角,对英特尔的长期卓越经营绩效现象进行更全面、更系统的考察。

竞争优势集合对战略管理者的挑战

在建立和管理企业竞争优势集合的过程中,企业的战略管理者面临一些重要挑战。这些挑战需要战略管理者慎重应对。

市场强权相对于效率

在一个良性循环中,企业的效率可以导致市场强权的建立,而市场强权也可以增进效率。比如,强权企业通常拥有的巨大购买和制造规模可以为它带来规模经济,从而提高效率。这种效率也会反过来帮助企业进一步巩固自己的市场地位。在一个恶性循环中,在市场强权下,企业容易滋生自满和低效率,而低效率导致强势市场位置的进一步丧失。现在的市场强权反映的往往是企业过去的效率、资源的独特或者运气。在短期内,这种强权可以为企业提供屏障和保护伞,允许企业吃老本,甚至包容企业的效率低下。但长期而言,如果因为缺乏创新和新的效率改善措施,市场强权得不到巩固和增强,那么,如今仍然貌似强大的企业就只能生存在对旧日辉煌的沉溺中。可见,市场强权可以催生太多的浪费和裕度(对错误和偏失的容忍和内部消化能力),不能对市场变化作出迅速反应。凯玛特在零售业市场地位的堕落,应该说它的低效率和慢反应是罪魁祸首,虽然在零售业市场上,它曾经是最大的折扣零售店。

战略管理者在审视企业竞争优势集合的时候,要善于把握市场强权和效率的关系。市场强权本身是不能继承的;那些导致它产生的因素,包括效率,作为比市场强权更基本的优势来源,必须不断被企业开发利用。效率本身可以为企业带来竞争优势,市场强权会进一步将效率优势放大。产业结构分析学派和芝加哥学派的争论,以及它们分别对市场强权和效率的追求值得我们深思。威廉森(1991)从交易费用经济学的角度对效率的强调,也提醒战略管理者,在培育和管理竞争优势集合时,要不断地在享用现有市场强权和增进效率之间求得动态平衡。

资源禀赋和企业能力

独特的资源禀赋本身就是持久竞争优势的坚实基础(Barney,1991)。企业的能力通常产生于企业的某种资源及其组合。卡特彼勒公司的销售和维修系统可以说是独特的、难以模范的资源。这种资源是它保证在全球范围48小时内回应客户需求这一能力的基础(Bartlett,1985)。企业能力,尤其是管理能力,使得企业能够搜寻、配置、使用和更新它的资源组合。比如,微软卓越的员工雇用能力帮助它在全世界每年新毕业的学生中发现和选择最好的人才,更新它的知识储备和技术队伍。

另一方面,企业能力通常产生于某些与知识和学习相关的活动,必须由企业在自身内部培育。独特的资源禀赋往往来自于运气而具有路径依赖性(Barney,1996b,1991);以知识为基础的能力通常需要企业的远见和行动的一致性,通过多种支持活动来共同打造(Winter,1987;Teece et al.,1997)。这样,企业的能力也许更难以被对手模仿,也更容易受企业管理者的战略意图和创新的影响。将基础性的资源培育、组合转换成高一级的企业能力和开发知识型的企业能力,应该是战略管理者必须面对的现实挑战。

承诺相对于灵活性

战略承诺对于持久竞争优势是必要条件,而且通常是充分条件(Ghemawat, 1991）。另一方面,灵活性保证了企业在外部环境变化导致先期承诺失效和作废的情况下,能够顺利调整,保持企业的生命力。没有承诺,就不可能有持久竞争优势;没有灵活性,企业就可能不必要地耽搁、沉溺于过去的优势中而故步自封。在承诺和灵活性之间平衡和取舍,不管是在某个具体的优势层面还是就整个竞争优势集合而言,都是一个必须慎重对待的问题。

创新相对于模仿

在市场经济中,创新可能是主动创造竞争优势的最可靠的良方。3M、惠普、戴尔等公司制度化的创新,为它们创造了一系列的竞争优势。但由于竞争对手的模仿,这些竞争优势很多不能持久。创新与模仿永远是先锋企业和后进入者之间矛盾的焦点。先锋企业通过创新,可能获得经验曲线效应、市场主导地位、拥有产业标准、控制供给和分销渠道、享有顾客忠诚等先动竞争优势。后进入者则可以享有先锋企业无法经历的后发优势,比如,"前人栽树、后人乘凉"的搭便车的现象——后进入者不必再进行市场拓展、顾客教育和应答各界对该业务合法性的质疑等。顾客口味和喜好的转变,以及技术标准的转变或更新,使先动者(由于原有的承诺)处于被动地位,后来者则如鱼得水。

索尼总是尝试创新和领先;松下则紧随其后,以模仿战略著称。在很多情况下,两种战略可能同时奏效,殊途同归。企业应该做先锋还是跟随者?企业的竞争优势集合应该更依赖创新,还是后动模仿?熊彼特(1934)的学说对战略管理者处理创新与模仿两者之间的关系应该有所启示。

竞争相对于合作

竞争产生优势,合作亦然。竞争性的行动可以制造强势的市场定位,抵消对手优势,遏制对手的行动空间,阻碍对手的进入和资源获取。合作则架起获取伙伴资源和技术的桥梁,在与供货商、分销渠道、资本提供者,以及员工和顾客关系上有优势。合作也使企业减低风险,享有规模和范围经济,或者与竞争对手进行统战。

其实,合作也是竞争。环境变化,企业也在变化,企业的战略以及它的主要竞争对手和合作伙伴也随之改变。一个企业的竞争优势集合应该主要依靠竞争获取优势,还是合作获取优势,或者二者并举?企业应该用什么标准来对此问题进行判断？超级竞争学说、竞合以及产业分析学派将会对上述问题的回答有所助益。

企业单独行动相对于企业群体行动

在一个相对稳定的环境中，企业完全通过自己的努力构建产品市场中的领先和主导地位仍然是有可能的。然而，在快速多变的市场和产业中，比如以硅谷为代表的高科技产业，新的竞争图景中唱主角的往往是一个企业群体，而非单一企业。企业发现，无论是出于主动出击还是被动防守原因，竞争主要在战略联盟之间、企业小组之间、网络之间和系统与系统之间展开。因此，企业在业务生态系统中的地位，以及自己所在生态系统的竞争力，成为战略管理者需要考虑的主要问题。

单个企业可能由于产品质量和高效率而比对手享有竞争优势。但是，如果这个企业所在的业务生态系统整体在坍塌，那么，它首先更应注意的事实不应该是它相对于自己业务生态系统中其他实体的领先，而应该是整个业务受到的威胁——来自其他生态系统的威胁。群体层次的生存高于个体物种的暂时领先。与此相似，一个技术势力强大的企业也可能在错误的航道乘风破浪、引领风骚，但却被锁在现有主导技术轨道和产业标准的外面。而那个错误的航道往往是一个失势的战略联盟。决策方面的挑战是很明显的。为构建和更新企业竞争优势集合，一个企业是要在市场上孤军奋战、特立独行，还是要左顾右盼、联合出击？在企业求取个体优秀和群体得势之间如何保持平衡？在获取竞争优势时，在多大程度上要靠自身的努力、靠对某集团或联盟的参与？业务生态系统学说将帮助战略管理者考量上述问题。

短期竞争优势和持久竞争优势

一个健康和平衡的竞争优势集合，拥有不同类型和时间跨度的竞争优势。无论短期竞争优势还是持久优势，都会为企业的卓越经营绩效作出贡献。持久竞争优势的重要性和可能性因企业和产业的不同而变化。没有持久竞争优势，一个企业便难以长期生存和取胜；而过分依赖某种持久竞争优势（通常来自市场进入壁垒和资源能力壁垒），可能导致企业竞争意识松懈和战斗能力下降。在不断的竞争行动中获取短期竞争优势，可以帮助企业保持和提高超级竞争中所必需的机警和战斗力。

产业分析学派、资源本位企业观和战略承诺学说等理论与方法,注重对持久竞争优势的考察;熊彼特学说和超级竞争学说,主要强调短期竞争优势的价值。两种思路相结合,能够帮助战略管理者更好地审视两种不同竞争优势在企业竞争优势集合中的构成与平衡问题。

现有竞争优势和未来竞争优势

优胜企业在运用现有竞争优势的同时,为企业未来的竞争优势集合作展望与准备。不仅如此,这些企业通常自愿作出某种牺牲,在不同的竞争优势中进行取舍,尤其是在现有竞争优势与未来竞争优势(包括潜在竞争优势)之间的取舍。领先企业在对手赶超之前主动自残,提前结束现有强势产品生命,而果断推出新一代产品的做法在市场上时有耳闻。像英特尔、佳能和索尼这样的企业,源源不断地推出新一代产品,推进产业标准,它们试图永久领先,在未来的版图中占领一席之地。

企业应该在什么时候放弃或终止现有的竞争优势,而代之以新的优势?战略管理者应该用什么准则来指导企业在现有优势和未来优势中进行平衡取舍?这里,熊彼特学说、超级竞争和战略承诺等理论可以再次证明它们的思想深度和对现实现象的解释力度,帮助战略管理者积极主动地应对挑战。

本章结语

- 企业是取胜的载体。取胜就是为顾客创造最好的价值。胜利使企业存在的理由变得充分,对于成功企业尤其如此。
- 战略的实质在于取胜。长期卓越经营绩效是企业战略及其战略管理者最好的记分牌。
- 要实现长期卓越经营绩效,最好的战略是建立和管理一个自我更新的、不断演化的多种竞争优势的集合。
- 优势本位企业观全面拥抱现有关于竞争优势的主要理论和学说,它萃取和整合现有战略管理理论精华,并将之呈示于关于竞争优势集合的一个统一框架之下。
- 战略管理者的根本任务和挑战就是要构建、管理和更新企业的竞争优势集合。迎接这个挑战需要对竞争优势集合的构成和演化动态有足够的了解。

对战略管理研究的启示

用竞争优势集合这一综合框架可以增强现有单一因素理论对企业卓越经营绩效的解释作用。与其根据现行时髦的任何一个单一因素理论去穷追持久竞争优势的最终源泉(市场强权、独特资源、核心竞争力、动态能力、时间、速度、创新等),不如关注企业竞争优势集合这一多层次、多类型的整体现象。基于这个基本信念和论点,本书提出并推介优势本位企业观的初始版本,旨在抛砖引玉。

竞争优势解剖和竞争优势集合,是优势本位企业观的两个基本概念和分析框架,它们为未来的研究工作打下了坚实的基础。未来研究可以进一步探索竞争优势解剖的六个层面如何互动并影响企业的经营绩效,什么样的竞争优势应该保留在不同类型企业的竞争优势集合中,竞争优势集合的变化如何影响企业的经营绩效,在什么条件下企业的竞争优势集合会突变成竞争劣势集合,等等。像DEA(数据包络分析,Date Envelopment Analysis)等比较复杂先进但又适用的研究方法论也应该得到广泛的推广,使实证研究的力度和广度得到加强。

对战略管理实践的启示

优势本位企业观的管理含义非常鲜明和清晰。企业作为取胜载体需要对自己有更全面的认识,将自己看做一个整体的竞争优势集合。在对长期卓越经营绩效的不懈追求中,长期而言,没有一个单一因素是永远重要的。将企业看成一个不断演化的、与时俱进的多种竞争优势的集合,可以帮助战略管理者欣赏现有理论的力量,也可以帮助他们看清楚现有理论的不足。企业不再简单地是一个封建城邦中领主一样的垄断者,一个独特资源的幸运拥有者,一个惶惶不可终日的超级竞争者,一个对伙伴无限信任的合作者,一个极富企业家精神的创新者,或者精明有余、承诺不足、打一枪换一炮的机会主义者。每一个角色都不能完全展现企业的全部演技。企业可能会在不同时期,甚至可能在同一个时期不同程度地扮演其中一个角色。

企业战略管理者需要对取胜倾注全部心血;需要抓住取胜这一根本,而不是对某一个具体的战略手段和获取竞争优势的工具顶礼膜拜。这就需要它们在战略运作中有效地选择和利用多种工具。就实际而言，把希望寄托在一个具体的竞争优势上，而不管它的持久性如何，都是危险的和不可靠的，虽然它能够在某些时候（极少的时候）为企业带来卓越经营绩效。构建一个不断更新的多种竞争优势集合，肯定会使企业获得长期卓越经营绩效的机会变得更大。这正是优势本位企业观的精髓所在。

结　语

> 你问我们的目标是什么？我可以用一个词来回答：胜利——不惜一切代价、不惧任何恐怖、不管道路如何长久和艰难去赢得胜利；因为没有胜利就没有生存。
>
> ——温斯顿·丘吉尔
> 1940年在英国下院演讲

> 胜利者似乎显得如此无可挑剔。
>
> ——威廉·莎士比亚
> 《亨利四世》

两位英国先贤精彩的论断雄辩地向我们昭示着胜利的必要性。然而，我们可以做一下这样一个练习。列举出10家英国企业，这些企业在20世纪后半叶从根本上改变了全球民众的生活、工作、游戏和学习方式。这项练习可能需要一段时间，需要费些周折与心思。现在，如果针对日本做同样的练习，似乎对上述问题的回答可能稍微迅速并容易一点。具有讽刺意味的是，温斯顿·丘吉尔和大英帝国在二战中为胜者，然而，却使日本在二战后的几十年里，在全球经济领域四处出击、出尽风头。日本所企盼的通过军事行动获取的强权并没有在战争中得以实现；日本是否通过在经济领域的扩张从而实现它的强权初衷，是值得战略管理者深刻思考的问题。实际上，手段只是手段，关键在于目标的实现。

看一看二战后最初的状况,比如20世纪50年代,世界前十大银行的总资产(或储蓄总量)排行榜,没有一家来自亚洲。30年后,日本银行几乎包揽了该排行榜的前10名。1988年,在其鼎盛时期,世界上储蓄总量排名前12位的银行均来自日本。1994年,世界总资产排名前10位的银行全部是日本银行。这种令人震撼的成就的背后,至少有这么一个基本的事实,那就是,日本的富足和经济的崛起并不在于日本培育和依靠了大批的世界级的银行家。它们的真正成就在于造就了一大批以创新为基础、以产品质量取胜、以消费者价值著称、称霸国际市场的世界级强势明星企业。

比如索尼、本田、松下和佳能这样的企业,无疑是它们所在市场中的胜者。虽然它们的经营业务和产业性质非常广泛和不同,但它们享有一个共同的基本信念,或者说战略意图:下决心取胜,长期主导国际市场。索尼在20世纪50年代的公司总体使命,曾经明确地包括提升日本在全球的文化地位和国家地位这样一个宽泛长远的目标。就具体业务而言,它渴望做先锋,不愿做后学。它坚持走在产业的前面,体验通过技术创新为大众生活服务的乐趣,提高日本产品的知名度和形象。本田曾经要成为第二个福特,把创新的精神永远发扬光大。松下创始人曾经制定了一个愚公移山式的250年战略计划,通过若干代人不断的努力去实现它的梦想:为最多的人提供最低价和最优质的产品。1991年,佳能的总裁对公司的远见作了如下描述:要成为像IBM和松下加起来一样大的优秀的全球一流企业。

任何一个日本企业的终极目标都是要保持它的永久生存。与靠风险投资资助的企业和美国公司不同,我们的首要目标不是短期利润率最大化,而是在保持生存的稳定基础上获得持久的赢利。

——贺来龙三郎(Ryuzaburo Kaku)
佳能前总裁

取胜:生存与影响

佳能总裁的评论应该说是代表了日本企业的基本心态和长期称雄国际市场的决心。毫无疑问,同样存在足够多的美国企业在全球市场上引领潮流,尽展风骚:食品饮料业的可口可乐和麦当劳、保健医药用品业的宝洁和强生、计算机业的微软和戴尔,等等。这些企业影响和改变了(并且正在逐

结　语

渐影响和改变)全球民众的生活方式或工作方式。像强势的日本企业一样，这些美国企业亦发誓力求巩固胜利，志在永久。

忽如一夜春风来，千树万树梨花开。在欧、美、日等国的经济由于各种原因相继出现增长问题的时候，其他所谓新兴经济和转型经济的国家则是发展迅猛。如今，韩国的大型跨国公司如三星、LG和现代等正在逐渐成为国际市场上的主力，直逼日本企业在很多行业的领先位置，比如三星对索尼的挑战。来自中国的企业集团也在迅速崛起，取得了长足的进步，开始在全球竞争的大环境下创建自己的竞争优势，比如，海尔、华为和TCL等。国际竞争日益激烈。竞争中的成功离不开企业的竞争优势。

我来，我看，我胜利。

——凯撒大帝

成功人士名彪青史；成功企业影响世事。以竞争优势为本位的企业观如此告诫：聚精会神来取胜，不遗余力去影响。胜利者统领利用更多的资源，吸引更多的消费者以及全社会的注意力。不仅对企业而言是如此，对国家而言亦是如此。竞争之中强者胜。试看美国对世界资源的强势占用和它对世界事物的广泛影响，再看日本需要世界各地多少资源(包括别国人力资源)来填充它庞大的工业机器。亚洲其他国家(包括中国和韩国在内)的经济崛起也日益推动着它们对世界资源的需求。在国际竞争中，取胜就意味着在全球享有影响，这种影响也是企业卓越经营绩效的一部分。取胜和享有影响的关键在于企业所拥有的竞争优势集合，或者国家总体的竞争优势集合。

奥运会中最重要的不是取胜而是参与……生活的真谛不在于征服而在于努力奋斗。

——皮艾尔·顾拜旦
现代奥运会先驱

胜者王侯败者寇。

——中国俗语

顾拜旦先生的精彩论断给胜者带来鼓励，也给败者送去慰藉。现代奥运会是体育运动的最高级综合盛会，它的精神是更高、更快、更强。对于每一个运动员来说，参与奥运会本身就已经值得骄傲。然而，在记录本上和人们的记忆中神采飞扬、奕奕闪光的形象往往是那些卓越辉煌、令人振奋的胜利者。奥运会是胜者的盛会。没有胜利的初试成绩,根本就不可能有机会参与;没有取胜的决心,很难想象胜利会成为可能。如果一个斗士根本不希望胜利,为什么还要参战?商业竞争的逻辑与此非常相似。取胜才是硬道理。在某种程度上,商业竞争可能比体育竞技更加激烈和残酷无情,而且比赛无时无刻不在进行。企业可能没有机会训练就得上场实战,慷慨赴死之后,便再也没有明年参赛的可能。

> 运动与商业的核心区别就在于在商业中企业进出的模式,使得一个企业(不管选择在任何市场中竞争),永远都要面对最优秀的对手。次优的对手被扫地出门,造成了商业竞争中没有乙级联赛的状况。
> ——伯格·沃纳菲尔特(Birger Wernerfelt)
> 麻省理工学院教授

沃纳菲尔特教授的论断虽然有些极端,但却在很多情况下颇有道理。企业要为生存和发展不断奋斗。尤其是在超级竞争环境中,不可能一成不变、四平八稳。相反,总是有更新、更年轻和更有饥饿感的企业家来争夺王位。你不取胜,对手当仁不让;你一旦输,就可能没有明天。只有那些"不可救药"的乐观主义者和自信的个人与团队才能取得胜利。而胜利的企业可以影响和改变世界。

行动起来

优势本位企业观的一个核心特色就是行动,以及强烈的行动倾向性。如果你不行动,可能不会摔跤;但如果没有行动,你也不可能取胜。取胜的目标呼唤着建立和管理竞争优势集合的行动。

为了通过行动取胜,一个企业需要在整个企业制度化地培育胜利导向的哲学观和渴望取胜的态度,需要在企业的各个层次和级别动员并鼓励大家采取行动,为企业胜利这样一个终极目标作贡献。同时,企业也需要适当的理论指导和支持,来帮助企业更好地了解关于竞争的经典智慧和现代前沿,从而更有效地管理企业的竞争优势集合。

不仅如此,企业还需要良好的社会环境和政府政策来鼓励和帮助它们取胜。事实上,企业自己也要像在竞争领域中积极主动地创建优势集合一样,积极主动地、有效地对付不利的政府政策或充满怀疑的社会环境。至少在美国,所有的管理学课本上曾经吹捧和标榜过的优秀企业、那些由富有远见的企业家从白手起家到发展壮大的强势企业,几乎全部遭遇过政府以《反托拉斯法》等法案为由的不同形势的打击和控告。

竞争优势的公共政策含义

胜利者往往独霸市场,它的大和强则是胜利的自然奖赏。如果我们相信芝加哥学派的观点——企业做大是因为高效率的企业提供的良好的顾客价值——那么,我们应该为大而强的企业喝彩而不是充满嫉妒和怀疑地谴责和惩罚它们。如果我们相信熊彼特的论断——市场经济的力量和动人之处在于"破坏性地创新"——那么,我们应该对市场经济制度本身有基本的信心,并相信每一个时代都会产生具有其时代特定代表性的强势企业,取代昔日的胜者。

> 消除垄断权力等于扼住创新的咽喉。
>
> ——理查德·鲁梅尔特
> 洛杉矶加州大学教授

除非政府提供氧气,否则效率低下的企业难以长期生存。如果创新者不能从自己的创新中获利,分享所创造的价值,那么创新的动力将会大打折扣。如果一个胜利者不能得到奖赏,取胜的欲望将会大打折扣。值得注意的是,在美国这样一个崇尚个体自由的国度,平均主义的声浪有时也会甚嚣尘上。公众和政府对优胜者和大企业的不信任与日俱增。早已不合时宜的《反托拉斯法》仍然被机械地沿用,作为惩罚优胜企业的利器。这种心态和做法在很大程度上限制了美国企业在全球市场上的行动能力和取胜机会,也使得相对于外国企业和国内对手,这些企业在美国国内市场上手脚束缚、腹背受敌。优胜企业通过自己的卓越能力和效率而获得的市场强权,也常常被指责为不公平竞争或利用不正当竞争优势的结果,备受攻击和谴责。

> 你不能杀戮,但传统允许任何形式的竞争。
>
> ——阿瑟·休·克拉夫(Arthur Hugh Glough)

>传统的美国理想主义必须与对当代现实的审慎估量相结合,以得出关于美国利益的有用定义。
>
>——亨利·基辛格
>美国前国务卿

纵观历史,哪里有真正的公平竞争?何时有公平的竞争优势?所谓"不正当竞争优势",恰恰是一个永远梳理不清的悖论。什么才是正当竞争优势呢?有优势而不能利用是不是就是正当的呢?没有竞争优势却阻碍对手优势的发挥是不是正当呢?这些问题,需要诉诸价值判断,但是我们必须清楚地意识到,根据定义,所谓竞争优势,本身就代表了不平等、不对称、有差异。竞争从来就不是公平的,是选手间对各自差异的利用,也是对选手间不公平性的统计和决算。如果存在公平竞争,可能也就不需要竞争,大家只要按照要求出场,老老实实接受统计和测量,比比分数,胜利者也就自动脱颖而出了。事实上,商业竞争从没有如此简单,企业的资源禀赋各异,机会不可能均等。

在美国产业发展之初,社会和竞争环境比较简单清楚,为保证相对的公平竞争和机会均等,《反托拉斯法》自然有其存在的理由。在当今动荡不安的国际竞争中,旧的法规已不能有效地解释新的现实。美国的强势企业在国内受到政府的控告和打击,在国外要面对很多有国家政府支持的外国企业的竞争,不能不说是处境艰难。为适应国际竞争的现实,美国政府必须相应采用新的政策法规和监管思路。美国的经验应该为中国政府敲响警钟。一个不能培育和保护本土自生的大型企业集团的国家是不可能在世界民族之林长期保持经济领先地位的。一个国家的竞争力取决于它的大型主导企业的竞争优势。

>不法先王之法,而法先王之所以为法。
>
>——韩非子

毋庸讳言,政府对于社会福利和公众事务方面应该保持合法的关注和警觉。在现实世界中,不公平现象和不公平竞争的存在是不争的事实。正是由于不公平的存在,弱势群体或企业才会为公平而奋斗;正是由于不公平竞争的存在,大家才呼吁竞争的公平。无论如何,游戏要进行下去。政府需要扮演政府的角色;企业需要执行企业的任务。企业最好是学会在湍急多变的水域游泳。在政府行为给定的情况下,那些更善于处理政府法律和公众关系的企业无疑占有竞争优势。可见,在企业的竞争优势集合中,不仅需要市场方面的优势,也需要社会或制度方面的优势。缺乏社会合法性,再强大的经济实体也不可能持久地保持其强劲势头,甚至连自身的生存都可能成问题。

在当今社会,在信息时代,没有一个经济强国是主要依靠那些难以影响全球市场的小企业来支撑的。小钱德勒雄辩地证明了"看得见的手"的作用:是那些由职业经理人统领的大型企业的作为,决定着一国经济的强大和它在国际市场上的地位。许多大型跨国公司可谓举足轻重、富可敌国;它们的管理者往往比许多主权国家的政府还要权高势威。在这些跨国公司呼风唤雨、所向披靡之际,又有哪些机构能够真正监管全球市场呢?早在欧盟国家政府间钩心斗角、讨价还价、酝酿欧洲统一货币(欧元)之前,大型金融服务企业如 Visa 和 Mastercard 就已经成功地应对了多国货币即时结算业务的挑战,使统一货币体系成为事实。

在日益全球化的市场竞争中,只有那些能够为消费者提供卓越价值的优秀企业才能生存和兴旺发达。那些不能够造就优秀企业并限制打击强势企业的国家将被无情地甩在后面。现代商业史强烈地表明,资本和技术不以国家界限为桎梏——哪里有利润空间,它们就流向哪里。全世界的消费者也具有很强的共性,他们购买的是价值,很少在意产品的国别和出身。

诺贝尔经济学奖获得者、芝加哥学派的代表米尔顿·弗里德曼(Milton Friedman)曾声称,企业唯一的社会责任就是赢利和增进股东价值。显然,企业既是经济实体,又是社会机构。因此,它们对自己的母国承担极大的社会责任,同时也对它们获取资源和出售产品的国家和地区负有社会责任。社会责任和经济利益有时很难兼顾,然而,经营绩效卓越的企业往往拥有良好的社会形象和公众认知。容易被社会和社区承认本身也是一种经济效益。因此,企业的唯一社会责任就是创建竞争优势集合并在竞争中取胜。一个企业要为它的资源提供者、员工、顾客和社区而争取胜利。在竞争日益激烈的全球市场上,如果没有胜利,就会有生存危机。所有关于社会责任感的空谈便也随之烟消云散。

对战略管理者的激情召唤

不管企业的资源禀赋如何,投身于那些能够通过自己的独特资源与能力为顾客提供卓越价值的活动,会为企业带来竞争优势。在没有竞争优势的业务中盘桓,在没有机会取胜的产业中挣扎,对自己、对社会来说都是一大不幸和资源浪费。如果更多的企业相信优势本位企业观所倡导的哲学思想,那么更多的企业将会拥有更多的取胜机会。同样,有限的社会资源和经济资源也能够得到更有效的配置和应用。

请不要误解。根据定义,取胜也是具有环境特定性的。如果我们以业务生态系统为分析单元,一个企业能够在它的业务生态体系中为它最直接的顾客群体创造最卓越的价值,那么它就是一个胜利者,不管该生态体系有多大。胜利者也不一定要打败一个产业中所有的对手。事实上,由于企业竞争优势集合的缺陷和改善前景的渺茫,某些企业注定在长时期内只能在某个细分市场称霸,但它仍然不失为胜者。如果它们不自量力,盲目扩大自己的势力范围,必将落得人仰马翻、惨败而还的结局。比如,一个口碑良好的地方性饭店,由于地方文化特色和风味独特,可能在当地好评如潮。当它希望在全国市场复制其成功的时候,很可能缺乏适当的竞争优势集合。因此,有些企业的命运可能就是小池子里的大鱼,而最大的赢家则是在最高水平上和最大范围内取胜。比如,可口可乐称霸全球软饮料市场,微软在PC操作市场中独占鳌头。它们拥有产业标准,它们占有市场份额,它们在顾客眼中,是该类产品的代名词。

两种胜者,不论大小,相信都会从理解竞争优势的解剖与集合中获益匪浅。对于那些满足于在小池子里做大鱼的企业,本书是有用的。本书的理论框架可以帮助它们分析如何进行市场定位、选择对手,并建立在某些特定市场中的竞争优势。对于那些要在最大池子里做最大的鱼、强中之强的企业们,本书所倡导的优势本位企业观和分析框架将尤其有用,因为优势本位企业观视企业为取胜的载体和竞争优势集合。

对于中国企业而言,挑战严峻,机会更多。我们不仅看到在区域市场和细分市场中翻花打浪的相对"大鱼",比如肉类市场上向全国品牌奋进的双汇和电信业的小灵通;也看到海尔和华为等冲击国际大市场的相对"小鱼"。

结　语

它们有可能成长为大鱼，并在最大的池子中称霸。比如格兰仕已经成长为大鱼。对于那些希望对外扩张的中国企业来说，要更进一步考虑的问题是，只做大鱼是否够用？如何成为更名贵的鱼、游得最快的鱼、最灵活的鱼、寿命最长的鱼？或者根本不是鱼，而是别的某种强势物种？

　　我更倾向于认为，我们应该更多地看到那些与池塘共同成长的鱼。成长的池塘就是中国市场和印度市场这些未来世界主流的市场。在这些池塘中成长，当池塘壮大，成为世界主流派市场的时候，池塘中的鱼便是世界级的企业。新兴企业如招商银行、泰康人寿等，以服务中国中产阶级为主旨。当中国现有中产阶级富裕起来时，这些企业便是如日中天的优胜企业和强势品牌。中国移动完全可以利用其庞大的客户资源和政府支持，在与西方技术列强交涉中稳居上风。当中国市场成为世界主流市场的时候，中国第一很可能就是全球第一。

　　所以，中国企业在向当前国际主流市场出击的同时，不可忽视中国市场的潜力，也不可小觑国际大鳄对中国市场的虎视眈眈。不管国内还是国际市场，取胜才是硬道理。

　　取胜意味着为最多的顾客提供最卓越的价值。

　　取胜决定企业的存在。

　　取胜凸显企业的价值。

　　取胜鼓舞员工的士气。

　　让我们为中国企业的胜利而鼓劲加油！

参考文献

Aaker, D. A. 1991. *Managing Brand Equity*. New York, NY: The Free Press.

Aaker, D. A. 1996. *Building Strong Brands*. New York, NY: The Free Press.

Abell, D. F. 1980. *Defining the Business*. Englewood Cliffs, NJ: Prentice Hall.

Amit, R., & Schoemaker, P. J. H. 1993. Strategic assets and organizational rent. *Strategic Management Journal*, 14(1), 33—46.

Ansoff, I. 1965. *Corporate Strategy*. New York: McGraw-Hill.

Bailey, E. E. 1997. *Integrating Policy Trends into Dynamic Advantage*. In Day, G. S. and Reibstein, D. J. (Eds.) 1997. *Wharton on Dynamic Competitive Strategy*. New York, NY: John Wiley & Sons, Inc.

Bain, J. 1956. *Barriers to New Competition*. Cambridge, MA: Harvard University Press.

Barnard, C. I. 1938. *The Function of Executives*. Cambridge, MA: Harvard University Press.

Baron, D. P. 1995. Integrating market and nonmarket strategies. *California Management Review*, 37(2), 47—65.

Bartlett, C. A. 1985. Caterpillar Tractor Co. *Harvard Business School Publishing*, case #9-385-276.

Bartlett, C. A. and Mohammed, A. 1995. 3M: Profile of an Innovating Company. *Harvard Business School Publishing*, 9-395-016.

Barney, J. B. 1986a. Strategic factor markets: Expectations, luck, and business strategy. *Management Science*, 32: 1231—1241.

Barney, J. B. 1986b. Organization culture: Can it be a source of competitive advantage? *Academy of Management Review*, 11: 656—665.

Barney, J. B. 1989. Assets stocks and sustained competitive advantage. *Management Science*, 35(12), 1511—1513.

Barney, J. B. 1991. Firm resources and sustained competitive advantage. *Journal of Management*, 17: 99—120.

Barney, 1994. The golden time of strategy research. Panel Discussion, Academy of Management Annual Meetings. Dallas, TX.

Barney, J. B. 1997. *Gaining and Sustaining Competitive Advantage*. Reading, Ma: Addison-Wesley.

Barney, J. B. 2002. *Gaining and Sustaining Competitive Advantage*. 2nd ed. NJ: Prentice Hall.

Barney, J. B. and Zajac, E. J. 1994. Competitive organizational behavior: Toward an organizationally-based theory of competitive advantage. *Strategic Management Journal*, Winter Special Issue, 15: 5—10.

Bennis, W. and Biederman, P. W. 1997. *Organizaing Genius*. Reading, MA: Addison-Wesley Publishing Company, Inc.

Boston Consulting Group. 1972. *Perspectives on Experience*. Boston, MA: BCG.

Bower, J. L. 1986. *Managing the Resource Allocation Process*. Boston, MA: Harvard Business School Press.

Bower, J. L. and J. Dial. 1994. Jack Welch: General Electric's revolutionary. *Harvard Business School Publishing*, case #9-394-065.

Bower, J. and Hout, T. M. 1988. Fast-cycle capability for competitive power. *Harvard Business Review*, Novermber-December: 2—9.

Bossidy, L. Charan., R. and C. Burck. 2002. *Execution: The Discipline of Getting Things Done*. Crown Business.

Brandenburger, A. and B. Nalebuff, 1996. *Coopetition*. New York, NY: Currency/Doubleday.

Burgelman, R. A. 1983a. A process model of internal corporate venturing in the diversified major firm. *Administrative Science Quarterly*, 28: 223—244.

Burgelman, R. A. 1983b. A model of the interaction of strategic behavior, corporate context, and the concept of strategy. *Academy of Management Review*, 8(1): 61—70.

Businees Week. 1996a. *Liftoff*. April 22: 136—147.

Business Week, 1996b. *Inside Microsoft*. July 15: 56—70.

Business Week. 1997. *Cover Story: The Economics of a TV Supershow and What IT Means For NBC and The Industry*. June 2: 116—121.

Business Week, 2004. *Can Michael Eisner Hold the Fort?* March 22: 96.

Camerer, C. 1991. Does strategy research need game theory? *Strategic Management Journal*, 12 (Winter Special Issue): 137—152.

Caves, R. E. 1984. Economic analysis and the quest for competitive advantage. *American Economic Review*, 74: 127—132.

Caves, R. E. and Ghemawat, P. 1992. Identifying mobility barriers. *Strategic Management Journal*, 13: 1—12.

Chance, A., Cooper, W. W., Lewin, A., and Seiford, L. M. (1994). *Data Envelopment Analysis: Theory, Methodology, and Applications*. Boston, MA: Kluwer.

Chandler, A. D. Jr. 1962. *Strategy and Structure*. Cambridge, MA: MIT Press.

Chandler, A. D. Jr. 1977. *The Visible Hand: The Managerial Revolution in American Business*. Cambridge, MA: The Belknap Press of Harvard University Press.

Chandler, A. D. Jr. 1990. *Scale and Scope: The Dynamics of Industrial Capitalism*. Cambridge, MA: The Belknap Press of Harvard University Press.

Chen, M.-J. 1996. Competitor analysis and interfirm rivalry: Toward a theoretical integration. *Academy of Management Review*, 21: 100—134.

Chen, M.-J. and MacMillan, I. C. 1992. Nonresponse and delayed response to competitive moves: The roles of competitor dependence and action irreversibility. *Academy of Management Journal*, 35: 539—570.

Chen, M.-J. and Miller, D. 1994. Competitive attack, retaliation and performance: An expectancy-valence framework. *Strategic Management Journal*, 15: 85—102.

Chesbrough, H. W. and Teece, D. J. 1996. When virtual virtuous? Organizing for innovation. *Harvard Business Review*, January-February: 65—73.

Child, J. 1972. Organizational structure, environment and performance: The role of strategic choice. *Sociology*, 6 (January): 2—22.

Coase, R. 1937. The nature of the firm. *Economica*. 4: 386—406.

Collins, J. C. 2001. *Good to Great: Why Some Companies Make the Leap and Others Don't*. New York, NY: HarperBusiness.

Collins, J. C. and Porras, J. I. 1996. Building your company's vision. *Harvard Business Review*, September-October: 65—77.

Collis, D. J. 1994. How valuable are organizational capabilities? *Strategic Management Journal*, Special Issue, Winter: 143—152.

Collis, D. J. and Montgomery, C. A. 1997. *Corporate Strategy: Resources and The Scope of The Firm*. Chicago, IL: Irwin.

Contractor, F. J. and Lorange, P. 1988. *Cooperative Strategies in International Business*. Lexington Books.

Cooper, R. 1997. Sony corporation: The Walkman line. *Harvard Business School Publishing*, Case #9-195-076.

Day, G. S. and Reibstein, D. J. 1997. *Wharton on Dynamic Competitive Strategy*. New York, NY: John Wiley & Sons, Inc.

D'Aveni, R. 1994. *Hypercompetition.* New York, Ny: Free Press.

Deal, T. E. and Kennedy, A. A. 1982. *Corporate Cultures.* Reading, MA: Addison-Wesley.

Demsetz, H. 1973. Industry structure, market rivalry, and public policy. *Journal of Law and Economics*, 16: 1—9.

Dierickx, I. and K. Cool. 1989. Asset stock accumulation and sustainability of competitive advantage. *Management Science*, 35: 1504—1511.

Doh, J. P. 2000. Entrepreneurial privatization strategies: Order of entry and local partner collaboration as sources of competitive advantage. *Academy of Management Review*, 25(3): 551—572.

Drucker, P. F. 1954. *The Practice of Management.* New York, NY: Harper & Row.

Dyer, J. H. & Singh, H. 1998. The relational view: Cooperative strategy and source of interorganizational competitive advantage. *Academy of Management Review*, 23(4): 660—679.

Eccles, R. G. and Nohria, N. 1992. *Beyond The Hype: Rediscovering The Essence of Management.* Boston, MA: Harvard Business School Press.

Egelhoff, W. G. 1988. *Organizing the multinational enterprise: An information processing perspective.* Cambridge, MA: Ballinger Publishing.

Eisenhardt, K. M., and Brown, S. L. 1998. *Competing on the edge: Strategy as structured chaos.* Boston, MA: Harvard Business School Press.

Evans, P. B. and Wurster, T. S. 1997. Strategy and the new economics of information. *Harvard Business Review*, September-October: 70—83.

Farh, J. L., Tsui, A. S., Xin, K., and Cheng, B. S. 1998. The influence of relational demography and guanxi: The Chinese case. *Organization Science*, 9(4): 471—488.

Fast, N. and Berg, N. 1983. The Lincoln Electric company. *Harvard Business School Publishing*, case #9-376-028.

Fiegenbaum, A., Hart, S., and Schendel, D. 1996. Strategic reference point theory. *Strategic Management Journal*, 17 (3), 219—235.

Follett, M. P. 1941. *Dynamic Adminstration.* New York, NY: Harper & Row.

Forbes. 1984. *General Electric-Going with the Winners.* March 26: 106.

Forbes. 1997a. *Format Wars.* July 7.

Forbes. 1997b. *Encirclement.* December 1: 145.

Forbes. 1998. *Star Bucks: Top 40 Entertainers.* September 21: 220.

Ford, H. 1923. *My Life and Work.* New York, NY: Doubleday, Page, & Co.

Fortune. 1985. *Sony.* April, 15.

Fortune. 1994. *Can The Limited Fix Itself?* October 17: 161—172.

Fortune. 1995a. *Open Season on Banks.* August 21: 42—52.

Fortune. 1995b. *Competition: Nike vs. Reebok.* September 18: 90—106.

Fortune. 1995c. *Cover Story: How We Did It.* October 2: 69—86.

Fortune. 1996a. *The Brand's The Thing.* March 4: 72—86.

Fortune. 1996b. *The Fortune 500.* April 29: 260—276 and F1—F42.

Fortune. 1996c. *Gates and Grove: Mr. Software and Mr. Hardware Brainstorm Computing's Future.* July, 8: 42—58.

Fortune. 1997a. *Fortune 500 Largest U. S. Corporations.* April, 26: 189—207 and F1—F42.

Fortune. 1997b. *Tiger!* May 12: 73—84.

Fortune. 1997c. Cover Story: *Inside Microsoft's Brain.* December 8: 84—98.

Fortune. 1998. *Why Wall Street's Buying Wal-Mart Again.* 92—94.

Gates, W. III. 1995. *The Road Ahead.* New York, NY: Viking Penguin.

Ghemawat, P. 1986. Sustainable advantage. *Harvard Business Review*, September-October, 64: 53—58.

Ghemawat, P. 1991. *Commitment: The Dynamics of Strategy.* New York: Free Press.

Ghoshal, S. 1992. *Canon: Competing on Capabilities.* INSEAD Case.

Ghoshal, S. and Bartlett, C. A. 1992. *Kao Corporation.* INSEAD Case.

Ghoshal, S. and Bartlett, C. A. 1988. *Matsushita Electric Industrial (MEI) in 1987. Harvard Business School Publishing*, 9-388-144.

Ghoshal, S. and Bartlett, C. A. 1997. *Individualized Corproation: A Fundamentally New Approach to Management.* New York, NY: HaperBusiness.

Gimeno, J., and Woo, C. Y. (1996). Hypercompetition in a multimarket environment: The role of strategic similarity and multimarket contact on competitive de-escalation. *Organization Science*: 7, 322—341.

Gomes-Casseres, B. 1994. Group versus group: How alliance networks compete. *Harvard Business Review*, July-August: 4—11.

Grant, R. M. 1991. A resource based perspective of competitive advantage. *California Management Review.* 33 (Spring): 114—135.

Grant, R. M. 1996. *Contemporary Strategy Analysis.* 2nd Ed. Cambridge, MA: Blackwell Publisher.

Grant, R. M. 1998. *Contemporary Strategy Analysis.* 3rd Ed. Malden, MA: Blackwell Publishers.

Griffin, N. and Masters, K. 1996. *Hit & Run: How Jon Peters and Peter Guber Took Sony for A Ride in Hollywood.* New York, NY: Simon & Schuster.

Grimm, C. M. and Smith, K. G. 1997. *Strategy as Action: Industry Rivalry and Coordination.* Cincinnati, OH: Southwestern Publishing.

Grove, A. 1996. *Only the Paranoid Survive.* New York, NY: DoubleDay.

Gulati, R. 1998. Networks and alliances. *Strategic Management Journal*, 19, 293—318.

Gulati, R., Nohria, N. 1992. Mutually assured alliances. *Academy of Management Best Papers Proceedings*, 1992: 17—21.

Gupta, A. K. and Govindarajan, V. 1991. Knowledge flows and the structure of control within multinational corporations. *Academy of Management Review*, 16: 768—792.

Gupta, A. K. and Govindarajan, V, 2001. Converting global presence into global competitive advantage. *Academy of Management Executive*, 15(2): 45—58.

Hall, R. 1992. The strategic analysis of intangible resources. *Strategic Management Journal*, 13(2): 135—144.

Hambrick, D. 1982. Environmental scanning and organizational strategy. *Strategic Management Journal*, 3: 159—174.

Hamel, G. and Prahalad, C. K. 1989. Strategic intent. *Harvard Business Review*, May-June: 63—76.

Hamel, G. and Prahalad, C. K. 1994. *Competing for The Future*. Boston, MA: Harvard Business School Press.

Hamel, G., Doz, Y. and Prahalad, C. K. 1989. Collaborate with your competitors and win. *Harvard Business Review*, 67: 133—139.

Hannan, M. and Freeman, J. 1977. The population ecology of organizations. *American Journal of Sociology*, 72: 267—272.

Hansen, G. and Wenerfelt, B. 1989. Determinants of firm performance: The relative importance of economic and organizational factors. *Strategic Management Journal*, 10: 399—411.

Harvard Business Review on Strategic Alliances. 2002. Harvard Business School Publishing Co.

Harvey, M. G., Novicevic, M. M., Buckley, M. R. and Ferris, G. R. 2001. A historic perspective on organizational ignorance. *Journal of Managerial Psychology*, 16: 449—469.

Haspeslagh, P. C. and Jemison, D. B. 1991. *Managing Acquisitions: Creating Value Through Corporate Renewal*. New York, NY: The Free Press.

Henderson, B. 1979. *Henderson on Corporate Strategy*. Cambridge, MA; Abt Books.

Henderson, B. 1984. *The Logic of Business Strategy*. Cambridge, MA: Ballinger Publishing Company.

Henderson, B. D. 1989. The origin of strategy. *Harvard Business Review*, November-December: 2—5.

Henderson, H. 1996. *Building A Win-Win World: Life Beyond Global Warfare*. San Francisco, CA: Berrett-Koehler Publishers, Inc.

Hill, C. W. L. 1997. Establishing a standard: Competitive strategy and technological standards in winner-take-all industries, *The Academy of Management Executive*, 11 (2): 7—25.

Hill, C. W. L. and Jones, G. 1996. *Strategic Management*. 3rd. Ed. Boston, MA: Houghton Mifflin.

Hitt, M. A., Ireland, R. D., Camp, S. M. and Sexton, D. L. 2001. Strategic entrepreneurship: Entrepreneurial strategies for wealth creation. *Strategic Management Journal*, 22 (6—7): 479—491.

Hofer, C. W. and Schendel, D. 1978. *Strategy Formulation: Analytical Concepts*. St. Paul, Mn: West.

Itami, H. 1987. *Mobilizing Intangible Assets*. Boston, MA: Harvard University Press.

Jacobson, R. 1988. The persistence of abnormal returns. *Strategic Management Journal*, 9: 41—58.

Jacobson, R. 1992. The "Austrian" school of strategy. *Academy of Management Review*, 17: 782—807.

Jemison, D. 1981. The importance of an integrative approach to strategic management research. *Academy of Management Review*, 6: 601—608.

Johnson, B. 1997. IBM moves back to Intel Co-op deal. *Advertising Age*, March 10: 4.

Kang, T. W. 1989. *Is Korea The Next Japan?* New York, NY: The Free Press.

Katz, D. 1994. *Just Do It: The Nike Spirit in the Corporate World*. Holbrook, MA: Adams Media Corporation.

Kelly, G. 1976. Seducing the elites: The politics of decision making and innovation in organizational networks. *Academy of Management Review*, 1: 66—74.

Kim, W. C. and Mauborgne, R. 1997. Value innovation: The strategic logic of high growth. *Harvard Business Review*, Jan. -Feb: 103—112.

Kissinger, H. A. 1994. *Dimplomacy*. New York, NY: Simon & Schuster.

Klein, A. 1990. Phil Knight: CEO at Nike. *Harvard Business School Publishing*, 9-390-038.

Kogut, B. 1985. Designing global strategies: Comparative and competitive value added chain. *Sloan Management Review*, 26, Summer: 15—28.

Kogut, B. 1988. Joint ventures: theoretical and empirical perspectives. *Strategic Management Journal*, 9, 319—332.

Kogut, B. and Singh, H. 1988. The effect of national culture on the choice of entry mode. *Journal of International Business Studies*, 19: 411—432.

Kotter, J. P. 1997. *Matsushita Leadership: Lessons from The 20th Century's Most Remarkable Entrepreneur*. New York, NY: The Free Press.

Kuhn, T. S. 1962. *The structure of scientific revolutions*. Chicago: University of Chicago Press.

Landis, B. 1997. License-plate lowdown: R. I. has 27 No. 1's. *Providence Sunday Journal*, September 28: A1, A15.

Learned, E. P., Christensen, C. R., Andrews, K. R. and Guth, W. 1965. *Business Policy: Text and Cases*. Homewood, IL: Richard Irwin.

Lebrecht, N. 1994. *The Maestro Myth: Great Conductors in Pursuit of Power*. Seacaucus, NJ: Carol Publishing.

Leonard-Barton, D. 1992. Core capabilities and core rigidities: A paradox in managing new product development. *Strategic Management Journal*, 13 (Summer Special Issue), 111—125.

Lieberman, M. and Montgomery, D. 1988. First mover advantages. *Strategic Management Journal*, 9: 41—58.

Lippman, S. and R. Rumelt. 1982. Uncertain imitability: An analysis of interfirm difference in efficiency under competition. *Bell Journal Of Economics*, 16: 418—438.

Lado, A. A., Boyd, N. G. and Hanlon, S. C. 1997. Competition, cooperation, and the search for economic rents: A syncretic model. *Academy of Management Review*, 22(1): 110—141.

Levitt, T. 1983. The globalization of markets. *Harvard Business Review*, 61 (3): 92—102.

Luo, Y. 1998. Timing of investment and international performance in China. *Journal of International Business Studies*, 29: 391—408.

Luo, Y., and Peng, M. W. 1998. First mover advantages in investing in transitional economies. *Thunderbird International Business Review*, 40(2): 141—163.

Ma, H. 1997. Constellation of competitive advantage and persistent superior performance. Paper presented at the Academy of Management Annual Meetings, Boston, MA.

Ma, H. 1998. Mutual forbearance in international business. *The Journal of International Management*, 4(2): 129—147.

Ma, H. 1999. Creation and preemption for competitive advantage. *Management Decision*, 37(3): 259—266.

Ma, H. 1999. Constellation of competitive advantage: Components and dynamics. *Management Decision*, 37(4): 348—355.

Ma, H. 1999. Anatomy of competitive advantage: A SELECT framework. *Management Decision*, 37(9): 709—718.

Ma, H. 2000. Toward an advantage based view of the firm. *Advances in Competitiveness Research*. 8(1): 34—59.

Ma, H. 2000. Competitive advantage and firm performance. *Competitiveness Review*. 10 (2): 15—32.

Ma, H. 2000. Of competitive advantage: kinetic and positional. *Business Horizons*. 43

(1): 53—64.

Ma, H. 2002. Competitive advantage: What's luck got to do with it? *Management Decision*. 40(6): 525—536.

Ma, H., Karri, R. and Chittipeddi, K. 2004. The paradox of managerial tyranny. *Business Horizons*. July. In Press.

Mahoney, J. T. and Pandian, J. R. 1992. The resource-based view within the conversation of strategic management. *Strategic Management Journal*, 13: 363—380.

Mancke, R. B. 1974. Causes of interfirm profitability differences: A new interpretation of the evidence. *Quarterly Journal of Economics*, 88 (May), 181—193.

Marcus, B, Blank, A. and Andelman, B. 1999. *Built from Scratch: How a Couple of Regular Guys Grew the Home Depot from Nothing to $30 Billion*. New York: Crown Business.

McGahan, A. M. 1991. Philips Compact Disc Introduction (Case Series). *Harvard Business School Publishing*.

Meyer, A. D. (1982). Adapting to environmental jolts. *Administrative Science Quarterly*, 27 (4), 515—538.

Micklethwait, J. and Wooldridge, A. 1996. *The Witch Doctors: Making Sense Of The Management Gurus*. New York, NY: Times Books.

Miles, R. E. and Snow, C. C. 1978. *Organizational strategy, structure, and process*. New York, NY: McGraw-Hill.

Miles, R. H. 1982. *Coffin Nails And Corporate Strategy*. Englewood Cliffs, Nj: Prentice Hall.

Miller, A. 1993. The us athletic shoe industry. In Dess, G. and Miller, A. *Strategic Management*. New York, NY: McGraw-Hill.

Mintzberg, H. 1978. Patterns in strategy formation. *Management Science*, 24(9): 934—949.

Mintzberg, H. 1996. The Honda effect revisited (a series of articles). *California Management Review*, 38(4): 78—79,92—93,96—99.

Moore, J. F. 1996. *The Death of Competition: Leadership & Strategy in The Age of Business Ecosystems*. New York, NY: HarperBusiness.

Nanda, A. and Bartlett, C. A. 1994. Intel corporation-leveraging capabilities for strategic renewal. *Harvard Business School Publishing*. case #9-394-141.

Nelson, R. and Winter, S. 1982. *An Evolutionary Theory of Economic Change*. Cambridge, MA: Harvard University Press.

Nohria, N. and Gulati, R. 1996. Is slack good or bad for innovation? *Academy of Management Journal*, 39(5): 1245—1264.

Nonaka, I. 1991. The knowledge-creating company. *Harvard Business Review*, November-December: 2—9.

Ohmae, K. 1982. *The Mind of Strategist*. New York, NY: McGraw Hill.

Ohmae, K. 1988. Getting back to strategy. *Harvard Business Review*, November-December: 149—156.

Ohmae, K. 2000. *The Invisible Continent: Four Strategic Imperatives of the New Economy* London: Nicholas Brealey.

Oliver, C. 1997. Sustainable competitive advantage: Combining institutional and resource-based views. *Strategic Management Journal*, 18: 697—713.

O'Shea, J. and Madigan, C. 1997. *Dangerous Company*. New York: Times Business.

Pan, Y., and Chi, P. S. K. 1999. Financial performance and survival of multinational corporations in China. *Strategic Management Journal*, 20: 359—374.

Pan, Y., Li, S., & Tse, D. K. 1999. The impact of order of entry and mode of market entry on profitability and market share. *Journal of International Business Studies*, 30: 81—104.

Pascale, R. T. 1984. Perspectives on strategy: The real story behind Honda's success. *California Management Review*, 26(3): 47—72.

Peters, T. and Waterman, R. 1982. *In Search of Excellence*. New York, NY: Haper & Row.

Penrose, E. 1959. *The Theory of The Growth of The Firm*. Oxford, England: Blackwell.

Peteraf, M. A. 1993. The cornerstones of competitive advantage: A resource-based view. *Strategic Management Journal*, 14: 179—191.

Pfeffer, J. 1994. *Competitive Advantage Though People*. Boston, Ma: Harvard Business School Press.

Porter, M. E. 1980. *Competitive Strategy*. New York: Free Press.

Porter, M. E. 1981. The contribution of industrial organization to strategic management. *Academy of Management Review*, 6: 609—620.

Porter, M. E. 1984. Strategic interaction: Some lessons from industry histories for theory and antitrust policy. In Lamb, R. (Ed.) *Competitive Strategic Management*: 415—445. Englewood Cliffs, NJ: Prentice Hall.

Porter, M. E. 1985. *Competitive Advantage*. New York: Free Press.

Porter, M. E. 1990. *Competitive Advantage of Nations*. New York: Free Press.

Porter, M. E. 1991. Towards a dynamic theory of strategy. *Strategic Management Journal*, 12 (Winter Special Issue): 95—118.

Porter, M. E. 1996. What is strategy? *Harvard Business Review*, November-December: 61—78.

Powell, T. C. 1992. Strategic planning as competitive advantage. *Strategic Management Journal*, 13: 551—558.

Powell. T. C. 2001. Competitive advantage: Logical and philosophical considerations.

Strategic Management Journal, 22: 875—888.

Prahalad, C. K. and Hamel, G. 1990. The core competence of corporations. *Harvard Business Review*, May-June: 79—91.

Prahalad, C. K., Lieberthal, K. 2003. The end of corporate imperialism. *Harvard Business Review*, August: 109—117.

Quinn, J. B. 1980. *Strategies for Change: Logical Incrementalism*. Homewood, Il: Irwin.

Reich, R. B. and Mankin, E. D. 1986. Joint ventures with Japan give away our future. *Harvard Business Review*, March-April: 78—85.

Reichheld, F. F. 1996. *The Loyalty Effect: The Hidden Force Behind Growth, Profits, and Lasting Value*. Boston, MA: Harvard Business School Publishing.

Roddick, A. 1991. *Body and Soul: Profits with Principles—The Amazing Story of Anita Roddick and The Body Shop*. New York, NY: Crown Publishers.

Rogers, D. J. 1987. *Waging Business Warfare: Lessons From The Military Masters in Achieving Corporate Superiority*. New York, NY: Charles Scribner's Sons.

Rumelt, R. P. 1974. *Strategy, Structure, and Economic Performance*. Boston: Harvard University Press, 1974.

Rumelt, R. P. 1984. Toward a strategic theory of firm. In Lamb, R (Ed.) *Competitive Strategic Management*. : 556—570. Englewood Cliffs: Prentice Hall.

Rumelt, R. P. 1987. Theory, strategy, and entrepreneurship. In Teece, D. (Ed.). *The Competitive Challenge*: 137—158. Cambridge, Mass: Ballinger.

Rumelt, R. P. 1991. How much does industry matter? *Strategic Management Journal*, 12: 167—185.

Rumelt, R. P. 1996. The many faces of Honda. *California Management Review*, 38(4): 103—111.

Rosenzweig, P. M. 1991. Bill Gates and the management of microsoft. *Harvard Business School Publishing*. 9-392-019.

Rumelt, R. P., Schendel, D. E., and Teece, D. J. 1991. Strategic management and economics. *Strategic Management Journal*, 12 (Winter Special Issue): 5—29.

Saloner, G. 1991. Modeling, game theory, and strategic management. *Strategic Management Journal*, 12 (Winter Special Issue): 119—136.

Sanchez, R. 1993. Strategic flexibility, firm organization, and managerial work in dynamic markets: A strategic-options perspective. In Shrivastava, P., Huff, A. S. & Dutton, J. E. (Eds.), *Advances in Strategic Management*. 9: 251—291. Greenwich, CT: JAI Press, Inc.

Sanchez, R. 1995. Strategic flexibility in product competition. *Strategic Management Journal*, 16 (Summer Special Issue): 135—159.

Schoemaker, P. 1990. Strategy, complexity, and economic rent. *Management Science*,

36: 1178—1192.

Schumpeter, J. A. 1934. *The Theory of Economic Development*. Cambridge, Ma: Harvard University Press.

Schumpeter, J. A. 1950. *Capitalism, Socialism, and Democracy*. New York: Harper and Row.

Selznick, P. 1957. *Leadership in Administration*. New York: Harper and Row.

Senge, P. M. 1990. *The Fifth Discipline: The Art and Practice of The Learning Organization*. New York, NY: Double Day/Currency.

Simon, H. A. 1947. *Administrative Behavior*. New York, NY: The Free Press.

Smith, K. G., Grimm, C. M., and Gannon, M. J. 1992. *Dynamics of Competitive Strategy*. Newbury Park, CA: Sage Publications.

Stalk, G. 1990. Time—the next source of competitive Advantage. *Harvard Business Review*, July-August: 41—51.

Stalk, G. and Hout, T. 1990. *Competing Against Time: How Time-Based Competition Is Reshaping Global Markets*. New York, NY: The Free Press.

Stalk, G. Evans, P. And Shulman, L. E. 1992. Competing on capabilities. *Harvard Business Review*, March-April: 57—69.

Stewart. T. A. 1997. *Intellectual Capital: The New Wealth of Organizations*. New York, NY: Doubleday/Currency.

Stigler, G. 1968. *The Organization of Industry*. Chicago, IL: University of Chicago Press.

Tan, J. J. 2001. Innovation and risk taking in a transitional economy: A comparative study of Chinese managers and entrepreneurs. *Journal of Business Venturing*, 16, 359—376.

Teece, D. J. 1990. Contributions and impediments of economic analysis to the study of strategic management. In Fredrickson, J. W. (Ed.). *Perspectives on Strategic Management*, 39—80. New York: Harper Business.

Teece, D. J., Pisano, G. and Shuen, A. 1997. Dynamic capabilities and strategic management. *Strategic Management Journal*, 18: 509—533.

Time. 1994. *They Are Back*! July 18: 52—55.

Ulrich, D. 1997. *Human Resource Champions*. Boston, MA: Harvard Business School Publishing.

Ulrich, D. and Lake, D. 1990. *Organizational Capability: Competing From the Inside Out*. New York, NY: John Wiley.

Ungson, G. R., Steers, R. M. and Park, S. H. 1997. *Korean Enterprise. The Quest For Globalization*. Boston, MA: Harvard Business School Press.

Vogel, E. F. 1985. *Comeback*. New York, NY: Simon & Schuster.

Wall Street Journal. 1993. *Tweeter's Customers Told: Your Check is in the Mail*.

August, 17.

Wall Street Journal. 1996. *Don't Hate Me Because I'm Beautiful*. December, 31: 7.

Wall Street Journal. 1997. *Computer Firms Tell of Microsoft's Tough Tactics*. Oct, 23: A3 and A6.

Wall Street Journal. 1998. *Manager's Journal: A Match Made in Heaven? Find Out Before You Merge*. Nov 30.

Walton, S. 1992. *Made in America: My Story*. New York, NY: Doubleday.

Wernerfelt, B. 1984. A resource-based view of the firm. *Strategic Management Journal*, 5: 171—180.

Wernerfelt, B. 1995. The resource-based view of the firm: Ten years after. *Strategic Management Journal*, 16: 171—174.

Wernerfelt, B., and Montgomery, C. A. 1986. What is an attractive industry? *Management Science*, 32, 1223—1230.

Wheelen, T. L. and Hunger, J. D. 1997. *Strategic Management and Business Policy: Entering 21st Century Global Society*. Reading, MA: Addison-Wesley.

Williamson, O. E. 1975. *Markets and Hierarchies: Analysis and Antitrust Implications*. New York: Free Press.

Williamson, O. E. 1991. Strategizing, economizing, and economic organization. *Strategic Management Journal*, 12 (Winter Special Issue): 75—94.

Wind, J. 1997. Preemptive strategies. In Day, G. S. And Reibstein, D. J. 1997. (Ed.) *Wharton on Dynamic Competitive Strategy*. New York, NY: John Wiley & Sons, Inc.

Winter, S. 1987. Knowledge and competence as strategic assets. In D. Teece (Ed.). *The Competitive Challenge*: 159—184. New York, NY: Harper and Row.

Yan, A. 1998. Structural stability and reconfiguration of international joint ventures. *Journal of International Business Studies*, 29: 773—796.

Yip, G. 1995. *Total Global Strategy: Managing for Worldwide Competitive Advantage*. Englewood, Cliffs, NJ: Prentice Hall.

Yoffie, D. 1990. The world VCR industry. *Harvard Business School Publishing*, 9-387-098.

Yoffie, D., and Cusumano, M. A. 1999. Judo strategy: The competitive dynamics of Internet time. *Harvard Business Review*, 77 (1), 70—82.

Zajac, E. 1992. Relating economic and behavioral perspectives in strategy research. In Dutton, J., Huff, A. and Shrivastava, P. (Eds.) *Advances in Strategic Management*. Greenwich, CT: JAI Press Inc.

Zeng, M. and Williamson, P. J. 2003. The hidden dragons. *Harvard Business Review*. October: 92—99.